LONELY PLANET

500 EINMALIGE ERLEBNISSE DEUTSCHLAND

EINMALIGES DEUTSCHLAND

WO GEHT DIE SONNE ÜBER DEUTSCHLAND AM SCHÖNSTEN UNTER? WELCHES WICHTIGE MUSEUM SOLLTE MAN AUF KEINEN FALL VERPASSEN UND WO GEHT'S SCHRÄG, ROMANTISCH, UNTERIRDISCH, GLAMOURÖS ODER TREPPAUF-TREPPAB ZU? 500 GANZ BESONDERE ERLEBNISSE ZUM STAUNEN, NACHDENKEN, AUSPROBIEREN, WEITERSAGEN.

Begehbare Achterbahn: Die Skulptur Tiger & Turtle zeichnet Lichtspuren in den Abendhimmel über Duisburg.

INHALT

INHALT

WO DEUTSCHLAND AM HÖCHSTEN IST

LOGISCH: WER HOCH HINAUS WILL, WIRD AM BESTEN BANKER. ABER WER HÄTTE GEDACHT, DASS AUCH LEUCHTTURMWÄRTER SCHWINDELERREGENDE HÖHEN ERREICHEN KÖNNEN?

01 COMMERZBANK TOWER, FRANKFURT AM MAIN

Hochragende Skylines sind nicht gerade das Markenzeichen deutscher Großstädte. Genau das macht die Frankfurter Innenstadt aber so besonders. Unter allen Hochhäusern in „Mainhattan“ strapaziert keines den Nacken mehr als der Commerzbank Tower mit seinen rund 260 Höhenmetern (mit Antennenmast sind es sogar 300 m). Der dreieckige Riese legt auch in Sachen Umweltschutz und Nachhaltigkeit hohe Maßstäbe an: Die Büroräume kommen ohne Klimaanlage aus. Für gute Luft sorgen neun Themengärten, die sich jeweils einer anderen Flora widmen. Einmal im Monat werden kostenlose Führungen geboten. Wer der Bankenstadt mal aufs Haupt schauen möchte, sollte sich frühzeitig anmelden: Die Wartezeit beträgt rund vier Monate.

www.commerzbank.de/de/hauptnavigation/konzern/commerzbank_im__berblick/hochhaus_1/hochhaus.html

02 AUFZUGSTESTTURM, ROTTWEIL

Wenn es Fahrstühle nicht gäbe, würde dieses Kapitel wohl flachfallen – weil die höchsten Gebäude der Welt vermutlich gar nicht existieren würden. Ohne Aufzüge geht nichts in Richtung Himmel, und so ragt neben den Türmen der mittelalterlichen Innenstadt Rottweils der Testturm des Aufzugsbauers Thyssen Krupp Elevator in die Höhe. Hier werden sie getestet, die Hochgeschwindigkeitskabinen für die Wolkenkratzer dieser Welt. Bei Fertigstellung des Rohbaus im August 2016 erreichte der Turm eine Höhe von 246 m und überragte damit sämtliche Bauten Baden-Württembergs. Die Besucherplattform öffnet im Mai 2017.

testturm.thyssenkrupp-elevator.com

03 LEUCHTTURM, CAMPEN

Einsam und zeitlos romantisch ragt Deutschlands höchster Leuchtturm (65,3 m) aus dem ostfriesischen Flachland. Der Stahlfachwerkturm teilt das Geburtsjahr mit einer weltberühmten Pariser Ikone, was ihm den Spitznamen „Eiffelturm der Nordsee“ eingebracht hat. Wer die schmale Wendeltreppe mit ihren 308 Stufen hinaufsteigt, wird an klaren Tagen mit einem Ausblick über das Krummhörner Land und die Ems bis zur Insel Borkum belohnt. In umgekehrter Richtung ist das Leuchtfeuer aus bis zu 55 km Entfernung zu sehen. Ach ja, wer sich nach einem beruflichen Neustart sehnt, kann hier sein Leuchtturmhilfswärterdiplom ablegen.

www.greetsiel.de/sehenswertes-kultur-und-natur/campener-leuchtturm.html

04 FREIFALLTURM SCREAM, HEIDEPARK SOLTAU

Ein herzhaftes Mahl vor dem Aufstieg empfiehlt sich hier definitiv nicht: Es geht 71 kreischende Meter in die Tiefe – die ersten 40 davon in weniger als 3 Sekunden im freien Fall. Wer es wagt, die Augen zu öff-

Die Ulmer Dachlandschaft: Blick vom höchsten Kirchturm der Welt.

05 MÜNSTER, ULM

Ob Kirche, Wohnung oder Gartenhaus: Bauprojekte sprengen fast immer jeden Zeitrahmen. Doch hätten die Ulmer jemals den Grundstein ihres Münsters gelegt, wenn ein Zeitreisender ihnen im Jahre 1377 zugeflüstert hätte, dass ihr ehrgeiziges Projekt erst rund 17 Generationen später vollendet werden würde? Mit 161,5 m ist das Ulmer Münster seit seiner Fertigstellung 1890 der höchste Kirchturm der Welt und Wahrzeichen der Donaustadt. Wer sich den Bauch mit Maultaschen vollgeschlagen hat, läuft sich die Kalorien am besten auf den 768 Steinstufen ab, die zu einer aussichtsreichen Galerie im Turm führen.

www.muenster-ulm.de

nen, nachdem sich die Gondel mit 40 Personen den Gyro-Drop-Tower hinaufgewunden hat, könnte einen kurzen Moment lang in den Genuss einer grandiosen Aussicht kommen. Aber wer denkt an sowas, wenn das Herz bis zum Hals klopft? Für den letzten Kick erlebt der Körper beim Abbremsen eine Belastung von 5 g. Und dann? Auf die wackligen Beine stellen, Haare sortieren und ... zurück in die Warteschlange, oder?

www.heide-park.de

06 MILLENNIUM TOWER, FRANKFURT AM MAIN

Im Jahr 2000 stand die Mainmetropole einmal kurz davor, den höchsten Wohnturm der Welt zu beheimaten. Niemand anderes als Donald Trump verhandelte damals mit Frankfurts Oberbürgermeisterin Petra Roth über den Bau des Millennium Towers im Europaviertel. Doch dann verliefen die Gespräche im Sand und Trump wandte sich ab – bis es im Frühjahr 2016 in der Presse hieß, dass die Pläne wieder aufgegriffen worden seien, und zwar ganz konkret. Termin für die Grundsteinlegung: April 2017. Sollte der Wolkenkratzer tatsächlich gebaut werden, wäre er mit seinen geplanten 350 m das zweithöchste Gebäude Europas. Und herausragender Höhepunkt des Europaviertels. Wer das Gelände des ehemaligen Hauptgüterbahnhofs im Gallus besucht, kann ein ganz neues Stadtviertel im Werden erleben.

www.europaviertel.de

Der Tag versinkt über dem Berliner Fernsehturm.

07 FERNSEHTURM, BERLIN

Er ist ein Kind der DDR und zugleich ihr größtes Propaganda-Desaster: Der 368 m hohe Fernsehturm, in den 1960er-Jahren als Sendeanlage des DDR-Fernsehens errichtet, sollte die Überlegenheit des Sozialismus symbolisieren. Doch dann stolperte man bereits bei der Namensgebung über die Zeitgeschichte: Dem favorisierten Titel „Spree-Sputnik" kam kurz vor der Fertigstellung die Mondlandung der Amerikaner in die Quere. Am Tag der Einweihung dann spielte die Sonne der sozialistischen Führung einen weiteren Streich: Die 500 kleinen Edelstahlpyramiden, die die Oberfläche der Kuppel bilden, reflektierten die Sonne in Form eines Kreuzes, das gen Westen leuchtete. Heute ist der Turm nahe dem Alexanderplatz Wahrzeichen einer vereinten Hauptstadt und einer von Deutschlands stärksten Besuchermagneten.

tv-turm.de

WO DEUTSCHLAND AM HÖCHSTEN IST

Im Anzeiger-Hochhaus in Hannover wurde Publizistikgeschichte geschrieben.

08 ANZEIGER-HOCHHAUS, HANNOVER

Von außen wirkt es wie eine Rakete beim Start in entfernte Galaxien. Das frühere Verlagshaus des Hannoverschen Anzeigers (und noch heute Redaktionssitz der „Hannoverschen Allgemeinen Zeitung") galt zu seiner Bauzeit Ende der 1920er-Jahre als eines der ersten Hochhäuser im Deutschen Reich. In der Mediengeschichte zählt aber vor allem seine historische Größe: In den Räumlichkeiten erlebten die Zeitschriften „Spiegel" und „Stern" ihre Gründung.

09 FERNSEHTURM, STUTTGART

Eigentlich ging es dem damaligen Süddeutschen Rundfunk nur um bessere Sendeleistung. Doch als dem Ingenieur Fritz Leonhardt die Pläne für den trostlosen Gittermast auf den Schreibtisch fielen, der über der Schwabenmetropole aufragen sollte, kam ihm jene Idee, die das Stadtbild der Landeshauptstadt verändern sollte: Statt eines landschaftlichen Schandflecks wollte er eine elegante Betonnadel über dem Stuttgarter Talkessel errichten. Die Bauweise und die touristische Nutzung mit Aussichtsplattform und Restaurant im Turmkorb waren 1956 weltweit einzigartig. Seit dieser Zeit fand die 216 m hohe Ikone zahlreiche Nachahmer. Doch der Turm im Ländle bleibt für die Stuttgarter der schönste.

www.fernsehturm-stuttgart.de

10 RATHAUS, AUGSBURG

Große Ereignisse, so der Volksmund, werfen ihre Schatten voraus. In Augsburg war es umgekehrt. Nach Ende des Zweiten Weltkriegs hatten die Bomben an der Stelle des Augsburger Rathauses nur einen dunklen Fleck hinterlassen. Heute steht es wieder in seiner ursprünglichen Pracht da – ein Blickfang in einer der ältesten Städte Deutschlands. Bei seiner Fertigstellung im Jahre 1624 galt das Rathaus weltweit als das erste Gebäude mit mehr als sechs Stockwerken. Allerdings wird das auch das Höchste gewesen sein, was man den adeligen Gästen an Treppen zumuten durfte.

www.augsburg.de/kultur/sehenswuerdigkeiten/rathaus

WO DEUTSCHLAND AM HÖCHSTEN IST

UND WENN SIE NICHT GESTORBEN SIND …

BERGE, AUS ZORN GEBOREN, EIN SAGENHAFTER FLÖTENSPIELER ODER EINE TRÄUMENDE SCHÖNHEIT – WO DEUTSCHLAND GANZ MÄRCHENHAFT IST.

11 LORELEY, RHEINLAND-PFALZ

Sirenenhafter Gesang hatte schon immer einen zweifelhaften Ruf, und auch die Rheinschiffer können ein Lied davon singen. Der Sage nach wurden rund um den Loreley-Felsen vielen Schiffen tückische Riffs und Untiefen zum tödlichen Verhängnis. Denn die Kapitäne lauschten lieber dem lieblichen Gesang der wunderschönen Loreley, statt sich aufs Navigieren zu konzentrieren. Schuld daran ist Clemens von Brentano: Um 1800 schrieb er das Kunstmärchen über die Nixe Lore Lay – und der steil aufragende Fels am östlichen Rheinufer wurde zum Ort von Sagen und Mythen. Der Blick vom 132 m hohen Felsgipfel ist grandios: Unten windet sich der glitzernde Rhein, ganz in der Nähe grüßt die Burg Katz und an das gegenüberliegende Rheinufer schmiegt sich St. Goar mit der Burgruine Rheinfels.

www.loreley-touristik.de

12 KRABAT, NIEDERLAUSITZ

Müllerburschen, die sich in Raben verwandeln und es einfach mal so schneien lassen? Nein, wir sitzen nicht in Harry Potters Klassenzimmer auf Hogwarts, sondern haben es mit dunklen Mächten in der Lausitz zu tun – der Ort, an dem der Zauberlehrling Krabat das Fürchten lernte. Der Kinder- und Jugendbuchautor Otfried Preußler erweckte die alte sorbische Sagengestalt in seiner 1971 veröffentlichten Geschichte zum Leben. das verhalf der ostsächsischen Gegend um Schwarzkollm, wo Krabat seine unheimlichen Lehrjahre verbrachte, zu einiger Bekanntheit. Durch Wälder und Heiden radelt der Sagen-Spurensucher heute am besten auf dem Krabat-Weg zum Dorf Schwarzkollm, das natürlich ein Mühlrad im Wappen führt. Und zum Durstlöschen wird ein frisches Krabat-Pils serviert.

www.krabatregion.de

13 DER SCHIMMELREITER, NORDFRIESLAND

Theodor Storms Novelle von 1888 beruht auf einer Sage: In der Hattstedtermarsch ist der Deichgraf Hauke Haien auf seinem unheimlichen Schimmel unterwegs, der – wie's in der Novelle raunt – vielleicht sogar der Teufel selbst ist. Die Landschaft jedenfalls ist perfekt für eine solche Geschichte, vor allem, wenn der Sturm die Nordsee peitscht. Bei Sonne lässt sich dagegen herrlich Luft holen in der großen Weite.

www.husum-tourismus.de

Ganz ohne Sturm: Nordfriesland kann auch Dramatik bei Sonnenuntergang.

14 WATZMANN, BERCHTESGADENER LAND

Als grausamer Wüterich tyrannisierte König Watze die Menschen, er war gnadenlos und sadistisch – bis es selbst Gott eines Tages zu viel wurde. Als Bestrafung wurde der Schreckensherrscher samt Familie von den eigenen Bluthunden zerfetzt. Während es donnerte und blitzte, stürzten alle zusammen in den Abgrund, aus dem sich dann riesige Berge erhoben. Der König Watzmann als der höchste vereiste Gipfel (2713 m), daneben seine Frau als schiefe Zacke, dazwischen die Kinder. Das Felsmassiv und Wahrzeichen Berchtesgadens fasziniert heute vor allem als Wanderparadies – wer den Watzmann, den Schicksalsberg, einmal gesehen oder bestiegen hat, vergisst ihn nicht.

www.berchtesgadener-land.com

15 BREMER STADTMUSIKANTEN

Es war eine Freiheitsbewegung der tierischen Art, zu der sich die Bremer Stadtmusikanten zusammengeschlossen hatten. Denn Hahn, Katze, Hund und Esel waren alt und schwach und sollten getötet werden. Also solidarisierten sie sich und vertrieben gefährliche Angreifer mit lautem Gesang und beeindruckender Größe durch sprichwörtliche Hochstapelei. Die Tierfabel, 1819 von den Brüdern Grimm in ihre Sammlung aufgenommen, prangerte im übertragenen Sinne den gnadenlosen Umgang mit alten Knechten und Mägden an. Auf der Westseite des

Auch heute noch ebenso lehrreich wie spannend ist die Geschichte vom Rattenfänger von Hameln.

Bremer Rathauses demonstrieren die tierischen Kämpfer auch heute noch in Bronze gegossene Einigkeit. Beim tierischen Stadtrundgang ist lauter Gesang inbegriffen.

www.bremen-tourismus.de

16 DORNRÖSCHEN, SABABURG, WESERBERGLAND

100 Jahre hat Dornröschen geschlafen, ein Fluch, den sie einer beleidigten Fee zu verdanken hatte. Aber wie es der Zufall wollte, kletterte termingerecht ein mutiger Prinz die dicke Dornenhecke empor, um sie wachzuküssen. Ihre Hochzeit muss fantastisch gewesen sein! Und da steht sie, die trutzige Sababurg mitten im mächtigen Reinhardswald im Weserbergland. Sie passt laut Volksmeinung perfekt zur märchenhaften Geschichte, die die Brüder Grimm 1812 veröffentlichten. Denn die mittelalterliche Burg war nach dem Dreißigjährigen Krieg tatsächlich von einem dicken Dornengebüsch umgeben. Nun strahlt die Festung in neuem Glanz, und man kann hier auch heute noch herrlich schlafen – als Hotelgast.

www.sababurg.de

17 RITT ÜBER DEN BODENSEE, ÜBERLINGEN

Dumm gelaufen – wenn einen doch noch der Schlag trifft, vor lauter Schreck über die gerade überstandene Gefahr. Dem Reiter, der, ohne es zu wissen, über den zugefrorenen und verschneiten Bodensee ans andere Ufer ritt, erging es genau so. Er dachte nämlich, dass sich eine unbewachsene Ebene unter den Hufen seines Pferdes erstreckte. Gustav Schwabs Ballade von 1826 erzählt von der „Seegfrörne", jenem seltenen Ereignis, bei dem der Bodensee komplett zufriert. Ein Elsässer Postvogt hat wohl im Winter 1573 einen solchen Ritt übers Eis überlebt. Der Brunnen samt Reiterskulptur an der herrlichen Überlinger Promenade erinnert an den gebeutelten Reiter samt Pferd.

www.ueberlingen-bodensee.de

18 DER RATTENFÄNGER VON HAMELN

Wer seine Rechnungen nicht bezahlt, bekommt Ärger. Eine mehr als 725 Jahre alte Sage erzählt, wie die Hamelner Bürger einem Rattenfänger, der die Stadt von einer üblen Nager-Plage befreite, seinen zugesagten Lohn nicht zahlten. Der rächte sich bitter, indem er die Kinder der Stadt mit seiner Flöte anlockte und mit ihnen auf ewig verschwand. Und der Rattenfänger lebt! Wer der malerischen Stadt an der Weser einen Besuch abstattet, begegnet heute dem bunt gekleideten Menschenfänger als fidelem Sagenerzähler. Und wer im Sommer kommt, kann die uralte Geschichte mit wahrem Kern jeden Sonntag auf der Freilichtbühne zu Hameln miterleben.

www.rattenfaenger-hameln.de

19 TAUSENDJÄHRIGER ROSENSTRAUCH, HILDESHEIM

Hinter dem Chor der Domkirche in Hildesheim blüht ein Rosenstrauch. Nicht nur die Hundsrosen selbst schlingen sich hier schon seit Urzeiten um die alten Mauern, auch um den Rosenstock rankt sich eine Sage. An ihn soll im Jahr 815 Ludwig der Fromme ein kostbares Kreuz gehängt haben – das die Rosen nach der kirchlichen Feier nicht mehr freigaben. Der Sohn Karls des Großen ließ deshalb dort eine Kapelle bauen, wo heute die Apsis des Mariendoms steht. Zum Ende des Zweiten Weltkriegs, im März 1945, verbrannte der Rosenstock und wurde unter Trümmern verschüttet. Doch nur wenige Wochen später begann die Pflanze wieder zu blühen – was sie bis heute, meist für zwei Wochen Ende Mai, jedes Jahr wieder tut.

www.bistum-hildesheim.de

UND WENN SIE NICHT GESTORBEN SIND …

Die Hammerschmiede am Blautopf ist fast so berühmt wie die Quelle selbst.

20 SCHÖNE LAU, BLAUTOPF, SCHWÄBISCHE ALB

Leuchtend blau und unergründlich, so liegt er da, der Blautopf in Blaubeuren am Fuß der Schwäbischen Alb. Um ihn rankten sich schon immer Mythen, und auch Eduard Mörike ließ sich von der geheimnisvollen Karstquelle inspirieren. 1853 schuf er mit der „Historie von der schönen Lau" ein Kunstmärchen über die Nixe Lau, die von ihrem Mann in den Blautopf verbannt wurde, weil ihr das Lachen abhandengekommen war, ohne das aber leider der Kindersegen ausblieb. Ein paar herzhafte Lacher später konnte sie zur Familiengründung dann doch zurück ins Schwarze Meer zu ihrem Mann schwimmen. Für das intensive blaue Leuchten der Karstquelle, die ihr Wasser aus einem riesigen Höhlensystem unter der Schwäbischen Alb bezieht, gibt es natürlich eine wissenschaftliche Erklärung: Der Kalk im Wasser sorgt für eine bevorzugte Streuung des blauen Lichts, nach Regenfällen ist der Blautopf dagegen eher türkisgrün. Mit dem Blautopfbähnle kann man die Umgebung der Quelle erkunden.

www.blaubeuren.de/de/Tourismus

UND WENN SIE NICHT GESTORBEN SIND …

ORTE, AN DENEN GESCHICHTE GESCHRIEBEN WURDE

EINE DER WICHTIGSTEN ERFINDUNGEN DER MODERNE ERBLICKTE IN EINEM KLEINEN GARTENHAUS DAS LICHT DER WELT: DAS AUTO. OB HINTERHOF-WERKSTATT, REICHSTAG, PAULSKIRCHE ODER WARTBURG – AN DIESEN ORTEN REICHT DIE VERGANGENHEIT IN DIE GEGENWART.

21 PAULSKIRCHE, FRANKFURT A. MAIN

15 Jahre zuvor war sie eingeweiht worden, die Frankfurter Paulskirche, als im Zusammenhang mit der Deutschen Revolution 1848 ein Sitz für das erste gesamtdeutsche Parlament gesucht wurde. Am 18. Mai 1848 war es dann so weit, zum ersten Mal trat die Frankfurter Nationalversammlung in dem Gebäude aus rotem Mainsandstein zusammen. Allerdings nur für ein Jahr, dann zog das Reichsparlament weiter nach Stuttgart. Nach dem Zweiten Weltkrieg lag die Kirche in Schutt und Asche, als Symbol für die Freiheit und als Wiege der deutschen Demokratie wurde sie 1947 wieder aufgebaut. Auch heute noch wird die Paulskirche für herausragende Ereignisse genutzt, beispielsweise für die Verleihung des Friedenspreises des Deutschen Buchhandels.

www.frankfurt.de

22 VÖLKERSCHLACHTDENKMAL, LEIPZIG

Sie bündelten alle ihre Kräfte, um den kleinen Franzosen in seine Schranken zu weisen: Soldaten aus Russland, Preußen, Österreich und Schweden kämpften im Oktober 1813 bei Leipzig gemeinsam gegen die Truppen Napoleons – und siegten. 600 000 Soldaten riskierten ihr Leben in diesem blutigen Befreiungskrieg von der französischen Übermacht, die auf ihrem Höhepunkt von Spanien bis zur russischen Grenze reichte. Der Sieg der Verbündeten bewirkte das Ende der französischen Herrschaft in Deutschland und die Neuordnung der europäischen Machtverhältnisse. An eine der größten Schlachten aller Zeiten erinnert seit 1903 das mächtige Völkerschlachtdenkmal im Südosten Leipzigs. Jedes Jahr im Oktober wird die Schlacht in historischen Kostümen nachgestellt.

www.leipzig1813.com, www.stadtgeschichtliches-museum-leipzig.de

Monumental wirkt das Völkerschlachtdenkmal, das inmitten eines 4 ha großen Komplexes steht, auch im Innern.

23 GOTTLIEB-DAIMLER-GEDÄCHTNISSTÄTTE, STUTTGART

Es braucht keine spektakulären Orte für epochale Erfindungen, zuweilen reicht eine Garage oder ein kleines Gartenhaus. Im Falle des Automobils ließ Gottlieb Daimler auf seinem Bad Cannstatter Grundstück 1882 ein Gartenhaus in eine Werkstatt umbauen, wo er zusammen mit seinem Partner Wilhelm Maybach an einem Universalantrieb für Fahrzeuge aller Art tüftelte. Bereits ein Jahr später wurde ihr Erfindergeist belohnt, mit der Entwicklung des ersten schnell laufenden Viertaktmotors. Kurze Zeit darauf bauten die Ingenieure den Motor in eine Kutsche ein – das Automobil war geboren. Betritt der Besucher heute die fast original erhaltene Werkstatt, die Gottlieb-Daimler-Gedächtnisstätte, scheinen die beiden genialen Erfinder nur kurz zu einer kleinen Probefahrt rund um Stuttgart ausgeflogen zu sein.

www.mercedes-benz.com/classic

24 KALKRIESE, TEUTOBURGER WALD

Fällt der Name Teutoburger Wald, kommt selbst dem Geschichtslaien sofort das Wort „Schlacht“ in den Sinn. Denn hier um Kalkriese im Osnabrücker Land soll sie im Jahre 9 nach Christus zwischen Römern und Germanen stattgefunden haben, die Varusschlacht. Antike Quellen besagen, dass sie mehrere Tage dauerte, ein Achtel der Legionäre des Römischen Reichs fiel ihr zum Opfer und sie läutete das Ende der römischen Expansion in Germanien ein. Zwar sind die Überlieferungen über den germanischen Hinterhalt teilweise widersprüchlich und somit die genauen Hintergründe auch heute noch umstritten, doch die Archäologen können dank unermüdlicher Arbeit über die Zeit der Römer bereits ein ziemlich genaues Bild zeichnen. Diese Momentaufnahme der Vergangenheit lässt sich im Museum und Park Kalkriese entdecken.

www.kalkriese-varusschlacht.de

Selfie-Sticks statt Schlagbäumen: Der Checkpoint Charlie ist ein beliebtes Fotomotiv.

25 GLIENICKER BRÜCKE, BERLIN

Im Leben der hübschen Brücke über die Havel, die die Städte Berlin und Potsdam verbindet, gab es Momente, die spannender waren als jeder Krimi. Denn die Glienicker Brücke diente während des Kalten Krieges drei Mal – 1962, 1985 und 1986 – als Schleuse für den Agentenaustausch zwischen den beiden Geheimdiensten KGB (Sowjetunion) und CIA (USA). Filmreif schritten Spione in langen Mänteln und tief ins Gesicht gezogenen Hüten über die Trennlinie, von Ost nach West oder in umgekehrter Richtung, James Bond hätte es nicht besser gekonnt. „Bridge of Spies" hieß denn auch der Film von Hollywood-Regisseur Steven Spielberg, der 2015 in die Kinos kam. Der spannende Streifen mit Tom Hanks in der Hauptrolle porträtierte die Zeit des Kalten Kriegs Ende der 1950er-Jahre auf der „Brücke der Spione" eindrucksvoll. Seit dem Fall der Mauer ist das Bauwerk, das seit 1907 die beiden Ufer verbindet, wieder für alle begehbar. In der Mitte erinnert ein Metallband an den Grenzverlauf in einer frostigen Zeit.

www.berlin.de

26 BONN, NORDRHEIN-WESTFALEN

1949 schlug für die geruhsame Stadt am Rhein die Stunde Null: Bonn wurde der erste Parlaments- und Regierungssitz der Bundesrepublik Deutschland nach dem Krieg und blieb bis 1990 provisorische Bundeshauptstadt der BRD. Zuvor tagte hier der Parlamentarische Rat und arbeitete das Grundgesetz für die gerade gegründete Republik aus. Natürlich ging die neue staatstragende Rolle nicht spurlos am eher gemächlichen Leben der Stadt vorbei: Parlaments- und Regierungsgebäude schossen aus dem Boden, Parlamentarier suchten Wohnungen und die Presse richtete ihre Kameras und Mikrofone Richtung Bonn. Die Stadt mit ihrer wunderschönen Rheinpromenade darf sich seit 1999, als der Regierungssitz des vereinigten Deutschlands wieder nach Berlin zog, Bundesstadt nennen. Denn nach wie vor arbeiten hier sechs Bundesministerien.

www.bonn.de

27 CHECKPOINT CHARLIE, BERLIN

Am Grenzübergang Checkpoint Charlie an der Friedrichstraße in Berlin-Mitte fühlte sich der Kalte Krieg besonders frostig an. So locker der Name klingt, so unerbittlich prallten hier 1961 kurz nach dem Bau der Mauer Ost und West aufeinander. Sowjetische und alliierte Panzer standen sich mit scharfer Munition gegenüber und es wäre fast der Dritte Weltkrieg ausgebrochen. Dazu kam es glücklicherweise nicht, und nach 28 Jahren wurde die Mauer auch am Checkpoint Charlie wieder komplett demoliert. Seither wollen viele Menschen den historischen Ort sehen, an dem sich zwei konträre Weltanschauungen besonders nahe kamen. Im Mauermuseum gleich nebenan öffnet sich dem Besucher ein Fenster auf die Tragödien, die gescheiterten und erfolgreichen Fluchtversuche und das ganz normale Leben im Schatten der Mauer.

www.mauermuseum.de

Was sind schon ein paar Hundert Jahre? Die Wartburg fasziniert wie eh und je.

28 WARTBURG, EISENACH

Stolz thront die knapp 500-jährige Wartburg über Eisenach, hier fanden Schlüsselmomente deutscher Kultur statt. Um 1206 soll ein legendärer Sängerkrieg hier stattgefunden haben, 1777 füllte Johann Wolfgang von Goethe während seines fünfwöchigen Aufenthalts fleißig seinen Skizzenblock. Ebenso berühmt ist Martin Luther, der sich von Mai 1521 an fast ein Jahr lang auf der Burg versteckte. Er nutzte die Verbannung durch den Papst auch für die Übersetzung des Neuen Testaments ins Deutsche. Heute atmen die Lutherstube und das Wartburgmuseum, dessen Ideengeber Goethe war, Geschichte.

www.wartburg-eisenach.de

29 REICHSTAG, BERLIN

„Der Reichstag brennt!“ Dieser Ruf verbreitete sich am 30. Januar 1933 wie ein Lauffeuer, und von da an war alles anders – die Nationalsozialisten übernahmen das Ruder in Deutschland. Zwölf Jahre und einen Weltkrieg später hissten am 30. April 1945 russische Soldaten ihre Fahne auf dem Dach des Reichstags: Es war das Symbolbild für das Ende des Zweiten Weltkriegs. Schon immer spielte das Gebäude eine wichtige Rolle in der deutschen Geschichte. Seine Wurzeln liegen im deutschen Kaiserreich, später wurde die erste demokratische Republik in Deutschland vom Reichstag aus ausgerufen. Allerdings wurde hier auch ihr Ende besiegelt. Heute steht das Reichstagsgebäude wieder im Fokus der Politik, denn hier tagt der Deutsche Bundestag. Täglich erklimmen unzählige Touristen die gläserne Kuppel, Sinnbild für Transparenz und Offenheit, und genießen den grandiosen Blick ins Innere des Machtzentrums und über die Dächer der Hauptstadt.

www.bundestag.de

30 HAMBACHER SCHLOSS, PFALZ

In ganz Europa gärte es, und der Ruf nach Freiheit wurde immer lauter. So kam es am 27. Mai 1832 in der Pfalz zum Hambacher Fest, das nicht nur als herausragendes Ereignis in die Geschichte des Hambacher Schlosses als Veranstaltungsort einging. Es ist auch zentraler Bestandteil der gesamten deutschen Demokratiegeschichte. Denn an diesem Tag forderten knapp 30 000 Teilnehmer aus den Staaten des Deutschen Bundes nicht weniger als die nationale Einheit Deutschlands sowie ein „conförderiertes republikanisches Europa“, dazu noch Rechte wie die Pressefreiheit, die für uns heute selbstverständlich ist. Als Wiege der deutschen Demokratie sowie der europäischen Einigung wird das Hambacher Schloss seither bezeichnet. In der einstmals mittelalterlichen Burg lassen heute eine Ausstellung und Führungen die spannende Zeit im 19. Jahrhundert wieder lebendig werden.

www.hambacher-schloss.de

ORTE, AN DENEN GESCHICHTE GESCHRIEBEN WURDE

DEUTSCHLAND GEHT BADEN – IN SEEN

SE(H)ENSWERT: GANZ EGAL, WO MAN SICH BEFINDET, DER PERFEKTE BADEURLAUB LIEGT GLEICH UM DIE ECKE.

31 STEINHUDER MEER, NIEDERSACHSEN

Hier ging Deutschland wohl schon baden, lange bevor es Deutschland überhaupt gab. Archäologische Funde belegen, dass Menschen die Region schon in der Altsteinzeit bewohnten. Heute ist der Binnensee und der ihn umgebende Naturpark Steinhuder Meer das Wochenendrefugium gestresster Großstädter. Am liebsten kommen sie zum Windsurfen, Segeln oder Paddeln. Es gibt aber auch ein paar Badestrände, vor allem auf der künstlich aufgeschütteten Badeinsel Steinhude. Die zweite künstliche Insel im „Meer“ diente übrigens einst als Militärgefängnis.

www.steinhuder-meer.de

32 STARNBERGER SEE, BAYERN

In puncto trauriger Berühmtheit können es nur wenige Gewässer mit dem Starnberger See aufnehmen: Ende 1886 fand Ludwig II., König von Bayern, nach seiner Entmündigung in seinen Wellen den Tod. Die königlichen Residenzen am Ufer wurden mittlerweile von noblen Ferienanlagen abgelöst – Spielwiesen der bayerischen Schickeria. Verübeln kann man es ihr nicht, wenn vor einer dramatischen Kulisse schneebedeckter Alpengipfel Segelschiffe unter blauem Himmel übers Wasser gleiten. Wer bei diesem Anblick nicht sofort vor romantischer Ergriffenheit in Starre verfällt, kann auf den großartigen Wander- und Radwegen rund um den See aktiv werden.

www.starnbergersee-info.de

33 KÖNIGSSEE, BERCHTESGADENER LAND, BAYERN

Zugegeben, nur Hartgesottene baden hier, denn die Wassertemperatur steigt auch im Hochsommer gerade mal auf 16 Grad. Vielen reicht deshalb schon der fantastische Blick über den fjordartigen See, der zwischen dramatisch steilen Berghängen liegt. Seine Tiefen stecken voller Geheimnisse: Etwa 130 m unter der Wasseroberfläche liegt das gut erhaltene Wrack eines VW Käfers. Das Auto sank, als ein Mann in den 1950er-Jahren über den zugefrorenen See fuhr und einbrach. Da der See Teil des Nationalparks Berchtesgaden ist, ist eine Bergung nicht erlaubt.

www.koenigssee.com

Liebe auf den ersten Blick: der Königssee im Berchtesgadener Land.

34 GROSSER STECHLINSEE, BRANDENBURG

Theodor Fontane war von der Landschaft rund um den Großen Stechlin so beeindruckt, dass er ihr einen ganzen Roman widmete, den er selbst folgendermaßen zusammenfasste: „Zum Schluss stirbt ein Alter und zwei Junge heiraten sich; – das ist so ziemlich alles, was auf 500 Seiten geschieht." Am Großen Stechlinsee im Naturpark Stechlin-Ruppiner Land geschieht noch immer nicht viel, und genau das macht die Gegend so ungeheuer reizvoll. Lauschige Buchten laden zum Baden ein, an den Ufern hängen Bäume ihre Äste ins Wasser. Das wiederum ist glasklar – und macht den See außerdem zu einem exzellenten Tauchrevier.

www.stechlin.de

35 MÜRITZ, MECKLENBURG-VORPOMMERN

Jedes Jahr im August stürzen sich bis zu 600 Schwimmerinnen und Schwimmer in Deutschlands zweitgrößten See, um den 1950 m breiten Wasserstreifen zwischen dem Ostufer und dem Volksbad Waren im Norden zu bewältigen. Das Müritzschwimmen hat seit 1969 Tradition. Die restlichen Tagesbesucher und Urlauber lassen es größtenteils langsamer angehen. Der 322 km^2 große See auf halber Strecke zwischen Rostock und Berlin ist Teil der Mecklenburgischen Seenplatte und liegt am Müritz-Nationalpark. Das „Land der 1000 Seen" (in Wahrheit sind es nur etwas mehr als 100) eignet sich besonders gut zum Segeln; das Angebot reicht aber vom Kanu und Motorboot bis hin zum Hausboot.

www.mueritz.de

36 CHIEMSEE, BAYERN

Auch an diesem bayerischen See hat König Ludwig II. seine Spuren hinterlassen. Ihm bot der Kauf der Insel Herrenwörth im Jahre 1873 Gelegenheit, seinem Märchenkönigfaible mal so richtig freien Lauf zu lassen (falls er es vorher jemals gezügelt hatte). Heute strömen jedes Jahr etwa eine halbe Million Besucher ins Neue Schloss Herrenchiemsee, dem der Palast von Versaille Modell stand und das unter viel anderem Prunk eine 98 m lange Spiegelgalerie bietet. Eingebettet in die sagenhafte Kulisse der Chiemgauer Berge und mit grünen Inselchen auf sanfter Wasseroberfläche, weckt der See echte Heimatgefühle, auch wenn man aus, sagen wir mal, Castrop-Rauxel kommt. Draußen auf dem Wasser im Tret- oder Segelboot glänzt nur die pure Natur – weniger vergoldet als Schloss Herenchiemsee, aber nicht minder zauberhaft.

www.chiemsee-alpenland.de

Die Sonne brennt vom weiß-blauen bayerischen Himmel – also nichts wie rein ins erfrischende Wasser des Chiemsees.

DEUTSCHLAND GEHT BADEN – IN SEEN

37 WANNSEE, BERLIN

Hier steht Badekultur unter Denkmalschutz: Das bereits 1907 eröffnete Strandbad Wannsee ist eines der größten Freibäder an einem Binnengewässer in Europa. Trotzdem kann es auf den 355 000 Quadratmetern ganz schön eng werden, wenn die Hauptstadt ins Schwitzen gerät. Dann trifft sich hier halb Berlin, um mit Kind und Kegel zu baden, im Strandkorb zu chillen, Beachvolleyball zu spielen oder mit dem Tretboot über'n See zu schippern. Übrigens spaltete das „proletarische Freibad" in seinen jungen Jahren die Gesellschaft und es bildeten sich Vereine wie der „Club fideler Sonnenbrüder", der heute – leider unter neuem Namen – Segeln, Nordic-Walking oder Yoga an der Uferpromenade anbietet. Also „nischt wie raus nach Wannsee"!

www.berlinerbaeder.de/baeder/strandbad-wannsee

Die nostalgische Atmosphäre ist einer der Reize des mehr als 100 Jahre alten Strandbads Wannsee.

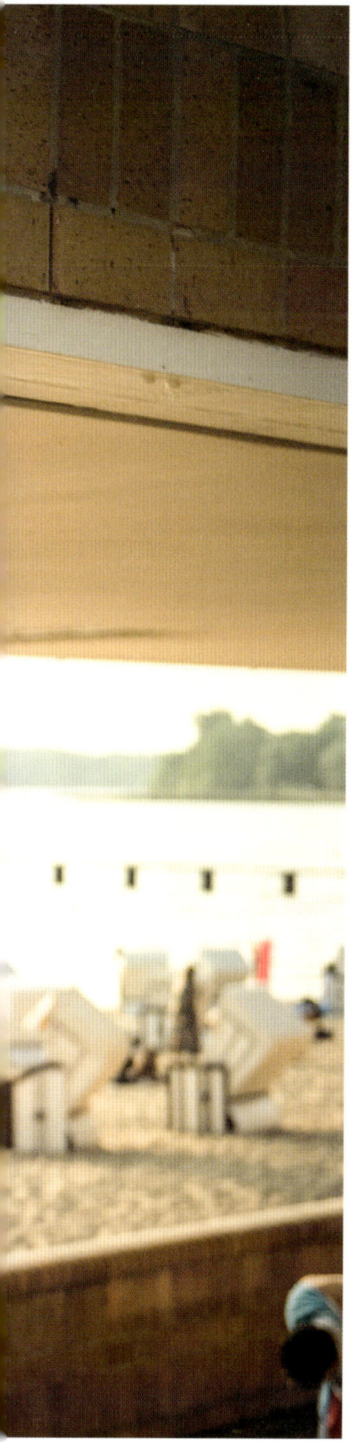

38 EDERSEE, HESSEN

Für unzählige Hessen hat der Edersee nostalgischen Wert, ist er doch unzertrennlich mit der Erinnerung an den ersten Urlaub ohne Eltern und an die prickelnden Abenteuer der Jugend verbunden. Campen, Grillen, billigen Wein trinken und im Mondlicht schwimmen – wie aufregend war das denn? Der Edersee mit seiner ein wenig schwülstig benannten Liebesinsel liegt im Naturpark Kellerwald-Edersee und ist trotz sinkenden Wasserpegels der zweitgrößte Stausee in Deutschland.

www.edersee.com

39 GROSSER PLÖNER SEE, SCHLESWIG-HOLSTEIN

Für die Norddeutschen ist der Große Plöner See mit seinen Nachbarseen das schönste Stück Nass im Landesinneren. Als Schmuckstück und Wahrzeichen der Region gilt das Schloss Plön, eines der größten Schlösser Schleswig-Holsteins. Aber die meisten kommen wegen der idyllischen Spaziergänge durch den Naturpark Holsteinische Schweiz, zum Angeln oder einfach nur, um gedankenverloren über den See zu blicken.

www.holsteinischeschweiz.de

40 BODENSEE, BADEN-WÜRTTEMBERG

Keine Liste deutscher Badeseen wäre komplett ohne den Bodensee. Die Ufer des „Schwäbischen Meeres“ sind international (weshalb die Müritz im Größenvergleich gern als „größter innerdeutscher See“ bezeichnet wird): Bei einer Radtour von Lindau nach Romanshorn kann man in Deutschland aufwachen, in Österreich Mittagspause machen und in der Schweiz zum Schümli-Kaffee eine Apfelwähe verputzen. Dem Rummel an schönen Sommerwochenenden oder in den Ferien entkommt man am besten westlich von Konstanz, am Untersee und auf der Halbinsel Höri, die seit der Wende zum 20. Jh. Künstler und Schriftsteller angezogen hat. In Sachen Wassersport macht der Bodensee seinem Meeres-Spitznamen alle Ehre: Neben Ruder-, Tret- oder Segelbootfahren stehen auch Wind- und Kitesurfen oder Tauchen auf dem Urlaubsprogramm.

www.bodensee-info.com,
www.tourismus-untersee.eu

FREIER FALL UND GANZ VIEL SPASS

WARUM RASEN MENSCHEN DURCH LOOPINGS ODER LASSEN SICH – GUT GESICHERT NATÜRLICH – VON EINEM RIESIGEN TURM FALLEN? WEIL'S 'NEN RIESENSPAAAAAAAAASS MACHT …

41 HANSA-PARK, SIERKSDORF

Die Attraktionen dieses Erlebnisparks lesen sich wie Möbelserien, ihre Beschreibungen sind feinstes Neu-Deutsch: So verspricht „Der Schwur des Kärnan" *Thrillseekern* einen 67 m tiefen *First Drop,* einen *Terrainpart* sowie eine *Heartlinerroll* mit viel *Hangtime.* Wer jetzt nur (Achter)Bahnhof versteht, muss Deutschlands höchsten *Hyper Coaster* (der sich diesen Titel mit dem „Silver Star" im Europa-Park in Rust teilt) schon selbst fahren. In welchem *Move* man sich dann gerade befindet, dürfte allerdings auf der bis zu 127 km/h schnellen Fahrt nicht so genau auszumachen sein. Der Vergnügungspark an der Ostsee bietet aber auch viele Attraktionen – pardon, *Rides* – für kleine Besucher und das Hansa-Park-Resort direkt am Meer.

www.hansapark.de

42 ERLEBNISPARK TRIPSDRILL

Bereits seit 1929 baut Deutschlands ältester Freizeitpark auf schwäbische Werte. Zwischen Fachwerkhäusern bummeln Besucher die Dorfstraße entlang zu Attraktionen wie Maibaum, Altweibermühle und der „G'sengten Sau". Neben rund 100 Fahrgeschäften zeichnet sich der Park vor allem durch sein „Wildparadies" aus, ein Tierpark mit rund 40 Tierarten. 2015 staubte Tripsdrill übrigens die Auszeichnung für „Europe's Best Amusement Park" ab – den Oscar der Freizeitindustrie-Branche.

tripsdrill.de

43 HEIDE PARK RESORT, SOLTAU

Das Erlernen lebenswichtiger Fertigkeiten wie Schatzsuche und Drachenzähmen steht in Norddeutschlands größtem Themenpark auf dem Programm. Aber auch der höchste Gyro-Drop-Tower der

Der Märchenkönig Ludwig II. schaut ein wenig skeptisch auf die Vergnügungen im Freizeit-Land Geiselwind.

Welt, in dem Passagiere 82 m in die Tiefe plumpsen, sowie neun Achter- und mehrere Wildwasserbahnen sind nicht zu verachten: Der „Wing Coaster" raubt jegliche Orientierung und in der „Bucht der Totenkopfpiraten" stürzt man aus 41 m Höhe senkrecht ins Maul eines Kraken.

www.heide-park.de

44 PHANTASIALAND, BRÜHL

Einer der ältesten Freizeitparks Europas ist gleichzeitig einer der innovativsten. Seit er 1967 auf einer ehemaligen Braunkohlegrube seine Pforten öffnete, sorgt das

45 FREIZEIT-LAND GEISELWIND

Die Geschichte des Freizeitparks an der A3 begann mit einem Mann, der nicht nur einen Vogel hatte, sondern gleich einen ganzen Schwarm. 1969 beschloss der Kaufmann Ernst Mensinger, seine einheimischen und exotischen gefiederten Zöglinge der Öffentlichkeit vorzustellen. Und so wurde sein „Vogel-Pony-Märchen-Park" im Lauf der vergangenen Jahrzehnte zu Bayerns größtem Freizeitpark. Vogelgehege und Streichelzoo werden heute allerdings größtenteils von Karussells, Wildwasser- und Achterbahnen und dem höchsten transportablen Aussichtsturm der Welt getoppt.

www.freizeitlandgeiselwind.de

Lego lebt: Im „Land der Piraten" ist ganz schön Action angesagt.

46 LEGOLAND, GÜNZBURG

Zu Hause weisen die kleinen Klötzchen eine tückische Vorliebe auf, sich in Sofaspalten und Staubsaugerbeuteln zu sammeln. In Günzburg, 30 km entfernt von Ulm, vereinen sich 55 Millionen der bunten Bausteine zu einer der größten Touristenattraktionen Bayerns. Zwischen Fahrgeschäften, Spielplätzen und acht Abenteuerwelten gibt es unter anderem Varianten der Hauptstadt, des Hamburger Hafens, des Augsburger Rathauses, der fünf höchsten Wolkenkratzer der Welt, darunter der Burj Khalifa und der Eiffelturm, zu bestaunen – wie alles andere gebaut aus den bunten Klötzchenklassikern.

www.legoland.de

Phantasialand regelmäßig mit neuen bahnbrechenden Fahrgeschäften für Schlagzeilen. Zu seinen am meisten das Adrenalin steigernden Attraktionen gehört die Wildwasserbahn „Chiapas", die in einem Winkel von 53 Grad in die nasse Tiefe stürzt. Zum Parkerlebnis zählt übrigens auch die Dinner-Show „Fantissima", eine hochgelobte Komposition aus Akrobatik, Musik und Comedy.

www.phantasialand.de

47 HOLIDAY PARK, HASSLOCH

Wer Lust hat, seinen Körper einer ordentlichen Portion g-Kräfte auszusetzen: Mit Loopings, Heartline-Rollen und gewagten Schräglagen macht die Achterbahn „Sky Scream" ihrem Namen lautstark Ehre. Und einige der älteren Attraktionen wie die „Expedition GeForce" sind auch nicht gerade etwas für schwache Nerven. Für den Amerikaner Richard Rodriguez war die Fahrt ein Kinderspiel: Im Wechsel mit dem „Superwirbel" fuhr er die „Expedition GeForce" 2003 sage und schreibe 49 Tage und Nächte lang – Weltrekord!

www.holidaypark.de

48 RAVENSBURGER SPIELELAND

Der Freizeitpark in Deutschlands selbst ernannter „Stadt der Spiele" hat sich lehrreiche Unterhaltung auf die Fahnen geschrieben. Mehr als 400 000 Besucher – die meisten davon kleiner als 1,50 m – strömten 2015 in den Park bei Ravensburg, um von Käpt'n Blaubär, seinem Freund Hein Blöd, der Maus und dem Elefanten begrüßt zu werden. Schwäbische Perfektion zeigt sich in der wohlgeplanten Parkanlage, die mit dem deutschen Städtepreis für Architektur und Landschaftsgestaltung ausgezeichnet wurde. Übrigens, wer als Erwachsener allein mit mehreren Kindern anreist, kann eine Spieleland-Oma anfordern, die die Familie durch den Park begleitet.

www.spieleland.de

49 BELANTIS, LEIPZIG

Vor mehr als 100 Jahren entstand bei Leipzig das „größte Vergnügungsetablissement Deutschlands" mit einer der weltweit ersten Achterbahnen. Doch nachdem der Luna-Park am Auensee 1932 infolge der Weltwirtschaftskrise seine Pforten schließen musste, blieb Ostdeutschland mehr als 70 Jahre lang ohne Freizeitpark. Heute sind in den acht Themenwelten des „Abenteuerreichs" die Achterbahnen zurück und mit ihnen Karussells, Rutschen, Wildwasser- und Geisterbahnen, Shows und Restaurants. Ostdeutschlands größter Freizeitpark liegt südlich von Leipzig direkt an der A38.

www.belantis.de

Augen zu und durch: Der Blue Fire Megacoaster im Europa-Park bietet den höchsten Looping einer Katapultachterbahn in Europa.

50 EUROPA-PARK, RUST

Wer behauptet, die europäische Einheit funktioniere nicht, wird in Deutschlands größtem Freizeitpark eines Besseren belehrt. An einem Tag kann man das deutsche Schloss Balthasar mit seinem Schlossgarten bewundern, auf einer Fahrt mit der Poseidonbahn über Mykonos mediterrane Luft schnuppern, im spanischen Casa de Aventuras über wackelige Hängebrücken balancieren oder im Euro-Mir über Russlands goldene Kuppeln sausen. Das Vergnügen in diesem grenzenlosen Paralleleuropa ist ein Kassenschlager: Rund 5,5 Millionen Besucher bringen dem Park jährlich etwa eine halbe Milliarde Euro ein.

www.europapark.de

FREIER FALL UND GANZ VIEL SPASS

EXTREME GASSEN UND STRASSEN

STEIL ODER SCHMAL, URALT ODER VERWINKELT, VERSTECKT UND VERBORGEN: DIESE STEIGE UND WEGE HABEN ES IN SICH. ALSO, BAUCH EINZIEHEN, KLEIN MACHEN UND ZUR EXPEDITION STARTEN.

51 WAAGEGASSE, ERFURT

Kaum ein anderes Stück Kopfsteinpflaster in Deutschland wurde von reicheren Gaben überrollt. Ab dem Jahr 805 besaß Erfurt das Stapelrecht, weshalb es von durchfahrenden Händlern verlangte, dass diese ihre Ware in der Stadt stapelten und zum Kauf anboten. Gewogen wurden die Stoffe und Garne, fremdartigen Gewürze und anderen Kostbarkeiten aus der Ferne in der Waagegasse. Deshalb wird sie gesäumt von dreigeschossigen Fachwerkspeichern aus dem 16. und 17. Jh., in denen die Waren gelagert und verkauft werden musste, bis die Händler weiterziehen konnten. Selbst mehrspännige Fuhrwerke konnten ohne Probleme hier rangieren, so geschickt ist die Gasse in Erfurts Altstadt angelegt. Hier steht auch Europas älteste komplett erhaltene Synagoge, die sich grob auf das Jahr 1100 zurückdatieren lässt. Jüngste archäologische Ausgrabungen brachten den Jüdischen Schatz von Erfurt ans Tageslicht – eine Sammlung kostbarer Schmuckstücke und edlen Silbergeschirrs.

www.thueringen.info/erfurt-waagegasse.html

52 KATZENGANG IM SCHNOOR, BREMEN

Wie an einer Schnur – plattdeutsch „Schnoor" – aufgefädelt reihen sich in der Bremer Altstadt die schmalen Fachwerkhäuschen aneinander. Vor allem im Sommer genießen hier die Touristen die besondere Atmosphäre, schlendern über das alte Pflaster, bestaunen Kunsthandwerk, durchstöbern Antiquitäten und verschwinden manchmal – husch – zwischen den Wänden. Der Trick ist kein Harry-Potter-Zauber, sondern den schmalen Gassen zu verdanken, die zwischen den schön restaurierten Häusern aus dem 17. und 18. Jh. liegen. Wer einen Schritt zur Seite macht, ist schlicht in einem der schmalen Durchgänge verschwunden. Der engste – der Katzengang – ist gerade mal 80 cm breit. Also, Seitenstellung einnehmen, Bauch einziehen, Augen zu und durch.

www.bremen-schnoor.de

53 JUDENGASSE, TRIER

Mehr als einmal wurde – wie in unzähligen anderen Städten auch – in Trier versucht, die Spuren jüdischer Geschichte zu verwischen. Ganz gelungen ist es zum Glück nie, sonst gäbe es die Judengasse nicht mehr. Man geht davon aus, dass bereits im 1. und 2. Jh. Juden in Trier lebten, die im Laufe der Jahrhunderte aber immer wieder Vertreibung und Pogrome erdulden mussten. Dennoch konnte ein jüdisches Viertel aus rund 60 Häusern entstehen, das sich rund um die Judengasse erstreckte. Als 1349 die Pest in der Stadt wütete, wurde die jüdische Bevölkerung beschuldigt, die Brunnen vergiftet zu haben, die Menschen wurden grausam hingerichtet. 1418 dann wurden alle Juden der Stadt verwiesen, erst 150 Jahre später durften sie zurückkehren. Heute diskutieren Stadt und Anwohner über eine grundlegende Sanierung der historischen Gasse.

www.trier-info.de

Mut zur Lücke muss beweisen, wer sich durch die Spreuerhofstraße in Reutlingen zwängt.

54 SPREUERHOFSTRASSE, REUTLINGEN

New York hat den Broadway, Reutlingen die Spreuerhofstraße. Gerade mal 31 cm misst die schwäbische Passage an ihrer schmalsten Stelle und so zog sie 2007 als engste Gasse der Welt ins Guinnessbuch der Rekorde ein. Für Rollstuhlfahrer und Kinderwagen ist sie nicht geeignet – ein abgestellter Notenständer reicht schon für eine Straßenblockade. Mancher mag spötteln, sie sei doch nur ein Spalt zwischen zwei Häusern, ein Nadelöhr. Aber da es öffentlicher Grund ist, gilt das knapp 50 m lange Gässlein rechtlich als Straße. Und überhaupt: Rekord ist Rekord. Die Spreuerhofstraße entstand übrigens nach dem Stadtbrand von 1726, der Reutlingen größtenteils zerstörte.

www.tourismus-reutlingen.de

55 ALTSTADT, BAMBERG

Für einen Stadtbummel durch Bamberg braucht man keinen Stadtplan. Nur Zeit, Aufgeschlossenheit und Durst, viel Durst. Die Stadt mit den meisten Gassen Deutschlands wartet an jeder Ecke oder am Ende jeder verheißungsvollen Kellertreppe mit ungeahnten Kulturschätzen, gesprächsfreudigen Anwohnern und frisch gezapften Brauerzeugnissen auf. Übrigens, wer Bambergs Geschichte hautnah erleben möchte, schließt sich am besten einer Tour der *Bamberger Gassenspiele (www.schau-und-spiel.de) an*. In einem Mix aus Stadtführung und Schauspiel erwachen die Sträßchen der alten Kaiserstadt zu historischem Leben.

www.bamberg.info

Der Ponte Veccio in Florenz? Nein, die lückenlos bebaute Krämerbrücke in Erfurt.

56 MITTELALTERLICHE STADT, ROTHENBURG

Die Gassen dieser mittelfränkischen Kleinstadt im Taubertal sind ebenso weltbekannt wie geschichtsträchtig. Die Jahrhunderte zogen durch sie hindurch, Generationen kamen und gingen – doch das Rothenburger Stadtbild blieb wie eine zeitlose Hintergrundkulisse für den Lauf der Zeit. Die Erhebung zur Reichsstadt im Jahr 1274 sicherte Rothenburg mehr als fünf Jahrhunderte lang die Freiheit und viele Privilegien. Heute sind die historischen Gassen und der komplett erhaltene, 2 km lange Turmweg, der auf der Stadtmauer zu Türmen und Toren führt, weltberühmt – und für jeden ausländischen Besucher ein Pflichtstopp bei deren oft atemloser Europatour.

www.rothenburg.de

57 DEESBACH, THÜRINGEN

Deutschlands steilste Straße liegt nicht etwa in den Alpen, sondern in einem kleinen Ort in Thüringen: Die Oberweißbacher Straße in Deesbach hat eine Steigung von 25,3 Prozent. Zur Feier ihres Titels veranstaltet Deesbach jedes Jahr ein Bergrennen auf DDR-Klapprädern. Nicht die Geschwindigkeit zählt hier, sondern die Distanz: Bergauf schafften die besten Radfahrer bislang etwa die Hälfte der 300 m langen Straße.

www.deesbach.de

58 HEUGASSE, ESSLINGEN

Eng oder von Blumenkörben gesäumt, in einer unendlichen Geraden auslaufend oder gekrümmt, verwinkelt, steil, holprig oder romantisch – die Esslinger Altstadt hat die richtige Gasse für jeden Anlass parat. Die meisten liegen zwischen alten und sorgfältig renovierten Fachwerkhäusern, in denen sich heute meist kleine Läden im Untergeschoss und schräge Dachwohnungen im Obergeschoss befinden. Und dazwischen ein versteckter Superlativ: In der Heugasse 3 steht Deutschlands ältestes Fachwerkhaus, erbaut im Jahr 1261.

www.esslingen.de

59 GÄNGEVIERTEL, LÜBECK

Not macht bekanntlich erfinderisch. Und in Lübeck war es die Platznot, die die Städtebauer zu einem einmaligen Baukonzept verleitete. Als die Stadt auf der Trave-Insel im 14. Jh. an ihre geografischen Grenzen stieß, errichtete man in den Innenhöfen der Häuser kurzerhand Buden für Seeleute und Arbeiter. Niedrige, schmale Gänge wurden in die Vorderhäuser gebrochen, um Zugang zu schaffen. Nach und nach entstand so ein komplexes Schattenreich – eine Stadt versteckt hinter der Fassade der Stadt. Heute gelten die Ganghäuser, meist mit einer Wohnfläche von etwa 45 m², als schicke Immobilie. Die meisten Gänge und Höfe sind frei zugänglich und dürfen bei einem Lübecker Besuchsprogramm nicht fehlen.

www.luebeck.de

60 KRÄMERBRÜCKE, ERFURT

Erfurts historische Bummelmeile befindet sich oberhalb der Gera, aber dennoch ist vom Wasser nichts zu sehen. Als Einzige in Deutschland ist die Krämerbrücke zu beiden Seiten lückenlos bebaut. Die 32 Häuser sind heute Touristenmagnete dank Kunstgalerien, Cafés und Antiquitätenläden, früher zogen hier die Fuhrwerke der Händler übers Pflaster. Sieben hölzerne Vorgängerinnen soll die Krämerbrücke gehabt haben, aber Stadtbrände machten die Gera immer wieder unpassierbar. Bis man sich im 14. Jh. schließlich zu einem neuen Bau aus Stein entschloss. Die hohen Kosten wurden durch einen Brückenzins zurück in die Stadtkasse gespült. Die gute Nachricht: Heute ist die Brücke mautfrei.

www.kraemerbruecke.de

BETEN, FEIERN, PILGERN

HEUTZUTAGE IST GOTT GANZ SCHÖN SCHWER ZU ERREICHEN. IST ER ZU BESCHÄFTIGT? ODER HAT ER SICH EIN SABBATICAL GENOMMEN? WO WEIHRAUCH, BAROCKENGEL UND RELIQUIEN EINE HAUPTROLLE SPIELEN, SCHEINT ER AUCH IN DER MODERNE IMMER NOCH GANZ NAH ZU SEIN.

Geistliche Pracht zwischen Löwenzahn und Butterblume: die Wieskirche.

61 KEVELAER, NIEDERRHEIN, NORDRHEIN-WESTFALEN

„An dieser Stelle sollst du mir ein Kapellchen bauen!“, hörte im Winter 1641 ein armer Handelsmann dreimal eine Stimme raunen, als er gerade vor einem Kreuz an einer Wegkreuzung in der Nähe von Kevelaer betete. Auch seine Frau hatte eine Vision, in der eine Kapelle vorkam. Und obwohl der arme Händler kaum Geld hatte, baute er im Jahr darauf ein kleines Gotteshaus, zu dem bereits am Tag der Fertigstellung viele Menschen aus der Umgebung pilgerten. Inzwischen soll Kevelaer Nordwest-Europas größter Wallfahrtsort sein. Jedes Jahr besucht rund eine Million Gläubige die festlichen Prozessionen und liturgischen Feiern in der Stadt an der deutsch-niederländischen Grenze nahe Duisburg.

www.kevelaer.de

62 WIESKIRCHE, BAYERN

Die Bäuerin war sich sicher: In den Augen der Statue des gegeißelten Heilands, die 1730 von Mönchen des oberbayerischen Klosters Steingaden geschaffen wurde, standen Tränen. Im Sommer 1738 trug sich die Geschichte zu und führte im folgenden Jahr zum Bau einer kleinen Feldkapelle, da bereits etliche Menschen zum Bildnis mit dem leidenden Christus kleinere Wallfahrten unternahmen. Aus der Kapelle wurde die „Wallfahrtskirche zum Gegeißelten Heiland auf der Wies“ in Steingadens Ortsteil Wies im sogenannten bayerischen „Pfaffenwinkel“. Die stattliche Kirche wurde von 1745 bis 1754 im Rokoko-Stil erbaut, dessen ausladende Pracht auch heute noch sprachlos macht. 1983 wurde das Gotteshaus, das buchstäblich auf der grünen Wiese liegt, in das Unesco-Weltkulturerbe aufgenommen.

www.wieskirche.de

63 SCHWARZE MADONNA, ALTÖTTING

Täglich pilgern Wallfahrer nach Altötting in Oberbayern, denn hier hält die aus Lindenholz geschnitzte „Schwarze Madonna“ in der Gnadenkapelle am Kapellplatz schon seit über 500 Jahren das Jesuskind im Arm. Die Statue entstand wohl im 14. Jahrhundert und kam über Umwege nach Oberbayern. Warum sie ein schwarzes Antlitz hat, ist nicht geklärt, schwarze Madonnen werden jedoch wegen ihrer mystischen Erscheinung besonders verehrt. So wurde Altötting zum bedeutendsten Marienwallfahrtsort Deutschlands. Aber nicht nur die Madonna verzaubert, auch die herrliche Lage der Stadt lockt, samt der Alpen am Horizont.

www.altoetting.de

Nicht nur zu Pfingsten strömen die Pilger zur Gnadenkapelle mit der „Schwarzen Madonna“ in Altötting.

64 KLOSTER CORVEY, HÖXTER, NORDRHEIN-WESTFALEN

Die Idee für ein Reichskloster auf dem damaligen Gebiet der Sachsen ging von Karl dem Großen aus, so sollte die Christianisierung vorangetrieben werden. Gebaut wurde die Probstei von Corbie dann um das Jahr 816. Sechs Jahre später wurde das Kloster an den Standort des heutigen Schlosses Corvey verlegt, direkt am Ufer der Weser, im heutigen Stadtgebiet von Höxter in Nordrhein-Westfalen. In den Jahren darauf entwickelte sich hier ein kulturelles und wirtschaftliches Zentrum, das im 9. und 10. Jahrhundert zu den bedeutendsten karolingischen Klöstern gehörte, eine der wertvollsten Bibliotheken des Landes besaß und für die Christianisierung in Europa wichtiger Impulsgeber war. Heute ist die ehemalige Benediktinerabtei eine beeindruckende Schlossanlage, in der Geschichte, Kultur und Architektur miteinander verschmelzen. Seit 2014 zählt sie zum Unesco-Weltkulturerbe.

www.schloss-corvey.de

65 QUELLHEILIGTUM HEIDENFELS BEI KINDSBACH

Ganz hinten im Biedenbachtal bei Kindspech im Pfälzer Wald entspringt die Gutenbornquelle, deren Wasser schon seit Urzeiten Heilkräfte nachgesagt werden. Die Kelten wussten schon im 1. Jh. vor Christus von der besonderen Kraft des kleinen Baches, später wurde die Quelle von der gallorömischen Bevölkerung als Heiligtum verehrt. Um sie herum entstand beim Heidenfels ein Quellheiligtum, ein Bezirk, der wohl im Lauf der Zeit für viele unterschiedliche Einwohner der Gegend heilig war. Bis heute davon übrig geblieben sind zwei große Felsbrocken mit eingemeißelten Reliefs keltischer Fruchtbarkeitsgöttinnen und gallischer Priester. Wer die geschichtsträchtigen Steine besuchen möchte, sollte einen Spaziergang zum Heidenfelsen unternehmen. Und wer zusätzlichen Bewegungsdrang verspürt, wandert weiter zur Burg Nanstein in Landstuhl.

www.kindsbach.de

66 KREUZWEG, LÜBECK

Seit 1994 treffen sich jedes Jahr an Karfreitag bis zu 1000 Gläubige – seit 2002 sogar katholische und evangelische Christen gemeinsam – zum Lübecker Kreuzweg, der von St. Jakobi in der Lübecker Altstadt bis zum Jerusalemberg vor dem Burgtor über fünf Stationen führt. Die Teilnehmer wandeln auf alten Spuren, denn der Lübecker Kreuzweg ist der älteste seiner Art in Deutschland, 1493 wurde er auf Wunsch des Kaufmanns Hinrich Constin angelegt. Der war 1468 als Pilger ins Heilige Land gereist und hatte dort die Via Dolorosa vermessen, die er nach seiner Rückkehr in Lübeck nachbauen wollte, so die Überlieferung. Nach der Reformation geriet der Kreuzweg in Vergessenheit, erst 1994 wurde er zufällig wiederentdeckt und die Tradition erneut mit Leben gefüllt.

www.luebeck.de

67 DREIKÖNIGENSCHREIN, KÖLN

Prachtvoll steht er auf seinem Sockel hinter dem mittelalterlichen Hochaltar im gotischen Dom zu Köln, der goldene Schrein der Heiligen Drei Könige. Ab 1190 hatten mehrere Goldschmiedemeister rund 30 Jahre lang an ihm gearbeitet, künstlerisch gehört er zu den bedeutendsten Arbeiten des Mittelalters. Im Schrein ruhen einige der wertvollsten Reliquien des Christentums: Es soll sich um die Gebeine der drei Weisen aus dem Morgenland Caspar, Melchior und Balthasar handeln. Sie wurden 1164 von Mailand nach Köln gebracht, streckenweise war auch König Barbarossa bei der Reise mit von der Partie. Zuerst stand der funkelnde, mit Edelsteinen geschmückte Schrein in einem anderen Gotteshaus. Doch die Pilgerströme rissen nicht ab, und um allen den Zugang zur Reliquie zu ermöglichen, begann man 1248 mit dem Bau einer größeren Kirche – dem Kölner Dom. Er sollte ein würdigerer Ort für die kostbaren Reliquien werden.

www.koelner-dom.de

Der Heilig-Blut-Ritt wurde 1529 zum ersten Mal schriftlich erwähnt – und war damals wohl schon ein traditioneller Brauch.

68 HEILIGBLUT-RITT, WEINGARTEN

Ein winziger Klumpen Erde, der Spuren vom Blut Jesu enthalten soll, ist der Grund, warum Weingarten jedes Jahr am Freitag nach Christi Himmelfahrt aus allen Nähten platzt. An diesem Tag wird die in Edelsteinen gefasste kostbare Erde in einer glanzvollen Reiterprozession, begleitet von Blaskapellen und dem Duft von „Rossbollen", durch die Stadt getragen. Bald 1000 Jahre wird das kostbare Stück schon im Kloster Weingarten gehütet, seit 1724 in der prachtvollen größten Basilika nördlich der Alpen. 3000 festlich gekleidete Reiter und Musikkapellen und rund 25 000 Zuschauer machen das Ereignis zur größten Reiterprozession Europas.

www.weingarten-online.de

69 VIERZEHNHEILIGEN, ERFURT

Das Jesuskind samt einer Kinderschar soll dem Schäfer des Klosters Langheim im heutigen Oberfranken im Jahr 1445 erschienen sein. Sie stellten sich als die vierzehn Nothelfer vor und hatten einen Wunsch: eine Kapelle, an genau diesem Ort. Und weg waren sie, durch die Wolken entschwunden. Als kurz darauf ein weiteres Wunder an dieser Stelle geschah, setzte sogleich eine rege Wallfahrt ein. Die Pilger riefen nach einem Ort zum Beten, und so wurde der Wunsch erfüllt: Die Zisterzienserabtei Langheim errichtete eine den vierzehn Nothelfern geweihte Kapelle. Nach ihrer Zerstörung entstand schließlich bis 1772 nach den Plänen des berühmten Baumeisters Balthasar Neumann die prächtige Basilika Vierzehnheiligen, die bis heute Tausende Wallfahrer besuchten, um hier zu beten und sich an das Wunder zu erinnern.

www.vierzehnheiligen.de

70 HEILIGER ROCK, TRIER

Was ist Legende, was ist Überlieferung? Wer kann das schon sagen, bei einer Geschichte, die so lange zurückliegt? Die Erzählung rankt sich um den Heiligen Rock, das Unterkleid, das dem ans Kreuz geschlagenen Jesus abgenommen wurde. Die heilige Helena soll ihn im 4. Jahrhundert der Trierer Kirche geschenkt haben, wo er erstmals 1196 urkundlich erwähnt wird. 1512 holte man die Tunika dann zu Ehren des neugierigen Kaisers Maximilian I. aus dem Hochaltar ans Licht, danach jedoch forderte auch das gemeine Volk, einen Blick darauf werfen zu können – so entstand die erste Heilig-Rock-Wallfahrt vor über 500 Jahren. Heute liegt das fragile Gewand verschlossen in einem Holzschrein unter einem klimatisierten Glaszelt und wird nur äußerst selten gezeigt, zuletzt 2012. Dies ist allerdings kein Grund, der ebenso geschichtsträchtigen wie schönen Stadt Trier keinen Besuch abzustatten.

www.heilig-rock-wallfahrt.de

WO DER TRAMP UND DER KAISER TRÄUMTEN

IN MANCHEN GASTHÖFEN ÜBERNACHTEN SCHON SEIT MEHR ALS 600 JAHREN GÄSTE. WER IN DIESEN HOTELS ABSTEIGT, BUCHT DIE TRÄUME EINER LANGEN VERGANGENHEIT GLEICH MIT.

71 HOTEL ADLON, BERLIN

Was hat das Adlon nicht alles gesehen! Der Zar von Russland logierte ebenso in den luxuriösen Suiten des Hotels am Boulevard Unter den Linden wie König Wilhelm II., der die gut beheizten Räumlichkeiten seinem zugigen Schloss vorzog. Alles, was Rang und Namen hatte, residierte unweit des Brandenburger Tors, schlürfte Tee im Café oder schwang das Tanzbein im prächtigen Ballsaal des 1907 eingeweihten Hotels – besonders die Goldenen Zwanziger ließen es zum Mythos werden. Charly Chaplin, unsterblich geworden als Stummfilm-Tramp, ging hier ein und aus, Josephine Baker auch. In den letzten Jahren des Zweiten Weltkriegs wurde das Hotel zum Lazarett und brannte kurz nach Kriegsende komplett aus. Nach dem Fall der Mauer wuchs hier wieder ein Neubau in die Höhe, der Anklänge an das Original hat, auch der Name ist fast derselbe: „Adlon Kempinski".

www.kempinski.com

72 ARTE LUISE KUNSTHOTEL, BERLIN

In dieser Galerie zum Übernachten ist nichts austauschbar und alles einmalig. Die Kunst kommt nicht von ungefähr ins ehemalige Stadtpalais aus dem Jahr 1825: Das heutige komfortable Hotel ist die Weiterentwicklung des legendären Künstlerheims Luise, das 1995 als Kunstprojekt entstand. 50 Kreative gestalteten je ein Gästezimmer, jedes einzelne hat seinen ganz eigenen, einzigartigen Charakter. Ein Hotel, quasi als Einstimmung auf die vielfältigen Galerien und Museen der Metropole. Und noch eine gute Nachricht: Preislich rangiert die Kreativherberge in der Mittelklasse, und selbst Räume für kleinere Übernachtungsbudgets können gebucht werden.

www.luise-berlin.com

73 BRENNERS PARK-HOTEL & SPA, BADEN BADEN

Wie einen Sommer in Paris, so empfanden die französischen Gäste das 1834 eröffnete „Hotel Stéphanie les Bains" an der Lichtentaler Allee in Baden Baden. Der Deutsch-Französische Krieg beendete diese Liaison, aber nach der Erweiterung um 1900 strömten Gäste aus der ganzen Welt in die noblen Räume, darunter illustre Persönlichkeiten wie Edward Prince of Wales oder der Maharaja von Kapurthala. Immer größer

„Dangerous Books" heißt das vom Künstler David Dalla Venezia gestaltete Zimmer im Arte Luise Kunsthotel.

wurde die Hotelanlage, und die Promi-Dichte war so hoch, dass die Zeitungen rund um den Globus darüber schrieben. Die Weltwirtschaftskrise und der Zweite Weltkrieg sorgten allerdings auch im „Brenners“ für schwere Turbulenzen. Bis 1969 war die Familie Brenner mit dem Hotel verbunden, das Anton Alois Brenner 1872 ersteigert hatte. Heute strahlt das Grand Hotel wieder im alten Glanz, und 2015 wurde auch die Villa Stéphanie als Wellness-Oase wieder zum Leben erweckt.

www.brenners.com

74 BAYERISCHER HOF, MÜNCHEN

König Ludwig I. gab 1839 den Anstoß – München brauche ein Hotel, und zwar ein erstklassiges! Zwei Jahre später stand der „Bayerische Hof“ mit seinen rund 100 Zimmern, die von Sigmund Freud und vielen weiteren Berühmtheiten bewohnt wurden, am Promenadenplatz in der Münchner Altstadt. 1897 kaufte Hermann Volkhardt das Grand Hotel, das auch heute noch in der vierten Generation von der Familie geleitet wird. Als 1944 Bomben auf München fielen, traf es auch den „Bayerischen Hof“, bis auf den Spiegelsaal lag alles in Schutt und Asche. Aber die Familie krempelte die Ärmel hoch und eröffnete im Spiegelsaal schon 1945 Münchens erstes Restaurant nach dem Krieg. Danach ging es nur noch aufwärts, und das Hotel war wieder Treffpunkt für die Reichen, Klugen, Schönen und Mächtigen.

www.bayerischerhof.de

Nur noch die Backsteinmauern erinnern an die Geschichte des Knasthauses Fronveste.

75 KNASTHAUS FRONVESTE, MEININGEN

Wer immer schon mal eine Nacht hinter Gittern verbringen wollte, dem kann dieser Wunsch im alten Knasthaus erfüllt werden. Lange bevor das Gefängnis in Thüringen für Strauchdiebe und Halsabschneider neue Heimat wurde, beteten und arbeiteten hier ab 1242 Mönche in einem Minoritenkloster. 1816 zog dann ein Amtsdiener ein und mit ihm zum ersten Mal auch der ein oder andere Gefängnisinsasse. Heute geht es deutlich komfortabler zu im alten Knasthaus, statt einfacher Pritschen gibt's bequeme Betten in den 39 Zimmern und leckeres Essen im Skyline-Restaurant Monte Christo. Im separaten Zellentrakt sind allerdings ab und an Alugeschirr und Sträflingsklamotten angesagt – auf freiwilliger Basis.

www.fronveste-meiningen.de

76 HOTEL ZUM ROTEN BÄREN, FREIBURG

Der älteste Gasthof Deutschlands? So zumindest lautet die Eigenwerbung des „Hotels zum Roten Bären" in Freiburg. Es lässt sich auf jeden Fall nicht leugnen, dass der Rote Bär schon ein paar Jährchen auf dem Buckel hat. Die erste urkundliche Erwähnung stammt von 1387, mit dem Zunftmeister Hanman als Wirt. Ihm folgten bis heute mehr als 50 Wirtinnen und Wirte, die für das Wohl der Gäste sorgten und gleichzeitig mit den Unannehmlichkeiten ihrer jeweiligen Epoche zu kämpfen hatten: Seuchen aller Art, dem Dreißigjährigen Krieg und unzähligen weiteren Gemetzeln oder politischen Umstürzen. In all den Stürmen blieb das Gasthaus zum Roten Bären ein Treffpunkt für Freiburger und Reisende, wo es eine gute Mahlzeit, ein warmes Bett und Neuigkeiten aus Nah und Fern gab. Daran hat sich bis heute nichts geändert.

www.roter-baeren.de

77 HOTEL BARBAROSSA, KONSTANZ

Am Konstanzer Obermarkt besiegelte 1183 der deutsche Kaiser Friedrich I., besser bekannt unter dem Namen „Barbarossa", den Frieden mit den lombardischen Städten. Das blieb gut im Gedächtnis haften, denn der Name der Wirtschaft samt Tanzboden, die ebendort stand und 1419 zum ersten Mal urkundlich auftauchte, erinnert an den staufischen Kaiser. Lange Zeit kümmerte sich das „Barbarossa" um das leibliche Wohl seiner Gäste, die Familie Miehle tut dies seit 1874. Knapp 100 Jahre später öffnete sie die Türen auch für Übernachtungsgäste im geschichtsträchtigen Gasthaus. Und in der Weinstube ist auch heute noch die Vergangenheit stimmungsvoll präsent.

www.hotelbarbarossa.de

78 HOFGUT STERNEN, HÖLLENTAL, SCHWARZWALD

„Höllental" klingt nicht gerade einladend, aber genau hier, im wildromantischen Schwarzwald, unweit der schmalen Ravennaschlucht, liegt das Hofgut Sternen, das seit gut 250 Jahren seine Gäste bewirtet. Diese Gastfreundschaft wusste schon eine ganze Reihe von Berühmtheiten zu schätzen, die im „Wirtshaus unter der Steig", wie das Hofgut einmal hieß, auf ihrer beschwerlichen Reise Rast machten. Goethe logierte um 1779 gleich zweimal im Höllental, an ihn erinnert das historische Goethehaus, in dem die Gäste heute in historisch-stimmungsvollem Ambiente nächtigen können. Einige Jahre zuvor, um 1770, schlief hier die 14-jährige österreichische Erzherzogin Marie Antoinette auf ihrem Weg nach Frankreich, wo ihr Bräutigam Louis Auguste, der spätere König Ludwig XVI., auf sie wartete. Das Haus muss voll gewesen sein damals, denn der ganze Hofstaat reiste mit.

www.hofgut-sternen.de

79 SCHLOSSHOTEL CECILIENHOF, POTSDAM

Zügig setzten sich nach dem Zusammenbruch des Großdeutschen Reiches im Mai 1945 die drei siegreichen Staaten zusammen. Der Ort für die berühmte Potsdamer Konferenz im Sommer 1945, bei der Stalin, Truman und Churchill die Zukunft Deutschlands aushandelten, eignete sich hervorragend: Schloss Cecilienhof in Potsdam, stilistisch angelehnt an einen englischen Landsitz, mit 55 unterschiedlichen Schornsteinen nach Tudormanier auf dem Dach. Kaiser Wilhelm II. hatte es von 1913 bis 1917 für seinen Sohn und dessen Frau Cecilie bauen lassen. Ein idealer Ort für ein Hotel, dachte man sich nach dem Krieg, das dann 1960 im Westflügel eingerichtet wurde. Auch nach der Wende ließen sich die Gäste hier verwöhnen – die derzeitige Renovierung dauerte bei Redaktionsschluss noch an. Die Wiedereröffnung ist für 2017 angedacht.

www.relexa-hotels.de/potsdam

Mit dem Wetterstein-Gebirge im Pool: Schloss Elmau bei Garmisch-Partenkirchen.

80 SCHLOSS ELMAU, BAYERN

Auf Tuchfühlung mit dem Wettersteingebirge, inmitten grüner Wiesen auf gut 1000 m Höhe, wer will da nicht ordentlich am süßen Nichtstun schnuppern? In dieser oberbayerischen Idylle wurde Schloss Elmau als ein Erholungsort während des Ersten Weltkriegs erbaut. Von Luxus damals keine Spur, eher eine Mischung aus Jugendherberge und Kloster, sollte es unterschiedliche Menschen zusammenbringen. In der Nazi-Zeit verfiel der damalige Besitzer Johannes Müller der NS-Ideologie, nach dem Krieg wurde Schloss Elmau zum Erholungsheim für Holocaust-Überlebende und Heimatlose. Schließlich öffnete das Schloss wieder für Urlauber seine Türen, Vicco von Bülow alias Loriot etwa kam gerne vorbei, und auch der G7-Gipfel mit US-Präsident Obama & Co. war schon da. Mit dem heutigen Chef ist Luxus pur eingezogen, schmale Geldbeutel müssen draußen bleiben.

www.schloss-elmau.de

WO DER TRAMP UND DER KAISER TRÄUMTEN

AM WASSER UND IM WASSER

WAS HABEN DIE ÄLTESTE STEINBRÜCKE DEUTSCHLANDS, EIN HOCHMODERNER CONTAINERHAFEN UND EINE HALLIG GEMEINSAM? SIE WÄREN NICHT DAS, WAS SIE SIND, WÜRDEN NICHT FLÜSSE, SEEN ODER DAS MEER AN IHNEN VORBEI, UNTER IHNEN HINDURCH ODER UM SIE HERUMFLIESSEN.

Und dieser winzige Hügel bleibt von Sturmfluten unbehelligt? Die Warft auf der 50 ha großen Hallig Südfall.

81 HALLIG SÜDFALL, OSTFRIESLAND

Wenn die Schäfchenwolken über den Sommerhimmel ziehen, ist gut sein auf Südfall im Nationalpark Schleswig-Holsteinisches Wattenmeer. Dann ist die Hallig – eine von zehn vor der deutschen Küste – bei Ebbe zu Fuß (nur mit Wattführer!) oder mit der Pferdekutsche zu erreichen. Wenn aber der Sturm tobt und die Wellen der Nordsee an der einzigen Warft, dem Hügel in der Mitte der Hallig, nagen, wird's ungemütlich. Dann kann man sich das Schicksal des sagenumwobenen Ortes Rungholt ziemlich gut vorstellen, der ganz in der Nähe in einer einzigen Sturmflutnacht im Jahr 1362 mit Mann und Maus versunken sein soll.

die-ganze-nordsee.de/halligen-urlaub

82 DREI-FLÜSSE-ECK, PASSAU

Nein, es liegt nicht am köstlichen Passauer Hellen aus der örtlichen Brauerei. Am Drei-Flüsse-Eck am Rand der Altstadt geht's tatsächlich dreifarbig zu: Während die aus Norden kommende Ilz, die in einem Moorgebiet entspringt, schwarzes Wasser führt, steuert der aus den Alpen kommende Inn die grüne Farbe und die Donau die blaue bei. Dass sich die drei Flüsse nicht gleich vermischen, liegt an der großen Wassermenge des Inn und der unterschiedlichen Tiefe der Gewässer. Einen guten Blick auf das weltweit einmalige, unvergessliche Schauspiel – nirgendwo sonst kommen drei Flüsse aus drei unterschiedlichen Himmelsrichtungen, um dann gemeinsam in die vierte abzufließen – hat man von der über der Stadt thronenden Burganlage Veste Oberhaus.

www.passau.de

83 WASSERBURG AM INN, BAYERN

Warum Wasserburgs Lage so besonders ist, erkennt man am besten von oben, von der „Schönen Aussicht" auf dem Kellerberg etwa. Oder an Bord eines Innschiffs: Entlang der bis ans Flussufer gebauten wunderschönen Häuserfront der Altstadt geht es dann einmal (fast) im Kreis. Die Innschleife umgibt den historischen Kern Wasserburgs nämlich nahezu vollständig – und machte die mit Mauern und Türmen geschützte, mehr als 900 Jahre alte Stadt praktisch unein-

Der Neue Leuchtturm in Lindau ist 36 m hoch – und der südlichste Leuchtturm Deutschlands.

84 LINDAU, BODENSEE

Lindau *am* Bodensee? Nein, Lindau *im* Bodensee ist der korrekte Name der Stadt am bayerischen Nordostufer, liegt die historische Altstadt doch auf einer Insel und ist nur durch eine Brücke mit dem Festland verbunden. Man überquert sie am besten ohne Auto, da praktisch die ganze Insel Fußgängerzone ist. Das hat den schönen Nebeneffekt, dass man bereits beim Spaziergang über die Seebrücke Lindaus Reizen erliegt: prächtige alte Bauten, die sich effektvoll vor der Kulisse des blauen Sees und der gar nicht so weit entfernten Alpengipfel räkeln. Den Hafen entdeckt man erst später – und ist hin und weg vom berühmten Anblick des Löwen und des Leuchtturms.

www.lindau.de

nehmbar. Begehrlichkeiten gab's genug, schließlich lag die Halbinsel am Schnittpunkt wichtiger Handelsstraßen. Wer heute die schmale Landzunge überquert, erlebt Wasserburgs Altstadt als Geschenk an die Gegenwart – verziert mit einer ganz besonderen Schleife.

www.wasserburg.de

85 MALCHOW, MECKLENBURG-VORPOMMERN

Und noch ein Ort, der seine besondere Lage sogar im Namen führt: Die Inselstadt Malchow liegt zwischen zwei Seen, dem Malchower und dem Fleesensee. Der historische Kern der gemütlichen Kleinstadt ist über einen Erddamm und eine Drehbrücke auf zwei Seiten mit dem Festland verbunden. Überall Wasser also – was Malchow zum perfekten Ausgangs- oder Etappenort einer Tour mit dem Hausboot durch die Mecklenburgische Seenplatte macht.

www.luftkurort-malchow.de

86 STEINERNE BRÜCKE, REGENSBURG

Wer vor dem Jahr 1146 von Ulm nach Wien reisen wollte, bekam entweder nasse Füße oder musste per Floß die Donau überqueren. Bis die Steinerne Brücke fertig wurde: Die älteste, noch erhaltene Brücke Deutschlands war ein Wunderwerk der Technik – und fast 800 Jahre lang, bis 1935, die einzige zuverlässige Möglichkeit, in

Regensburg und Umgebung den Fluss zu überqueren. 16 Fundamente setzten die Baumeister in die Donau, die steinernen Bögen überspannen 300 m. Hochwasser, Treibeis und die Kanonen Napoleons zerstörten zwei der drei Türme und die Mühlen, die auf der Brücke erbaut worden waren. Das Bauwerk, dessen durch Verkehr, Abgase und Witterung beschädigte Substanz bis 2017 grundsaniert wird, ist neben dem Dom das wichtigste Wahrzeichen von Regensburg.

tourismus.regensburg.de

87 SCHLOSS MOYLAND, NIEDERRHEIN

Dornröschen vielleicht. Oder, wenn man Fantasy-Fan ist, Stark oder Lannister – das sind die Namen, die einem beim ersten Anblick des neugotischen Schlosses mit seinen vier Türmen in den Sinn kommen. Und nicht Joseph Beuys. Tatsächlich aber ist Schloss Moyland eng mit dem Namen des bedeutenden deutschen Künstlers vebunden: In den Mauern der ehemaligen mittelalterlichen Wasserburg, die nach dem Zweiten Weltkrieg verwüstet und erst von 1990 bis 1997 restauriert wurde, befindet sich nämlich die weltweit größte Sammlung seiner Werke. Ein Grund mehr, das Schloss mit seinen schönen Gärten zu besuchen.

www.moyland.de

88 FRAUENINSEL, CHIEMSEE

Von Versailles mitten hinein in die bayerische Idylle, und das in gerade einmal 10 Minuten. Die Chiemsee-Schifffahrt macht's möglich: Wer sich im Schloss Herrenchiemsee in die höfische Pracht von König Ludwig XIV. – zu dessen Ehren der bayerische „Märchenkönig" Ludwig II. die Versailles-Kopie ab 1878 bauen ließ – zurückversetzen ließ, wird den maritimen Hopser auf die benachbarte Fraueninsel nicht auslassen. Denn hier wartet nicht nur das Benediktinerinnen-Kloster Frauenwörth mit dem Campanile, dem Wahrzeichen des Chiemgaus, sondern auch jede Menge bajuwarisch-berückendes Insel-Feeling.

www.chiemsee-alpenland.de

89 SENFTENBERG, LAUSITZER SEENLAND

Hätte es vor ca. 20 Mio. Jahren keine Moore rund um das heutige Senftenberg gegeben, dann würde man heute in der Sommerhitze keine Abkühlung im Senftenberger, Sedlitzer, Geierswalder, Großräschener oder Partwitzer See finden. Was das Erdzeitalter Tertiär mit Gummiboot und Luftmatratze zu tun hat? Die Moore wandelten sich im Lauf der Zeit zu Braunkohle, die wurde ab 1890 abgebaut – und die immer gigantischer werdenden Bagger schufen Gebilde mit dem schönen Namen „Tagebaurestlöcher". Die wurden mit Wasser geflutet, und so entstand ein Urlaubsparadies für Wasserratten, das aktuell aus 20 Seen besteht.

www.lausitzerseenland.de

90 JADE-WESER-PORT, WILHELMSHAVEN

Gerade einmal vier Jahre dauerte der Bau von Deutschlands einzigem Tiefwasserhafen, nämlich von 2008 bis 2012. Und dann – passierte erstmal nicht viel, vom Milliardengrab war die Rede. Doch nun hat sich der Wind gedreht, die Anlage, die durch Sandaufspülungen entstanden ist und ein 130 ha großes Containerterminal beinhaltet, macht ordentlich Plus. Einer der Gründe: Im Jade-Weser-Port können Riesencontainerschiffe mit 400 m Länge und 60 m Breite problemlos anlegen. Und die Schiffe werden immer größer ... Wer erleben möchte, wie einer dieser Riesenpötte entladen wird, bucht eine Tour mit dem Hafenbus, der beim Info-Center startet.

www.jadeweserport-infocenter.de

Das Licht und die Ruhe: Auf der Fraueninsel entstand um 1830 eine der ältesten Künstlerkolonien Europas.

AM WASSER UND IM WASSER

DORT, WO GAR NICHTS LOS IST

WIE SCHÖN, DER EIGENE PLATZ IN DER STILLE, ABSEITS VOM TRUBEL DER WELT! WER DIESE ORTE AUFSUCHT, BEGEGNET IN ERSTER LINIE – SICH SELBST.

91 TIGERFELD, SCHWÄBISCHE ALB

„Lebra, Cholera, von d'r Alb 'ra" – so despektierlich witzeln die Süddeutschen über die Schwäbische Alb. Dabei ist es gerade die Abgeschiedenheit dieses Mittelgebirgsstreifens, die für viele anziehend wirkt. Kein anderer Wanderverein Europas erfährt so viel Zulauf wie der Schwäbische Albverein, dessen 100 000 Mitglieder über Stock und Stein und an Schafsweiden vorbei zu Schlössern, Burgen und Ruinen stapfen. Und Tigerfeld? Ist ein Ortsteil von Pfronstetten bei Reutlingen – und hat außer einem skurrilen Namen, einer obskuren Schlacht im Bauernkrieg im 16. Jh. und einer unrühmlichen Randnotiz in der NS-Zeit nicht viel zu bieten. Außer der herrlichen Weite der Alb, viel gesunder Luft und schöner Wanderwege natürlich!

pfronstetten.wordpress.com

92 UCKERMARK, BRANDENBURG & MECKLENBURG-VORPOMMERN

Das sanft gewellte, seenreiche Naherholungsgebiet liegt nur eine Fahrstunde von Berlin entfernt. Hier leben 120 000 Menschen auf 3000 km² – dünner besiedelt ist Deutschland nirgendwo sonst. Große Teile der Region sind als Naturpark, Nationalpark und Biosphärengebiet ausgewiesen. Klar, dass das in erster Linie Draußensein-Fans anlockt, die Tiere (Biber! Kraniche! Fischotter!) beobachten möchten, dazu Wanderer, Rad- und Kanufahrer – und natürlich solche, die vorgeben, all dies zu sein und dann doch den ganzen Tag lieber auf der Hollywoodschaukel hinterm Ferienhaus verbummeln.

www.tourismus-uckermark.de

93 BAYERISCHER WALD

Gemeinsam mit dem Böhmerwald auf tschechischer Seite bildet der

Und ganz weit hinten nichts anderes als der Horizont: Rundumblick von der Insel Wangerooge.

Bayerische Wald das größte zusammenhängende Waldgebiet Europas. Vorbildlicher Umweltschutz und ein begünstigendes Klima erlaubten den Naturwäldern, sich hier zu entfalten und anderswo ausgestorbenen oder bedrohten Tierarten einen sicheren Lebensraum zu schenken. Trotz der vielen (Outdoor-) Touristen, die von den rund 300 km Wanderwegen im Nationalpark und den überragenden Naturschätzen zwischen Donau und Großem Arber angezogen werden, ist die Region eine Oase der Ruhe.

www.bayerischer-wald.de

94 WANGEROOGE, NORDSEE

Wenn man die Strandkörbe und Scharen schnatternder Jugendlicher mal ausblendet, fühlt man sich, als sei man als Schiffbrüchiger auf dieser zweitkleinsten ostfriesischen Insel gestrandet. Auf dem autofreien, sandumsäumten Eiland stört kein dröhnender Motor das ewige Rauschen des Windes und der Wellen. Schon 1804 wurde die Insel zum Seebad, seitdem lebt Wangerooge gut vom Geschäft des gepflegten Nichtstuns, sowohl im Wasser als auch an Land. Die Insel mit etwa 1300 Einwohnern wird in den Sommermonaten von bis zu 10 000 Besuchern überrollt, die hier ihre inneren Energietanks auffüllen.

www.wangerooge.de

95 HAVEL

Einfach mal allem und allen entkommen. Die Natur das Tempo entscheiden lassen. Allein mit den Gedanken dahingleiten. Ein Urlaub im Hausboot ist eine Reise in einer Art Raum-Zeit-Kapsel, in der die wahre Welt um den Urlauber herum zwar nicht verschwindet, er aber selbst darüber entscheidet, wann oder ob er mit ihr in Berührung tritt. Und wo geht das schon besser als auf der Havel? Da können Potsdam und Berlin vorbeiziehen – in der fahrbaren Urlaubskiste brummt Leonard Cohen im Lautsprecher und der frische Fang brutzelt in der Bratpfanne. Die Hauptstadt kann warten, morgen ist schließlich auch noch ein Tag.

www.havelhausboot.de

96 ODERAUE GENSCHMAR, BRANDENBURG

Das nur 2,5 km^2 große Naturschutzgebiet schmiegt sich 90 km östlich der Hauptstadt an die Oder, die hier die Grenze zu Polen bildet. In den Seen, Wiesen und Auenwälder findet eine erstaunliche Zahl seltener Tiere wie der Elbebiber Zuflucht – aber auch gestresste Großstädter, die sich nach einem langsameren Lebenstempo sehnen. Da fahren Kähne und Fischkutter vorbei, während hier und da ein Fischotter am Ufer schlummert. Man könnte ein Fahrrad mieten oder eine Schifffahrt unternehmen ... oder es dem Otter gleichtun: Gemächlichkeit ist eine Tugend.

www.sauerland.com

97 KRAICHGAU, BADEN-WÜRTTEMBERG

Gesprenkelt von Weinbergen und Hügeln, überzogen von Streuobstwiesen und Laubwäldern, bietet der Kraichgau die perfekte Kulisse für Klassenfahrten, Lagerfeuer und befreiende Spaziergänge, auf denen wenig Augenfälliges die Gedanken stört. Das baden-württembergische Erholungsgebiet bietet Natururlaub light, aber mit der Option, sich in den vielen Museen, Schlössern oder auch im Freizeitpark Tripsdrill einen Schuss Kultur oder Bespaßungsprogramm abzuholen. Egal, für welches der Pakete man sich entscheidet, ein gutes Glas des roten Trollingers darf dabei auf keinen Fall fehlen.

www.kraichgau-stromberg.com

Der Abend kommt, jetzt wird's heimelig in den Fachwerkhäusern des Sauerlands.

98 SAUERLAND, NORDRHEIN-WESTFALEN & HESSEN

Die Ruhrpottler lieben es für seine schönen Naturparks, die Holländer kommen wegen der Berge. Das hügelige Sauerland bietet den Menschen in seiner Umgebung das, was sie am meisten begehren: Raum für ausgiebige Wanderungen, spielerische Entdeckungen in freier Natur, ein großes Netz an Mountainbike- und Wanderpfaden und jede Menge größtenteils unberührter Seen und Wälder. Und wer es mit dem Auspannen richtig ernst meint, der bucht sich einen *Sauerland-Coach (www.sauerlandzeit.com)*: Die ausgebildeten Trainer versprechen, die inneren Kräfte ihrer Gäste neu zu polen und die Lebensenergiespeicher frisch aufzuladen.

www.sauerland.com

99 SPREEWALD, BRANDENBURG

Schon an der Postzustellung merkt man, dass die Uhren hier langsamer ticken: Von April bis Oktober werden Briefe im Ortsteil Lübbenau-Lehde im gelben Postkahn zugestellt, der mit einer Schubstange – der Stake – fortbewegt wird. Kein Wunder, dass die Touristen am Wochenende oft Schlange stehen, um sich im traditionellen Spreewaldkahn über die Kanäle und Fließe staken zu lassen. Wer's aktiv mag, mietet sich ein eigenes Kanu und erkundet das Unesco-Biosphärenreservat auf eigene Faust.

www.spreewald.de

100 UNSTRUT, THÜRINGEN

Über 190 km führt der Unstrutradweg von der Quelle des Flusses durchs Thüringer Kernland, die Kyffhäuserregion und das südliche Sachsen-Anhalt bis zur Mündung in die Saale. Besser als mit dem Rad kann man die Region, die auf eine über 1000-jährige Winzergeschichte zurückblickt, nicht erkunden. Und sich dann, zwischen sattgrünen Weinbergen, mit einem Glas Silvaner, einfach auf die Wiese fallen lassen und Tiergeschichten aus den Schönwetterwolken am Himmel lesen – herrlich!

www.saale-unstrut-tourismus.de

DORT, WO GAR NICHTS LOS IST

BÜHNE FREI!

UNTER FREIEM HIMMEL, IM ROTLICHT-VIERTEL, AN FÄDEN, VOR BAROCKER KULISSE ODER AUF EINER STEILEN TREPPE – THEATER TUT NOT! UND ZWAR IMMER UND ÜBERALL …

101 SCHLOSSTHEATER, LUDWIGSBURG

Repräsentieren und sich dabei fürstlich unterhalten, so hatte sich das Herzog Carl Eugen 1758 vorgestellt. Gesagt, getan – nur ein paar Wochen Bauzeit, und im hauseigenen Theater im Ludwigsburger Schloss konnte sich am 23. Mai 1758 zum ersten Mal der Vorhang heben. Die historische Bühnenmaschinerie ist übrigens die älteste noch existierende weltweit. Im barocken Schlosstheater ging es auch auf der Bühne royal zu: Selbst der Herzog fühlte sich schauspielerisch berufen, wobei die Stücke vor allem seiner Glorifizierung dienten. Das sprach sich herum, Zuschauer kamen sogar aus dem fernen Paris. Zu den Ludwigsburger Schlossfestspielen hebt sich hier auch heute noch der Vorhang.

www.schlossfestspiele.de

Immer dasselbe Repertoire? Die Neuköllner Oper setzt auf Uraufführungen, Multi-Kulti und ständig neue Stücke.

102 LUISENBURG FESTSPIELE WUNSIEDEL

Die Luisenburg Festspiele im oberfränkischen Wunsiedel haben nicht nur die längste Freilichttheater-Tradition Deutschlands, 2011 waren sie auch bundesweit Spitzenreiter in puncto Besucherzahlen. Dabei spielt das größte Felslabyrinth Europas im Fichtelgebirge eine Hauptrolle, denn das Festspielgelände liegt mittendrin und die Felsen dienen als beeindruckende Kulisse. Es spielten wohl Schüler schon im 17. Jh. an dieser Stelle Theater, aber erst 1804 wurde der Ort als Festspielgelände gestaltet. Früher lag der Schwerpunkt auf klassischen Stücken, heute fächert sich der sommerliche Spielplan in Klassik, Drama, Unterhaltung, Musical und Kinderstücke auf.

www.luisenburg-aktuell.de

103 BLUTENBURG-THEATER, MÜNCHEN

Wenn das kein Zufall ist! Im Blutenburg-Theater in München fließt mitunter der Lebenssaft in Strömen und auch die Eigenwerbung spricht für sich: „32 Jahre Mord und Totschlag". Aber keine Sorge, alle Zuschauer sind nach der Vorstellung noch heil, nur auf der Bühne geht's um Leben und Tod, Lügen und Erpressung – in Münchens einziger privater Kriminalbühne. Ausschließlich Kriminalstücke und -komödien werden hier zum Besten gegeben, drei jedes Jahr. So lässt hier vor 100 Plätzen auch schon mal Sherlock Holmes seine grauen Zellen tanzen oder der gute Inspektor Columbo schlägt den Kragen seines Trenchcoats hoch.

www.blutenburg-theater.de

104 VOLKSSCHAUBÜHNE ÖTIGHEIM

„Volk spielt fürs Volk" lautete schon bei der Gründung 1906 die Devise für die Volksschaubühne Ötigheim bei Raststatt, und so ist es bis heute (fast) geblieben. Inzwischen ist aus der ehemaligen Sandgrube die größte von Amateuren bespielte Freilichtbühne Deutschlands mit 4000 überdachten Zuschauerplätzen geworden. Und das in einem Örtchen mit knapp 4500 Einwohnern, wovon rund 1300 wiederum Mitglieder beim Volksschauspiel sind. Deshalb heißt Ötigheim auch Theaterdorf, denn die bis zu 700 ehrenamtlichen Mitwirkenden pro Spielzeit rekrutieren sich (fast alle) aus den eigenen Reihen, sowohl auf als auch hinter der Bühne. Die Inszenierungen und deren Erfolge sprechen für sich.

www.volksschauspiele.de

105 NEUKÖLLNER OPER, BERLIN

Neukölln und Oper, das will nicht so recht zusammengehen – tut es aber doch! In dem Berliner Stadtteil wird seit 1972 zeitgenössisches Musiktheater gegeben. Dabei gibt es musikalisch keine Berührungsängste, von Klassik über Musical zu genreübergreifenden Produktionen reicht das künstlerische Spektrum. Die Motivation des Gründers, des Komponisten und Kirchenmusikers Winfried Radeke, war „die Gattung Oper so lebensnah wie möglich zu zeigen", und das ist bis heute so geblieben – seit 1988 im eigenen Haus in der Karl-Marx-Straße. Viele Eigenproduktionen kommen auf die Bühne, mit Themen, die die Opernmacher meist direkt vor der Haustür finden. Lange müssen sie da nicht suchen in einem Stadtbezirk, in dem soziale Unterschiede, ethnische Vielfalt und kulturelle Traditionen in vitaler Weise aufeinanderprallen.

www.neukoellneroper.de

106 HÄNNESCHEN-THEATER, KÖLN

Am Anfang erfreuten sich Kinder an den Krippenspielen in der Adventszeit, die Johann Christoph Winter 1802 zum ersten Mal zum Besten gab. Das Puppentheater kam gut an, und so war das Hänneschen-Theater auch beim ersten Karnevalszug 1823 dabei. 1919, als das letzte Mitglied der Familie Winter starb, kam das Ende des Puppentheaters. Konrad Adenauer gefiel das gar nicht, er und der Theatermann Carl Niessen setzten sich ein, und so konnte das Theater 1926 wieder eröffnet werden. Seit 1938 tanzen die Puppen am Eisenmarkt in der Kölner Altstadt-Nord. Alleine 14 Puppenspieler ziehen

Jetzt bloß nicht stolpern: Die Freilichtspiele auf der Treppe in Schwäbisch Hall sind die zweitältesten Deutschlands.

110 FREILICHTSPIELE SCHWÄBISCH HALL

Schauspieler sollten hier trittsicher und schwindelfrei sein, denn die Bühnenbretter sind in diesem Fall die 54 schmalen und extrem steilen Stufen der um 1511 gebauten Freitreppe vor der Stadtkirche St. Michael. Seit 1925 spielen sich inmitten des Marktplatzes jeden Sommer die großen Dramen der Weltliteratur ab, umringt von einer großartig-atmosphärischen Altstadtkulisse. Die zweite Spielstätte, das Globe Theater auf der Kocher-Insel, zieht zwar nach Berlin, an gleicher Stelle soll aber bis zur Spielzeit 2018 ein neues Freilichttheater entstehen. Auf der Treppe selbst ist die Bandbreite der Inszenierungen groß, neben Klassikern werden moderne Stücke wie „Tschick" mitreißend präsentiert.

www.freilichtspiele-hall.de

heute die Fäden. Ohne waschechtes Kölsch sprechen zu können, geht allerdings gar nichts. Denn nur so entfalten Stücke wie „Schärlock Holmes“ ihre volle Wirkung.

www.haenneschen.de.

107 THEATERSCHIFF BATAVIA, WEDEL

Der Theaterchef heißt „Käpt'n“, denn sein Theater mit immerhin rund 70 Plätzen liegt im ehemaligen Maschinenraum im Unterdeck der „Batavia“. Der 100 Jahre alte Kahn durchkreuzt keine Gewässer mehr, sondern ankert auf dem Flüsschen Aue unweit der Stadt Wedel, umringt von jeder Menge Natur. Hier gibt's seit 40 Jahren Kindertheater, Pippi Langstrumpf beispielsweise hat sich schon oft an Bord geschwungen. Aber auch die Großen finden gute Unterhaltung, bei Klassikern wie dem „Urfaust“, Kleinkunst oder Musikabenden. Wenn der Magen knurrt, kann man sich in der gemütlichen Kombüse mit einer legendären Batavia-Semmel verwöhnen und dazu ein kühles Bier schlürfen.

www.batavia-wedel.de

108 STÖRTEBEKER-FESTSPIELE, RÜGEN

Das aufreibende Leben des Seeräubers Klaus Störtebeker, der sich im 14. Jh. durch zahlreiche legendäre Abenteuer kämpfte, füllt mehr als nur einen Theaterabend. Das unerschöpfliche Potenzial erkannten auch die Theaterleute der wunderschönen Naturbühne Ralswiek auf der Insel Rügen. Ob es den Freibeuter, der von den reichen nahm und den Armen gab, wirklich in dieser Form gab, ist historisch nicht gesichert. Das tut aber der Spielfreude der rund 150 Mitwirkenden und 30 Pferde bei den Störtebeker-Festspielen keinen Abbruch. Seit 1993 wird am Ufer des Großen Jasmunder Boddens nun jeden Sommer von Juni bis September ein anderes Abenteuer des kernigen Seefahrers erzählt, dessen berühmtester Moment im Leben auch sein letzter war: seine Hinrichtung.

www.stoertebeker.de

109 ST. PAULI-THEATER, HAMBURG

Mitten im Rotlicht-Geflimmer von St. Pauli wird Theaterkunst gemacht – geistreich, witzig und grenzensprengend. Ein „modernes Volkstheater“ wollen die Theatermacher auf die Bühne bringen. Hier wird schon lange gespielt, 1841 wurde das Theater gegründet und ist somit das älteste Privattheater der Hansestadt, auch deutschlandweit gehört es zu den Pionieren. Am Spielbudenplatz, quasi Auge in Auge mit der Vergnügungsmeile Reeperbahn, spielen hochkarätige Bühnen- und Filmschauspieler wie Angela Winkler oder Ulrich Tukur, Stücke wie „Arsen und Spitzenhäubchen“ stehen genauso auf dem Spielplan wie Liederabende oder Kindertheater.

www.st-pauli-theater.de

SUPER-DEUTSCH-LAND

WOW, MINUS 44 GRAD IM WINTER. SIBIRIEN? NEIN, DEUTSCHLAND! AUCH HIERZULANDE FINDET MAN JEDE MENGE SUPERLATIVE.

111 VULKANISCH AKTIVSTER ORT: LAACHER SEE

O.k., der letzte Ausbruch des Laacher Vulkans liegt knapp 13 000 Jahre zurück. Dass es im gleichnamigen See, 24 km westlich von Koblenz, heute noch blubbert und gluckst und ein leichter Schwefelgeruch in der Luft liegt, kommt von Gasen, die an der Wasseroberfläche austreten. Manche Geologen werten dies als Zeichen dafür, dass der Vulkan unterm See nur schläft – und jederzeit ausbrechen könnte. Gut, sicher nicht in den nächsten Jahren, aber wer weiß ... Heute jedenfalls ist der von bewaldeten Steilufern und saftigen Wiesen umgebene Laacher See ein Naturparadies. Und nicht nur wegen der nahe gelegenen Benediktinerabtei Maria Laach in Sichtweite ein lohnenswertes Ausflugsziel.

www.ferienregion-laacher-see.de

112 WÄRMSTER ORT: KITZINGEN

Ufff! Ziemlich schweißtreibend, dieses Kitzingen! Gleich an zwei Tagen im Juli und August 2015 wurde hier mit 40,3 Grad die höchste jemals in Deutschland gemessene Temperatur erreicht. Damit ist die Kreisstadt in Unterfranken am Main Spitzenreiter, das bisherige Rekordtrio Freiburg im Breisgau, Karlsruhe und Gärmersdorf bei Amberg wurde um ein Zehntelgrad geschlagen. Warum es in Kitzingen regelmäßig so heiß wird, weiß der Deutsche Wetterdienst: Die Stadt liegt mit 200 m relativ tief, sie steht auf sich leicht erwärmendem Sandboden und ist nicht von Bergen abgeschirmt. Ein Glück, dass es ein großes Freibad und mehrere Badeseen gibt.

www.kitzingen.info

113 NÖRDLICHSTER PUNKT: ELLENBOGEN AUF SYLT

Nördlich von List, dem nördlichsten Ort Deutschlands, liegt am nördlichen Ende von Sylt der sogenannte Ellenbogen. Auf dieser kahlen Halbinsel befindet sich auf dem Westellenbogen – sozusagen am Ellbogengelenk – die nördlichste Landesstelle der Republik (nicht zu verwechseln mit dem Rickelsbüller Koog an der Nordwestküste Schleswig-Holsteins, der nördlichsten Festlandsstelle unseres Landes). Höchste Erhebung der sandigen Landzunge ist mit 27,9 m der Ellenbogenberg mitten in den Dünen. Von dort geht der Blick weit über den Kö-

Und gleich wird's nass und wohltuend kühl: Das Freibad ist in Kitzingen im Sommer der place to be.

114 SÜDLICHSTER ORT: EINÖDSBACH

Lassen Sie sich vom Ortsnamen nicht täuschen. Der südlichste ständig bewohnte Ort Deutschlands liegt zwar abgeschieden am Ende des Stillachtales, 10 km von Oberstdorf entfernt. Und er besteht tatsächlich nur aus drei Häusern und einer Kapelle, von denen sogar nur noch eines bewohnt ist. Doch bei diesem Haus handelt es sich um einen jahrhundertealten, gemütlichen Berggasthof, der sich schon seit sechs Generationen im Familienbesitz befindet. Seine Gäste, die hier den atemberaubenden Blick auf die Bergkulisse der Allgäuer Alpen genießen, und die vielen Wanderer sorgen für reichlich Leben im Tal.

www.einoedsbach.de

nigshafen, eine flache Bucht, die sich nach Osten hin zum Wattenmeer öffnet. Viel Vergnügen beim Strandspaziergang an der Nordspitze der nördlichsten aller Nordseeinseln!

www.justsylt.de

115 KÄLTESTER ORT: FUNTENSEE, BERCHTESGADEN

Kalt, kälter, Funtensee: Unglaubliche minus 44 Grad wurden hier offiziell an Heiligabend 2001 gemessen. Tiefer geht's nimmer! Dabei liegt der See im Nationalpark Berchtesgaden mit 1601 m über Normalnull nicht einmal besonders hoch. Die Kälteextreme

Im Frühtau – und Frühnebel – zu Berge: Das Allgäu rund um Einödsbach ist bei Wanderern beliebt.

haben andere Gründe: Wegen der Berge des Steinernen Meers ringsum gelangt im Winter kein Sonnenlicht bis zum Grund des Talkessels. Und weil die kalte Luft nicht abfließen kann, bildet sich ein sogenannter Kaltluftsee. Zudem wachsen am Seeufer keine Bäume. So entsteht ein einzigartiges Mikroklima – mit der erstaunlichen Folge, dass es an der nur wenige Meter höher gelegenen Alpenvereinshütte Kärlingerhaus oft bis zu 20 Grad wärmer ist.

www.kaerlingerhaus.de

116 EINZIGE EXKLAVE DEUTSCHLANDS: BÜSINGEN

Das Örtchen Büsingen am Hochrhein gehört zwar zum Landkreis Konstanz, liegt aber mitten auf Schweizer Territorium. Deutscher Boden im Ausland – wie geht das denn? Die Gründe sind historischer Natur: Die ganze Region war lange Zeit österreichisch. 1770 wurden die Dörfer ringsum an die Eidgenossen verkauft, nur Büsingen blieb bei Österreich. Später kam es über Umwege zu Deutschland. Und dabei blieb es auch, trotz mehrfacher Anläufe der Büsinger, ihr Inseldasein zu beenden und sich der Schweiz anzuschließen. Die Folgen des Sonderstatus' sind zum Teil kurios: So hat Büsingen eine Schweizer und eine deutsche Postleitzahl, zwei Telefonzellen für die verschiedenen Netze, bezahlt wird überwiegend mit Franken, obwohl der Euro die offizielle Währung ist. Und auch die freiwillige Feuerwehr benötigt zwei Hydrantenschlüssel, weil es Wasseranschlüsse aus beiden Ländern gibt.

www.buesingen.de

117 HEISSESTE THERMALQUELLE: AACHEN

Die Kaiserstadt Aachen ist international ja vor allem wegen ihres Wahrzeichens, des Aachener Doms, bekannt. Etwas im Schatten des Weltkulturerbes stehen die 30 Thermalquellen auf dem Stadtgebiet, die zu den heißesten Europas zählen. Das bis zu 74 Grad warme Wasser wurde schon von den Römern genutzt. Und auch zur Zeit Karls des Großen waren die Gemeinschaftsbecken für über 100 Personen ein gesellschaftlicher Mittelpunkt. So richtig Fahrt nahm das Badewesen dann Mitte des 17. Jhs. auf. Bis zu Beginn des Ersten Weltkriegs weilten hier Größen aus Politik und Kultur wie Kaiser Napoleon, Zar Alexander I. und der Komponist Franz Liszt zur Kur. Heute gehören der Elisenbrunnen, ein klassizistischer Bau des berühmten Architekten Friedrich Schinkel, und die modernen Carolus-Thermen zu den meistfrequentierten Wohlfühloasen.

www.carolus-thermen.de

118 HÖCHSTER PUNKT: ZUGSPITZE

Eine verlockende Vorstellung: Man steht am vergoldeten Gipfelkreuz der Zugspitze, genießt einen Panoramablick auf Hunderte Berggipfel ringsum und fühlt sich – auf 2962 m – den Dingen doch ziemlich enthoben. Etwa eine halbe Million Besucher aus aller Herren Länder macht sich jährlich auf den Weg zum höchsten Ort Deutschlands, die allermeisten davon ganz bequem mit einer der drei Bergbahnen. Wer dagegen zu Fuß zum Gipfelsturm antritt, muss Zeit mitbringen – und eine gehörige Portion Kondition: Für die leichteste Route vom Skistadion in Garmisch-Partenkirchen aus über das Reintal sind acht bis zehn Stunden reine Gehzeit zu veranschlagen bei 2232 zu überwindenden Höhenmetern. Landschaftlich ein Hochgenuss, aber keine Tour für Anfänger!

zugspitze.de

119 TIEFSTER PUNKT: BERGWERK SAAR, NORDSCHACHT

Steinkohle genießt in Zeiten des Klimawandels nicht gerade den besten Ruf. Das war früher anders. Noch in den 1990er-Jahren trieb man im Bergwerk Saar in Ensdorf die Stollen immer tiefer. Am 13. Januar 1997 wurden schließlich 1751 m unter dem Erdboden erreicht: Rekord! Der Nordschacht des Bergwerks ist damit der tiefste Ort Deutschlands. Seither ging es mit dem Bergbau im Saarland rasant bergab. Nach einem Erdbeben im Februar 2008 beschloss die Landesregierung den sofortigen Abbaustopp, rund 3600 Bergleute waren von heute auf morgen arbeitslos. Der Betrieb wurde später zwar noch einmal aufgenommen, 2012 war dann aber endgültig Schicht im Schacht.

www.duhamel-park.de

Auf dem Brocken wachsen die Eiszapfen nicht nach unten, sondern zur Seite – dank heftiger (Winter-)Stürme.

120 WINDIGSTER ORT: BROCKEN

Der Brocken im Harz passt perfekt in dieses Kapitel. Denn wettertechnisch gesehen ist der Berg ein echter Extremist. Festungsgleich ragt er mit seinen 1141 m aus der norddeutschen Tiefebene. Was dazu führt, dass sich hier die meist aus Westen kommenden Wolken abregnen und den Brocken zum niederschlagsreichsten Ort im nördlichen Mitteleuropa machen. Und auch die Stürme pfeifen hier oben besonders scharf. Absolute Spitze waren bisher 263 km/h – das entspricht Windstärke 12 – gemessen am 24. November 1984. Ansonsten treffen die vielen Besucher auf dem Gipfel vor allem auf eines: Nebel. Laut Statistik trüben Nebelschleier den Ausblick an rund 300 Tagen im Jahr. Das bezeugt auch der angeblich vom Dichter Heinrich Heine 1824 im Gästebuch seiner Herberge hinterlassene Spruch: „Große Steine, müde Beine, saure Weine, Aussicht keine. Heinrich Heine".

www.brocken-harz.de

FRIEDHÖFE MIT STIL UND SEELE

LAST EXIT SCHÖNHEIT. ES GIBT LETZTE RUHESTÄTTEN, DIE SIND OASEN DER KUNST UND DER NATUR. ANDERE GEMAHNEN AN KRIEG UND VERNICHTUNG. UND WIEDER ANDERE HABEN EUROPÄISCHE TRENDS GESETZT.

Einer der schönsten Friedhöfe Deutschlands und der größte Parkfriedhof der Welt liegt in Hamburg-Ohlsdorf.

121 JÜDISCHER FRIEDHOF, BERLIN-WEISSENSEE

Ein Friedhof als Zufluchtsort: Bis Anfang der 1940er-Jahre konnten Juden hier das Gärtnerhandwerk lernen, damit sie sich nach der Auswanderung in Palästina ein neues Leben aufbauen konnten. Und als die Nazis begannen, Juden in Lager zu deportieren, versteckten sich eine ganze Reihe von ihnen in den Grüften des Gräberfelds. Entstanden war es zu besseren Zeiten, als die jüdische Gemeinde Berlins stetig wuchs. Dadurch wurde zur zweiten Hälfte des 19. Jhs. der Friedhof in der Schönhauser Allee zu klein. Also erwarb sie ein 40 ha großes Gelände in Weißensee für einen neuen Friedhof – der mit 116 000 Grabstellen zum größten jüdischen Friedhof Westeuropas werden sollte. In den letzten beiden Jahren des Zweiten Weltkriegs zerstörten Bomben viele Gräber und die Neue Feierhalle. Heute erinnert am Eingang eine Gedenkstätte an die 6 Mio. Opfer des Holocaust.

www.jewish-cemetery-weissensee.org

122 FRIEDHOF ZWIESEL, BAYERISCHER WALD

Vor einigen Jahren ist er zu einem der zehn schönsten Friedhöfe Deutschlands gewählt worden, der Gottesacker von Zwiesel. Berühmt ist der Luftkurort als Glas-Stadt – das Glasbläserhandwerk hat hier eine uralte Tradition. Von der erzählen die historischen Grabsteine der seit 1827 existierenden letzten Ruhestätte oberhalb der Stadtpfarrkirche St. Nikolaus. Doch längst nicht nur: Weil auch heute noch die Glasbläser Zwiesel prä-

123 FRIEDHOF HAMBURG-OHLSDORF

391 ha misst der größte Parkfriedhof der Welt, das entspricht mal eben rund 546 Fußballfeldern. Auch sonst sind die Zahlen rund um die letzte Ruhestätte beeindruckend: Seit dem Jahr der Einweihung 1877 fanden hier mehr als 1,4 Mio. Beisetzungen statt, 235 000 Grabstätten gibt es gegenwärtig. Daneben ist der Friedhof Hamburgs größte grüne Lunge – und dazu einfach ein schöner Park mit Hunderten verschiedener Baumarten, mit Teichen und Bächen, mit Vogelgezwitscher und besinnlicher Ruhe. Im Juni können sich die Besucher an der üppigen Rhododendronblüte erfreuen, außerdem gibt es den Sommer über Führungen, bei denen man die Oase in Hamburg-Nord besser kennenlernen kann.

www.friedhof-hamburg.de/ohlsdorf.html

124 JOHANNISFRIEDHOF, NÜRNBERG

Zuerst war da um 1234 das Nürnberger Leprosenhaus St. Johannis. Dann kam die Pest im Mittelalter – und der Pestfriedhof, geweiht um 1395. Aus ihm wurde ab 1518 der St. Johannisfriedhof, der als einer der schönsten Friedhöfe Deutschlands gilt. Vor allem wegen der vielen Rosen auf den Grabplatten, die den Friedhof im Sommer in ein blühendes Rosenmeer verwandeln. Mitten in der Blumenpracht liegt Albrecht Dürer begraben, der berühmte Maler und Grafiker der Renaissance, ebenso wie der bedeutende Bildhauer Veit Stoß oder der Meistersinger Hans Sachs. Sehenswert sind auch die historischen Bronzeepitaphien – kunstvoll gestaltete Grabdenkmale mit einer Grabinschrift zu Ehren des Verstorbenen.

www.nuernberg.de

Der Sommer verwandelt den Johannisfriedhof in eine blühende Oase der Ruhe.

gen, wurden die modernen Urnengräber mit heimischem Granit und künstlerischen Glaselementen gestaltet. Kein Wunder also, dass die vom Internet-Portal *bestattungen.de* berufene Jury, deren prominentestes Mitglied Karl Kardinal Lehmann war, bis 2008 Vorsitzender der Deutschen Bischofskonferenz, die letzte Ruhestätte in Zwiesel zur schönsten Deutschlands kürte.

www.zwiesel.de

125 PRAGFRIEDHOF, STUTTGART

Als der Stuttgarter Pragfriedhof 1873 eröffnet wurde, war die Stadt noch weit entfernt. Bereits 1874 wurde die Anlage erweitert, um einen Bereich für Angehörige des jüdischen Glaubens zu schaffen. Der israelitische Teil liegt im Osten der 21 ha großen Anlage. Wer unter den stattlichen alten Bäumen entlangschlendert, entdeckt bekannte Namen. So liegt der Dichter Eduard Mörike hier begraben, ebenso wie der Luftschiffbauer Ferdinand Graf von Zeppelin. Besonders schön ist das Krematorium der Ruhestätte, das einzige Stuttgarts: Das Jugendstilgebäude wurde 1907 fertiggestellt. Eine weitere Besonderheit des Friedhofs sind seit 1953 anonyme Urnengemeinschaftsstätten. Wer so zur letzten Ruhe gebettet werden möchte, wird von keinem Angehörigen begleitet und auch die Geburts- oder Sterbedaten werden nicht bekanntgegeben.

www.stuttgart.de

126 WALDFRIEDHOF HALBE, BRANDENBURG

Soldatenfriedhöfe sind Mahnmale gegen den Wahnsinn des Krieges – eindrücklicher als eine endlose Reihe identischer Grabplatten lässt sich der massenhaft sinnlose Verlust von Leben kaum darstellen. Auch auf dem Waldfriedhof der Gemeinde Halbe in Brandenburg haben mehr als 28 000 Opfer des Zweiten Weltkriegs ihre letzte Ruhestätte gefunden, neben Soldaten auch Zivilisten, Zwangsarbeiter und Kriegsgefangene: Halbe ist eine der größten Kriegsgräberstätten Deutschlands. Hier tobte nur wenige Tage vor Kriegsende eine Schlacht, bei der ungefähr 40 000 Soldaten und Zivilisten den Tod fanden, mehr als 22 000 Tote wurden gleich in Massengräbern oder Gärten begraben. Erst ab 1951 entstand in einem 7 ha großen Waldstück eine Gedenkanlage, in die die Toten umgebettet wurden.

www.volksbund.de/kriegsgraeberstaette/halbe.htm

127 TÜRKISCHER FRIEDHOF, BERLIN

Er ist der älteste islamische Friedhof in Deutschland: Eigentlich gab es bereits seit 1798 zwei türkische Grabstätten in Berlin, allerdings mussten die Gräber auf einem Gelände des Tempelhofer Felds dem Militär weichen. So schenkte König Wilhelm I. dem Osmanischen Reich ein Gelände am späteren Columbiadamm, und Ende 1866 wurden die Überreste der Verstorbenen in einer Zeremonie hier bestattet. Auch türkische Soldaten, die im Ersten Weltkrieg an Deutschlands und Österreichs Seite kämpften, wurden hier beerdigt. In den Jahrzehnten nach dem Zweiten Weltkrieg wurde der Platz für weitere Gräber immer enger, Ende der 1980er-Jahre fand die letzte Bestattung statt. Dafür entwickelte sich der Islamische Friedhof zum Gemeindezentrum, mit einer der schönsten Moscheen Berlins.

www.berlin.de

128 WALDFRIEDHOF MÜNCHEN

Das Besondere am Waldfriedhof München? Dass ein Friedhof nicht nur Begräbnisstätte, sondern gleichzeitig auch Naturschutzgebiet sein kann. Die Abkehr von strengen geometrischen Formen steckte hinter der Gestaltungsidee, die der Friedhofsarchitekt Hans Grässel ab 1905 im ehemaligen Hochwaldforst von Schloss Fürstenried bei Großhadern umsetzte. 1907 lagen dann zwischen natürlich geschwungenen Wegen 35 000 Grabstellen im alten Teil. Inzwischen wurde das Friedhofsgelände auf 170 ha vergrößert und es sind noch einmal 24 000 Grabstellen hinzugekommen. Mit dem Münchner Waldfriedhof, dem größten Friedhof der Stadt, schuf Hans Grässel nicht nur einen Ort mit sehr besonderem Charakter. Die erste Ruhestätte dieser Art setzte einen Trend und wurde europaweit zum richtungsweisenden Beispiel für Friedhofsgestaltung.

www.muenchen.de

129 HAUPTFRIEDHOF MAINZ

Bereits die Römer bestatteten an diesem Ort ihre Toten, und noch rund 2000 Jahre später finden hier Verstorbene ihre letzte Ruhestätte – auf dem Hauptfriedhof von Mainz. Lange, nachdem die Besatzer aus dem Süden die Gegend verlassen hatten, stand hier wohl bereits eine Kapelle. 1803 wurde dann an diesem alten Begräbnisort jener Friedhof angelegt, wie er noch heute existiert. Er hatte einen berühmten Paten: den Pariser Friedhof Père Lachaise. Um die Wende zum 19. Jh. wurden die alten Kirchhöfe mitten in der Stadt aufgelöst, vor allem aus hygienischen Gründen und weil sie überbelegt waren. Daher stammt der älteste Grabstein, der heute noch auf dem Hauptfriedhof Mainz zu sehen ist, aus dem Jahr 1820. Etwas Besonderes sind die beiden „Gruftenstraßen“, an denen die Grabanlagen namhafter Mainzer Familien liegen, die prächtigen Alleen – und die Natur, in der dem Leben zugewandte Friedhofsbesucher Vögel wie Pirol und Waldkauz beobachten können.

www.mainz.de

Momente der Einkehr und Stille auf dem Dorotheenstädtischen Friedhof.

130 DOROTHEENSTÄDTISCHER FRIEDHOF, BERLIN

Wer über den Dorotheenstädtischen Friedhof im Berliner Bezirk Mitte spaziert, der begegnet immer wieder bekannten Namen: Die Theatermacher Helene Weigel, Bertold Brecht und Heiner Müller ruhen hier, Anna Seghers ebenso wie der Baumeister und Architekt Karl Friedrich Schinkel oder der Philosoph Georg Wilhelm Friedrich Hegel. Schon seit 1770 gibt es auf dem Friedhof, der nach der Kurfürstin Dorothea benannt ist, Bestattungen. Zuerst wurden hier eher einfache und arme Menschen zur letzten Ruhe gebettet. Das änderte sich aber mit der Zeit, denn im Einzugsbereich des Friedhofs lagen mehrere akademische Einrichtungen wie die Akademie der Künste sowie die Berliner Universität. So gab es zunehmend Bestattungen aus dem bürgerlichen Milieu, deren Grabstätten entsprechend künstlerisch hochwertig bis prunkvoll gestaltet waren. Was für heutige Besucher den Reiz eines Friedhofsspaziergangs ausmacht.

www.berlin.de

FRIEDHÖFE MIT STIL UND SEELE

REIF FÜR DIE INSEL

MANCHE SIND NICHT VIEL MEHR ALS SANDBÄNKE, AUF ANDEREN LÜFTETEN DEUTSCHLANDS GEISTESGRÖSSEN IHREN GEIST, WIEDER ANDERE KENNT MAN ALS SÜDLICHSTES WEINGEBIET DER REPUBLIK: SO VIELFÄLTIG IST DEUTSCHLANDS INSELWELT.

131 NORDERNEY, NORDSEE

Wenn sich der Nebel auf Norderney legt und den Blick auf den Horizont verdeckt, wirkt die Insel, als sei sie der einzige Ort auf Erden. „Lüttje Welt" – kleine Welt – nennen die Einwohner in Ostfriesland das Naturschauspiel, das vor allem im Herbst keine Seltenheit ist. Und auch etwas für sich hat – wenn es nicht gerade zehn Tage am Stück dauert ... Mitte des 18. Jhs. drang jedenfalls die Erkenntnis durch, dass sich die Seeluft heilsam auf die Atemwege auswirkt. So entstand 1800 auf Norderney das erste deutsche Seebad, in dessen Wellen Könige, Kanzler und Komponisten badeten. Bis 2020 will Norderney Europas Thalasso-Insel Nr. 1 werden, Adressen wie das bade:haus norderney und viele Hotels und Restaurants bieten heute schon Wellness und Nachhaltigkeit. Und Seelenmassage an Nebeltagen ...

www.norderney.de

132 USEDOM, OSTSEE

Am Sandstrand der Usedomer Ostseeküste könnte man Marathon laufen: Er erstreckt sich über stolze 42 km. Den meisten Besuchern der selbst ernannten „Sonneninsel" (hier werden mit die meisten Sonnenstunden in Deutschland gezählt) kommen allerdings keine Langstreckenläufe in den Sinn. Die gemütlichen Strandkörbe, das ausgedehnte Radwegenetz, die Wellnessangebote und der prall gefüllte Eventkalender stehen für ein langsameres Tempo. Besonders eindrucksvoll sind die drei Kaiserbäder Ahlbeck, Heringsdorf und Bansin mit ihren stolzen Villen: Die nobel-nostalgische Bäderarchitektur entführt in eine prunkvolle Vergangenheit – und ist in ihrer Fülle einzigartig auf der Welt.

usedom.de

133 REICHENAU, BODENSEE

Wer auf frische Gurken, Tomaten oder Paprika steht, kennt sie natürlich, die größte Insel im Bodensee. 14 000 t Gemüse werden hier jedes Jahr geerntet. Die Reichenau hat aber auch ein zweites, ein historisches Gesicht: Bereits für die Römer soll die Insel von militärischer Bedeutung gewesen sein. Im Jahr 724 dann gründete der Missionar Pirminius das Benediktinerkloster in Mittelzell, das seit 2000 als Unesco-Welterbe

134 JUIST, NORDSEE

Deutschland hat nicht nur die längste Praline, sondern auch die längste Sandbank der Welt. Und Juist ist in der Tat eine Art Schokoriegel für die Seele: In der richtigen Dosierung wirkt die Insel äußerst belebend und die Landschaft mit ihren langen, leeren Stränden, ihren sanften Dünen und dem idyllischen Hammersee zergeht einem praktisch auf der Zunge wie allerfeinste Vollmilch-Nuss. Auf dem Eiland gibt es keine Autos und die einzige Art der Fortbewegung ist mit dem Rad, per Pferdekutsche oder auf Schusters Rappen.

juist.de

Juist ist wie ein einziger großer Sandkasten für alle, die Kind (geblieben) sind.

geschützt ist. Statt mit Gehorsam und Enthaltsamkeit wird die Seele heute mit fangfrischem Mittagsmahl und süffigem Wein gepflegt: 20 Berufsfischer sorgen für feine Flossenträger auf dem Teller, die Insel ist zudem Deutschlands südlichstes Weinbaugebiet in einer der schönsten Landschaften Mitteleuropas.

www.reichenau-tourismus.de

135 FISCHLAND-DARSS-ZINGST, OSTSEE

Man braucht keinerlei künstlerische Veranlagung, um beim Anblick dieser Ostsee-Halbinsel den Drang zu verspüren, den Pinsel über eine Leinwand zu schwingen. Die wildromantischen Strände vor den windgepeitschten Wäldern sind so malerisch, dass mancher Betrachter nicht umherkommt, sich – ehrfürchtig und splitternackt – in die sanften Wellen zu stürzen. Kein Wunder, dass die Freikörperkultur auf der geografisch dreigeteilten Halbinsel zwischen Rostock und Stralsund eine lange Tradition hat. Heute zieht es viele hierher, die ihren Urlaub in einer der zahlreichen Ferienwohnungen verbringen wollen. Auf sie warten Ostsee(heil)bäder, die unberührte Natur des Nationalparks Vorpommersche Boddenlandschaft und eine 45 km lange Küstenlandschaft, die wie kaum eine andere durch Wind, Wasser und Wellen geformt wird.

www.fischland-darss-zingst.de

136 SYLT, NORDSEE

Die schlanke, glamouröse Insel Sylt versteht sich gut darauf, durch ihr Äußeres zu imponieren und ihre Gäste flirtend in den sonnengeküssten Bann zu ziehen. Dabei steckt wesentlich mehr hinter der dreigezackten Schönheit vor der nordfriesischen Küste als Luxus-Cabrios, Boutiquehotels und gehobene Sternerestaurants. Hinter den sandverwehten Dünen, auf waldigen Radwegen und Wanderpfaden entlang der Kreideküste offenbart Sylt seinen wahren Glanz und beweist, dass die schönsten Dinge im Leben zwar kostenlos sein mögen, aber eben auch ungemein kostbar sind.

www.sylt.de

137 AMRUM, NORDSEE

Amrum verdankt seinen Reiz einer wandelnden Attraktion. Der Kniepsand, der sich in Form eines überdimensionalen Bumerangs an die Westküste der kleinen Nordfrieseninsel schmiegt, ist eigentlich nur auf Durchreise hier. Irgendwann im Laufe der nächsten Jahrhunderte wird sich die 15 km lange und 1,5 km breite Sandbank wieder ablösen und weiter in Richtung Norden driften. Bis es aber so weit ist, sollte man unbedingt mal am breitesten Sandstrand Nordeuropas den Bauch in die Sonne gehalten haben. In den malerischen Inseldörfern wie Norddorf, Nebel oder Wittdün locken gemütliche Cafés zwischen reetgedeckten Friesenhäusern.

www.amrum.de

Sonnenwarme Planken führen durch die Dünenlandschaft Amrums.

REIF FÜR DIE INSEL

Weiße Wand unter weitem Sommerhimmel: Rügens Kreidefelsen sind Markenzeichen, Ikone, Foto- und Malmotiv.

138 RÜGEN, OSTSEE

Rügen war im späten 19. und frühen 20. Jh. Deutschlands intellektueller Hollywood-Boulevard, als so berühmte Dichter und Denker wie Albert Einstein, Bertolt Brecht und Sigmund Freud hier ihren Geist regenerierten. Die Sandstrände, Binnenseen, Buchenwälder und besonders die blendend weißen Kreidefelsen bieten noch immer reichlich Inspiration, über Gott, Welt, Mensch und Natur nachzugrübeln. Übrigens beginnt auf Rügen die rund 2900 km lange Alleenstraße, die durch ganz Deutschland bis zum Bodensee führt.

www.ruegen.de

139 MAINAU, BODENSEE

Zwar führt kein Kaninchenbau, sondern eine Brücke auf die Mainau. Hat man diese aber passiert, fühlt man sich wie Alice im Wunderland, die sich in einem malerischen Wald voller Wunder wiederfindet. Die drittgrößte Insel im Bodensee ist das Vermächtnis eines schwedischen Adeligen mit großen Träumen und einem Hang zur Romantik. Seit Graf Lennart Bernadotte und seine zweite Frau Sonja die Insel im 20. Jh. in einen blühenden Märchengarten verwandelten, verzeichnet die Mainau alljährlich rund 1,5 Mio. Besucher. Zur unvergesslichen Atmosphäre tragen auch das Deutschordenschloss mit seiner Schlosskirche, der italienische Rosengarten und das Schmetterlingshaus bei.

www.mainau.de

140 HELGOLAND, NORDSEE

Während eines Aufenthalts auf Helgoland im Sommer 1841 dichtete Hoffmann von Fallersleben das Lied der Deutschen auf die berühmte Hymne Joseph Haydns. Ironischerweise befand sich Helgoland zu dieser Zeit in britischen Händen. Erst Ende des 19. Jhs. gelangte die einsam in der Nordsee liegende Wiege der Nationalhymne wieder unter deutsche Herrschaft. Hauptbesuchermagnet ist heute die rote Sandsteinküste mit dem 80 m hohen Felsen „Lange Anna“. Und die Tatsache, eine Schnäppcheninsel zu sein: Helgoland liegt außerhalb des Zollgebiets der EU und ist mehrwertsteuerfrei.

www.helgoland.de

REIF FÜR DIE INSEL

KULTUR AUF HÖCHST-NIVEAU

EIN DIPLODOCUS IST 28 METER LANG. HOCHSPANNUNG ERZEUGT BLITZE UND DIE BÜSTE DER NOFRETETE HOCHSPANNUNG – WER DIESE MUSEEN NICHT GESEHEN HAT, SOLLTE DAS SCHLEUNIGST NACHHOLEN.

141 DEUTSCHES MUSEUM, MÜNCHEN

„Boah, warst Du auch bei den Blitzen?" So oder so ähnlich sind meist die Reaktionen, wenn man von einem Besuch im Museum auf der Isarinsel erzählt. Dabei gibt es natürlich viel mehr zu sehen als nur die spektakuläre Hochspannungsanlage, und zwar so viel, dass ein Besuch im Tempel des Erfindergeists und der Ingenieursleistung gar nicht ausreicht. Mit 66 000 m² Ausstellungsfläche und rund 28 000 Exponaten hat das größte Wissenschafts- und Technikmuseum der Welt ein selbsterklärtes Ziel: den Dialog zwischen Wissenschaft und Gesellschaft. Der gelingt dank unzähliger interaktiver Displays, Experiment-Shows, Führungen und einem riesigen Kinderreich, in dem die kleinen Besucher selbstständig die Naturgesetze erforschen.

www.deutsches-museum.de

142 RAUTEN-STRAUCH-JOEST-MUSEUM – KULTUREN DER WELT, KÖLN

Und dann ist da wieder so ein verregneter Sonntag und irgendjemand sagt: „Wie wär's mit einer Weltreise? Zum Abendessen sind wir zurück." Wer in Köln und Umgebung lebt, kann zu einem solchen Kurztrip aufbrechen, schließlich bietet das Völkerkundemuseum am Neumarkt genau dieses: die Begegnung mit Kulturen aus Asien, Amerika, Afrika und Ozeanien. Der Grundstein der Sammlung stammt von Wilhelm Joest: Mehr als 20 Jahre lang reiste der Enkel eines reichen Zuckerfabrikanten um die Welt – und sammelte, sammelte, sammelte. Wie das Museum die Exponate – darunter etwa ein riesiger Reisspeicher aus Sulawesi – präsentiert, ist ziemlich einzigartig. Nicht nach Erdteilen, wie in anderen ethnologischen Museen, ist die Sammlung geordnet, sondern nach Themenkomplexen, Motto „Der Mensch in seinen Welten". Wilhelm Joest übrigens war erst 45, als ihn das Schwarzfieber erwischte. Er starb in der Südsee, auf einem Schiff vor der Küste einer Insel mit dem schönen Namen Ureparapara. Das Lebenswerk ihres Bruders schenkte Adele Rautenstrauch 1899 der Stadt Köln.

www.museenkoeln.de/rautenstrauch-joest-museum

143 HAUS DER GESCHICHTE, BONN

Der Rundgang durch dieses kostenlose Museum ist wie ein Ausflug in die deutsche Nachkriegsgeschichte, und zwar im Zeitraffer. Es geht vorbei an Fotoserien, Filmen, Zeitungsausschnitten und originalen Exponaten wie zum Beispiel dem Fell einer Basstrommel der Beatles, die 1966 in Deutschland eine Blitztournee absolvierten, den Fußballtrikots von Altkanzler Gerhard Schröder oder dem Pult des DDR-Pressezentrums, an dem Günther Schabowski 1989 eher beiläufig die Öffnung der Grenze

Einfach mal kurz die Füße ausruhen und trotzdem weiter genießen: kleine Kunstpause in der Galerie der Alten Meister.

144 STAATLICHE KUNSTSAMMLUNGEN, DRESDEN

Schon allein die Historie der Kunstsammlung in der sächsischen Hauptstadt ist museumsverdächtig: Bereits um 1560 stellte Kurfürst August von Sachsen nicht nur Gemälde und Skulpturen im Dachgeschoss seines Residenzschlosses aus, sondern auch erste naturwissenschaftliche Exponate. Damit legte er den Grundstein für einen Museumsverbund, der heute an Geschichte und Bedeutung weltweit seinesgleichen sucht. Zu den Staatlichen Kunstsammlungen zählen zwölf Museen und Galerien, darunter das Grüne Gewölbe, der Mathematisch-Physikalische Salon, die Rüstkammer sowie die Gemäldegalerien Alte und Neue Meister.

www.skd.museum

Der britische Architekt David Chipperfield hat dem Gebäude des Neuen Museums von 1859 zu neuem Glanz verholfen.

bekanntgab. Die politischen und geschichtlichen Ereignisse vor der Kulisse des Alltäglichen: Ausgehend vom Untergang des Dritten Reichs durch den Kalten Krieg und die Deutsche Einheit hindurch bis in die Gegenwart geht die Reise. Irgendwo auf dieser Zeittafel findet sich jeder Besucher selbst wieder und erfährt das eigene Leben als winzigen Teil dieses geschichtlichen Panoramas.

www.hdg.de/bonn

145 SENCKENBERG-MUSEUM, FRANKFURT AM MAIN

Das längste vollständig erhaltene Dinosaurierskelett gehörte einem Diplodocus. 28 m, in Worten: achtundzwanzig Meter, maß er vom Kopf bis zum Schwanz. Kaum vorstellbar – in Deutschlands größtem Naturkundemuseum ist man aber zumindest dicht dran. Dort steht ein immerhin 18 m langes Skelett und macht einem die Größe des pflanzenfressenden Urzeitriesen mehr als deutlich. Dabei sind die Dinos bei Weitem nicht das Älteste, das es hier zu sehen gibt. Vom Urknall an, durch längst vergangene Epochen der Evolution hindurch bis hin zum Auftritt des Homo sapiens taucht man so tief in die Geschichte ab, dass man sich am Ende winzig wie Plankton im Meer der Ewigkeit fühlt. Apropos Größe: Das Senckenbergmuseum, zu dem auch das gleichnamige Haus in Görlitz und die Naturhistorischen Sammlungen in Dresden gehören, braucht Platz. Deshalb soll in Frankfurt in den nächsten Jahren ein Neubau entstehen, der die Ausstellungsfläche von jetzt 6000 auf rund 10 000 m^2 erhöht und die vier neuen Bereiche „Mensch – Erde – Kosmos – Zukunft“ umfasst.

www.senckenberg.de

146 PINAKOTHEKEN, MÜNCHEN

Gemeinsam mit der Neuen Pinakothek, der Sammlung Moderne Kunst, der Pinakothek der Moderne, der Sammlung Schack, dem Museum Brandhorst und dreizehn weiteren bayerischen Staatsgalerien bildet die Alte Pinakothek eine der wichtigsten Sammlungen europäischer Kunst. Mehr als 30 000 Meisterwerke vom Mittelalter bis zur Neuzeit sind in den Galerien ausgestellt. Dabei muss man kein Kunstkenner sein, um zwischen weltbekannten Werken von Dürer, Rembrandt, Rafael oder van Gogh in ehrfürchtigem Staunen zu erstarren. Der Mund steht einem auch im Rubenssaal der Alten Pinakothek offen: Die Gemälde, die hier hängen, sind mehr als 6 m hoch – nicht umsonst war die Galerie, als sie 1836 erbaut wurde, das größte Museumsgebäude der Welt. Teile der Alten Pinakothek sind wegen Renovierungsarbeiten noch bis 2018 geschlossen.

www.pinakothek.de

147 MUSEUMSINSEL, BERLIN

Sollte über die menschliche Rasse eines Tages tatsächlich die Apokalypse hereinbrechen und es könnte nur eine einzige Insel auf der ganzen Welt gerettet werden, sollte man sich für diese Schatzgrube der Zivilisation entscheiden. Fünf Museen decken hier mitten in Berlin rund 6000 Jahre menschlicher Kunst-, Bildhauerei- und Architekturgeschichte ab: das Alte Museum, das Neue Museum mit dem Ägyptischen Museum, das Pergamonmuseum, die Alte Nationalgalerie mit Kunst des 19. Jhs und das Bode-Museum. Bereits seit 1999 laufen die aufwendigen und teils stark kritisierten Sanierungs- und Erweiterungsarbeiten, deren Ende noch immer nicht absehbar ist. Die Museumsinsel ist Unesco-Welterbe.

www.museumsinsel-berlin.de

Die Größe macht's: Vielfach aufgeblasen, wirkt das Modell einer Fliege im Deutschen Hygiene-Museum ganz schön bedrohlich.

148 DEUTSCHES HYGIENE-MUSEUM, DRESDEN

Der etablierte Besuchermagnet geht auf den Unternehmer Karl August Lingner zurück, der 1892 das Mundwasser „Odol" auf den Markt brachte. Zeitlebens beschäftigte ihn das Thema Hygiene, und so eröffnete er 1912 die „Volksbildungsstätte für Gesundheitspflege", in der es allerdings um mehr ging als nur um Zahnpflege und gute Ernährung. Das Museum betrachtet den menschlichen Körper im Zusammenspiel mit seiner sozialen, kulturellen und historischen Umgebung. Dabei schreckt es auch vor sensibleren Themen wie Sexualität, Aids, Scham und Tod nicht zurück. Die größte Attraktion des Museums ist seit 1930 der Gläserne Mensch: Die Kunststoffhaut gibt den Blick frei auf Skelett, Organe, Nerven und Blutgefäße.

www.dhmd.de

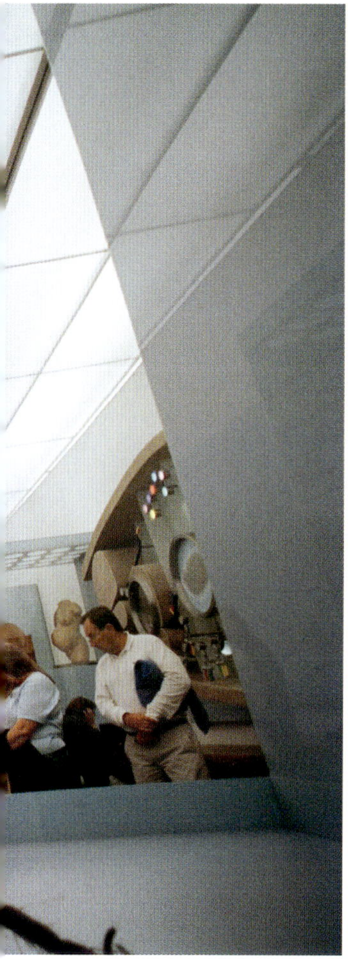

149 VÖLKLINGER HÜTTE, SAARLAND

Nur 14 km nördlich von Saarbrücken ragt das Skelett des ehemaligen Eisenwerks Völklinger Hütte in die Höhe – ein rostiges Ensemble aus Maschinen, Kaminen, Rohren und Schienen. Als einziges erhaltenes Eisenwerk aus dem Industriezeitalter zählt das Fabrikgelände seit 1994 zum Unesco-Welterbe. Damals eine Sensation: Die industriellen Fertigkeiten des Menschen werden als große kulturelle Errungenschaft anerkannt. Vor dieser surrealen Kulisse, die nachts im Scheinwerferlicht erstrahlt, finden heute zahlreiche kulturelle Veranstaltungen und Ausstellungen statt, vom Jazz-Konzert und Autokino bis hin zur weltweit größten Buddha-Ausstellung. Der Rundgang von der Sinteranlage übers Dach der Erzhalle, durch das ehemalige Rohstofflager zu den Hochöfen, der Kokerei, dem Landschaftsgarten „Das Paradies" und der Gebläsehalle bis ins Unesco-BesucherZentrum dauert drei Stunden – und gehört zum eindrucksvollsten, was ein deutsches Museum zu bieten hat.

www.voelklinger-huette.org

150 MERCEDES-BENZ MUSEUM & PORSCHE MUSEUM, STUTTGART

Gleich zwei ikonische Autobauer nennen die schwäbische Landeshauptstadt ihre Heimat – und sowohl Daimler als auch Porsche haben ihren Karossen architektonisch beeindruckende Museen gewidmet. Das Mercedes-Benz Museum präsentiert sich in Bad Cannstatt in einem Wirbel aus Aluminium und Glas. In der imposanten Fassade soll angeblich keine der 1800 dreieckigen Fensterscheiben der anderen gleichen. Im Inneren kreiseln die Besucher von oben nach unten durch mehr als 130 Jahre Automobilgeschichte. Zu den Exponaten zählen das erste Auto der Welt, die legendären Grand-Prix-Rennwagen Silberpfeil sowie der offizielle Bus der Fußballnationalmannschaft von 1974. Das Porsche Museum wirkt wie die Sportwagen in seinem Inneren: dynamisch, rasant, leichtfüßig. Auch hier geht es chronologisch zu, unterbrochen durch einzelne Themenbereiche. Bei „Porsche in the Mix" kann man sich aus Motoren- und anderen Klängen ein eigenes Musikstück komponieren und per Mail nach Hause schicken. Wenn schon kein Porsche in der Garage steht …

www.mercedes-benz.com/museum,
www.porsche.com/museum

KULTUR AUF HÖCHST-NIVEAU

DEUTSCH-LAND ISST

BERLINER NENNEN BERLINER NICHT BERLINER, SONDERN KRAPFEN. PINKEL IST NICHTS ANRÜCHIGES UND MAULTASCHEN SOLLEN HÖHERE MÄCHTE HINTERS LICHT FÜHREN. VERWIRRT? HIER GEHT'S IN DEUTSCHE KÜCHEN.

151 PINKEL MIT GRÜNKOHL

Nordlichter lieben Grünkohl mit Pinkel. Pinkel? Wer bei Wikipedia nachschaut, erfährt, dass es hier um eine „zusammengedrängte Masse" oder einen „kurzen, dicken" Gegenstand geht. Das macht stutzig, ein Blick auf die Zutatenliste zeigt aber, dass wir es hier mit etwas sehr Herzhaftem zu tun haben: Speck oder Mett, Hafergrütze, Zwiebeln, Salz und Pfeffer, das Ganze zur Wurst verarbeitet. Die wird zusammen mit dem Kohl gegart. Aber ein Pinkel kommt bei diesem Rezept selten allein: Auf dem Teller landen zuweilen noch andere fleischige Erzeugnisse, etwa die eine oder andere Kochwurst. Familien oder Freunde treffen sich regelmäßig im Winter zum Grünkohlessen – ein Gericht also, das nicht nur Leib und Seele zusammenhält, sondern auch Familienbande.

152 SCHWÄBISCHE MAULTASCHEN

Dick oder dünn, mit Hackfleisch oder Kalbsbrät? Wie die „Original"-Maultaschen aus dem Schwabenland aussehen oder was außer Spinat, Eiern, Weißbrot, Zwiebeln und Kräutern im Teig verborgen liegt, das ist manchmal auch Familiengeheimnis. Tatsache ist, Maultaschen sind legendär und vielseitig zu verspeisen: „in der Brühe", „g'schmälzt" mit gedünsteten Zwiebeln oder „geröstet", also in Streifen gebraten. Legende sind die Teigtaschen schon deshalb, weil sich um ihre Entstehung nette Geschichten ranken. Die bekannteste zeugt von einer pragmatischen Auslegung religiöser Regeln, die Zisterziensermönche des Klosters Maulbronn (Maul-tasche!) an den Tag legten: In der Fastenzeit versteckten sie das Fleisch, auf das sie nicht verzichten wollten, im Teig vor dem lieben Herrgott. Ergo taufte der Volksmund den kulinarischen Sündenfall „Herrgottsb'scheißerle".

153 CURRYWURST

Es gibt ihr zu Ehren sogar ein Museum – das Deutsche Currywurstmuseum Berlin *(www.currywurstmuseum.com)*. Dort erfahren auch Vegetarier alles, was sie immer schon mal über die Wurst aller Würste (nicht) wissen wollten: Was ist drin, was hat sie an, worin badet sie am liebsten? Aber vor allem wird die Geschichte ihrer Erfindung und ihr Siegeszug durch Welt und Film vorgestellt. Ob Berlin auch die Geburtsstätte der Currywurst ist, wie 1949 eine Gastronomin behauptete, ist heute allerdings kaum noch zu ergründen. Fest steht jedenfalls: Die Currywurst besteht aus einer Brat- oder Brühwurst, die meist geschnitten daherkommt, samt Tomatensoße oder Curry-Ketchup und ordentlich Currypulver drüber. Dazu Pommes Frites und für viele ist der Tag gerettet: Schätzungen sagen, dass hierzulande über 800 Mio. Currywürste pro Jahr verdrückt werden.

Hallo Hunger: Das Berliner Currywurstmusem verrät die Geheimnisse rund um einen der beliebtesten Snacks der Deutschen.

154 FRANKFURTER GRÜNE SOSSE

Jetzt ist sie sogar eine geschützte Art, die „Grüne Soße“ oder „Grie Soß“, wie sie die Frankfurter nennen. Die Spezialität, die aus sieben Kräutern besteht, welche seit Herbst 2015 gemäß EU-Verordnung präzise definiert sind: Petersilie, Schnittlauch, Kerbel, Kresse, Pimpernelle, Borretsch und Sauerampfer. Soll es eine Original Frankfurter Soß‘ werden, müssen die Kräuter aus Frankfurt oder drumherum kommen. Vermengt wird das frische Grün mit saurer Sahne, etwas Essig und hart gekochten Eiern – darüber hinaus gibt es die eine oder andere variable Zutat. Und was isst der Frankfurter zu seiner Lieblingssoße? Pellkartoffeln, und wer mag, eine Scheibe Tafelspitz.

155 MÜNCHNER WEISSWURST

Aus München ist sie nicht wegzudenken, die Weißwurst. Dabei ist die knapp 160 Jahre alte Berühmtheit der Legende nach ein Zufallsprodukt. Im Februar 1857 wollte der Moser Sepp, Metzger im Gasthaus „Zum Ewigen Licht“ am Marienplatz, eigentlich Bratwürste herstellen, verwendete aber ausnahmsweise Schweinedärme. Die Würste legte er dann ins heiße Wasser, weil er befürchtete, die Därme könnten beim Braten reißen. Und da schau her:
A star was born! Heute kommt die Weißwurst verfeinert daher, mit Kalb- und Schweinefleisch. Den Titel „Münchner Weißwurst“ darf sie übrigens nur tragen, wenn sie von dort kommt. Aber dafür

Mandeln? Check! Rosinen? Check! Orangeat und Zitronat? Check! Siehe da, ein Christstollen!

156 CHRISTSTOLLEN

Stollen – Hefeteig mit Sultaninen, Marzipan- oder Mohnfüllung – werden das ganze Jahr gebacken. Die Christstollen aber sind meist mit Mandeln, Rosinen, Orangeat und Zitronat angereichert. Zum ersten Mal schriftlich aufgetaucht ist die Bezeichnung „Stollen" im 16. Jh. in Naumburg. Die dortigen Bäcker hatten auf Anweisung des Bischofs „zwey lange weyssene Brothe, die man Stollen nennet" herzustellen. Warum ist aus dem Stollen ein Christstollen geworden? Wohl, weil seine Form an das in weiße Windeln gewickelte Jesuskind erinnert. Denn der fertig gebackene Christstollen wird mit Puderzucker bestäubt – und kommt somit windelweiß daher.

müssen die Weißwürste heute beim 12-Uhr-Läuten der Kirchenglocken nicht verspeist sein: Dank Kühlschrank bleiben sie ohne Probleme zwei Tage essbar.

157 BERLINER

Ihre Hochsaison haben Berliner zur Faschingszeit, aber auch sonst sind die faustgroßen, süßen Hefeteigstückchen hochgradig beliebt. Die klassisch mit Konfitüre gefüllten und mit Staubzucker oder Zuckerguss dekorierten Teilchen hören nicht überall auf den Namen Berliner: In Bayern heißen sie Krapfen und in Berlin und Ostdeutschland kurioserweise Pfannkuchen, was wiederum woanders zu Missverständnissen führen kann. Schon im 15. Jh. sollen sie die Mägen gefüllt haben, damals allerdings ohne Füllung. Die kann heute stark variieren, von Eierlikör über Nugat bis Vanillepudding. An Fasching verwandelt sich manch harmlos aussehender Berliner in eine Mogelpackung, dann quellen beim Reinbeißen Senf oder Sägespäne raus.

158 LABSKAUS

Als Seefahrermahlzeit tauchte Labskaus, eine Kombination aus Kartoffeln, Roter Bete und gepökeltem Rindfleisch, schon zu Zeiten der Segelschiffe im 18. Jh. auf. Weil viele Matrosen skorbutbedingt Probleme mit den Zähnen hatten, musste das Fleisch püriert werden (was bedingte, dass auch minderwertiges Fleisch verwendet wurde). Weil Seefahrers Zähne auch beim Landgang schlecht blieben, schaffte es der Labskaus schnell auf die Speisekarten der Hafenkneipen. Vieles liegt im Dunkeln um das deftige Gericht: Weder ist bekannt, woher das Wort „Labskaus" kommt, noch, ob es damals auch Fisch auf den Labskaus-Teller geschafft hat. Heute ist das so: In Norddeutschland wird er oft mit Matjes oder Bismarckhering serviert.

159 HIMMEL UND ERDE

Der „Himmel" steht für die Äpfel, aus der „Erde" wiederum kommen die Kartoffeln, die sich im Gericht „Himmel und Erde" auf dem Teller vereinen. In Norddeutschland und speziell im Rheinland wird der deftige Klassiker, der schon seit dem 18. Jh. bekannt ist, oft angereichert mit gebratener Blutwurst, gerösteten Zwiebeln, zuweilen auch Speck oder gebratener Leberwurst. Und wo bleiben die Äpfel? Die werden mit dem Kartoffelpüree vermengt und verleihen ihm so eine besondere Note. Allerdings sind hier, je nach Region, mehrere Varianten im Spiel, denn zuweilen treten die Äpfel auch als Solisten auf.

160 DRESDNER EIERSCHECKE

Leicht, fluffig, vielschichtig – mit derart verlockenden Eigenschaften verführt die Dresdner Eierschecke Dessertliebhaber und Gourmets. Die Basis des Blechkuchens aus Sachsen besteht aus einem Boden aus Hefeteig, darüber breitet sich eine Schicht Quark-Vanille-Pudding aus, gekrönt von einer Eigelb-Pudding-Masse, die mit Eischnee verquirlt besonders luftig wird. Den Namen verdankt die rechteckige Kuchenschnitte einer dreiteiligen Männerkleidung aus dem 14. Jh.: ein Leibrock namens Schecke, der oft mit engem Gürtel getragen wurde und so die Erscheinung des Mannes in „Oben, Gürtel, Unten" teilte. Nur mit dieser klassischen Schichtenfolge darf sie sich Dresdner Eierschecke nennen, denn bekannt ist sie in vielen Varianten in Deutschland.

DUNKLE ZEITEN

WAS VOM „1000-JÄHRIGEN" REICH DER NAZIS ÜBRIG BLIEB, IST HEUTE NOCH ERSCHRECKEND. UND BEWEIST, WIE WICHTIG DIE ERINNERUNG AN DAS DUNKELSTE KAPITEL DEUTSCHER GESCHICHTE IST.

161 FESTE VOGELSANG

Sie sieht aus wie die Ideologie, der sie dienen sollte: hart, kantig, furchtbar hässlich. Und braun. Es war 1933, als Adolf Hitler den Bau neuer Schulen anordnete. Schließlich sollte der Führungsnachwuchs nach der Machtergreifung der Nationalsozialisten auf die neue Parteiideologie eingenordet werden. Eine der drei neuen „Bildungsanstalten", die NS-Ordensburg Vogelsang, steht noch heute auf dem Berg Erpenscheid in der Eifel. Wie eine Festung thront die Anlage dort oben, von Burgenromantik fehlt allerdings jede Spur. Das gigantische Ensemble gilt als das zweitgrößte bauliche Überbleibsel des Nationalsozialismus in Deutschland. Umso schöner ist die heutige Nutzung der Anlage, die nach dem

Der „Koloss von Prora" liegt an einem der schönsten Strände der deutschen Ostseeküste.

Krieg als Truppenübungsplatz der Briten und Belgier diente: In der Einrichtung „Internationaler Platz Vogelsang“ stehen inmitten des Nationalparks Eifel Kultur, Tagungen und Bildung auf dem Programm – ganz im freiheitlich demokratischen Sinne.

www.vogelsang-ip.de

162 ATOMHÖHLE HAIGERLOCH

Im schwäbischen Städtchen Haigerloch ging es immer schon eher gemütlich zu. Ganz schön gruselig deshalb, was während der Endphase des Zweiten Weltkriegs im Felsenkeller des Haigerlocher Schlosses passierte: Hier wollten die Nazis noch schnell die Atombombe entwickeln. Weil Berlin unter Beschuss lag, transportierten die Kernphysiker um Werner Heisenberg ihren Versuchsreaktor 1944 ins traute Schwäbische. Dort setzten in den letzten Kriegstagen die deutschen Physiker im Auftrag der Nazis eine nukleare Kettenreaktion in Gang. Zum Glück wurde das Fernziel nicht erreicht. Denn der Versuch misslang – und dann standen auch schon die Amerikaner vor der Tür, die den Reaktor samt Keller und Schloss in die Luft sprengen wollten. Am Ende demontierten sie zur großen Freude der Haigerlocher nur den Reaktor. An dessen früherem Standort wartet heute das spannende Atomkeller-Museum auf Besucher.

www.schloss-haigerloch.de

163 REICHSPARTEITAGSGELÄNDE, NÜRNBERG

Groß, größer – wir sind die Größten! Der Reichskanzler und sein Architekt, Adolf Hitler und Albert Speer, wollten mit dem Reichsparteitagsgelände in Nürnberg den Nazi-Größenwahn in Stein meißeln. So war die Ausdehnung der Hallen samt Arena, die ab 1933 auf dem Gelände im Südosten Nürnbergs entstanden, auf schreckliche Art atemberaubend und hochgradig einschüchternd. Aber nicht nur das Parteitagsgelände verbindet die Stadt Nürnberg mit der Nazi-Geschichte. Hier verkündete Hitler 1935 auch die Rassengesetze, die als „Nürnberger Gesetze“ in die Geschichte eingingen. Als der Nazi-Schrecken vorüber war, saßen bei den Nürnberger Prozessen die sieg-

164 PRORA, RÜGEN

In Prora sollte ganz im Sinne der Nazi-Organisation „Kraft durch Freude“ Urlaub gemacht werden. Bis 1939 wurde vier Jahre lang gebaut, mit dem „Koloss von Prora“ quasi als Rückgrat: ursprünglich acht identische, aneinandergereihte Wohnblocks von etwa 4,5 km Länge für 20 000 Urlauber; fünf Gebäude stehen heute noch. Als der Zweite Weltkrieg begann, war nur der Rohbau fertig, erst im Kalten Krieg und nach der Wiedervereinigung nahmen die Arbeiten wieder Fahrt auf. Mittlerweile gibt es nicht nur eine Jugendherberge in den sanierten Teilen der riesigen Anlage, sondern auch Ferien- und Eigentumswohnungen. Ein Dokumentationszentrum erinnert an die Geschichte des „KdF-Seebads“.

www.proradok.de

reichen Alliierten über die Täter der Nazi-Diktatur zu Gericht. Seit 2001 informiert das Dokumentationszentrum des Reichsparteitagsgeländes über Deutschlands dunkle Zeit.

www.museen.nuernberg.de

165 KZ DACHAU

Kaum war Adolf Hitler an der Macht und zum Reichskanzler ernannt worden, entstand bereits das erste Konzentrationslager. Am 22. März 1933 begann die Geschichte des KZ Dachau, in dem zwölf Jahre lang politische Gefangene, Juden, Sinti und Roma und andere, dem Regime Unliebsame unter unwürdigen Bedingungen inhaftiert, gequält und ermordet wurden. Das Lager in der oberbayerischen Stadt war nur eines von dreißig Konzentrations- und Vernichtungslagern der Nazis, in Deutschland gab es insgesamt fast 24 000 weitere Lager aller Art. Die Dauerausstellung vermittelt eindrucksvoll und bedrückend zugleich das furchtbare Leiden der Häftlinge, die am 29. April 1945 von der US-Armee befreit wurden.

www.kz-gedenkstaette-dachau.de

166 GOLDBACHER STOLLEN, ÜBERLINGEN

Friedrichshafen am Bodensee war ein Zentrum der Rüstungsindustrie der Nazis, ansässige Firmen wie Luftschiffbau Zeppelin oder die Dornier-Werke für Flugzeugbau produzierten während der Nazi-Diktatur verstärkt Kriegsgerät. Die Alliierten hatten somit größtes Interesse, diese Firmen durch Luftangriffe zu zerstören. Ab 1943 wurden Teile der Rüstungsproduktion in die Region um Friedrichshafen verlegt, dafür kam es im Jahr darauf zum Bau von unterirdischen Stollen, auch in Überlingen. Unter Tage sollte die Kriegsgeräte-Produktion bombensicher weiterlaufen. Häftlinge des Konzentrationslagers Dachau mussten das Stollennetz ausschachten, viele der europäischen Zwangsarbeiter verloren dabei ihr Leben. Heute erinnert eine Gedenkstätte am Eingang des Goldbacher Stollens an ihr Leiden, im Inneren liefern eine Dokumentationsstätte sowie Führungen weitere Einblicke.

www.stollen-ueberlingen.de

167 OLYMPIAGELÄNDE, BERLIN

Das Berliner Olympiagelände war das erste gigantische Bauprojekt der Nazis. Für die Olympischen Spiele 1936 wurde ein neues Stadion errichtet, das an antike Vorbilder erinnert, dazu kamen verschiedene Bauten im Sportforum, die der Welt signalisieren sollten: Wir sind ein friedliebendes, soziales und aufstrebendes Land. Das war bekanntermaßen nur Fassade, Hitler hatte in Wirklichkeit nur Böses für die Welt im Sinn. Übrigens zeigten sich auch schon zu jener Zeit Probleme mit den Baukosten, denn die veranschlagte Bausumme von 5,5 Mio. Reichsmark schoss durch die Decke und belief sich am Schluss auf stolze 42 Mio. Für die Fußballweltmeisterschaft 2006 wurde das Stadion rundum saniert. Nun besichtigen an veranstaltungsfreien Tagen Besucher aus aller Welt die Sportstätte mit der bewegten Geschichte..

www.berlin.de/sen/inneres/sport/sportstaetten/olympiapark

168 FELDHERRNHALLE, MÜNCHEN

Ludwig I. wünschte sich ein wenig Florenz in München – und beauftragte deshalb 1844 den Bau der Feldherrnhalle am südlichen Ende des Odeonsplatzes nach dem Vorbild der Loggia dei Lanzi. 79 Jahre später, am 9. November 1923, marschierte Adolf Hitler samt seiner Anhänger auf die Feldherrnhalle zu, die Konfrontation mit der Polizei endete blutig: Vier Polizisten und dreizehn Putschisten wurden getötet. Nach der Machtergreifung 1933 vereinnahmten die Nazis die Feldherrnhalle für ihre Propaganda, inklusive der Verehrung der getöteten Putschisten oder „Blutzeugen", deren Gedenktafel Passanten mit dem Hitlergruß huldigen mussten.

Größenwahn in Stein und Stahl: Blick auf das rundum sanierte Berliner Olympiastadion.

DUNKLE ZEITEN

Wie wichtig gerade heute die Erinnerung an die menschenverachtende Diktatur der Nazis ist, beweist das Dokumentationszentrum Obersalzberg.

169 DOKUMENTATION OBERSALZBERG

Einst Ferienort, heute Dokumentationszentrum – weil sich Adolf Hitler ab 1923 ausgerechnet die Gemeinde Obersalzberg im oberbayerischen Berchtesgadener Land als Urlaubsdomizil ausgespäht hatte. Nach 1933 war Schluss mit Erholung, nahezu der ganze Ort wurde zum „Führersperrgebiet" und zum zweiten Regierungssitz neben Berlin ausgebaut. Seit 1999 lädt die Dokumentation Obersalzberg ein, sich mit der Geschichte des Obersalzbergs und der NS-Diktatur zu beschäftigen. Dauer- und Sonderausstellungen, Vorträge und Veranstaltungen wollen die Besucher fundiert, aber allgemeinverständlich über das historische Geschehen informieren und dazu animieren, die fatalen Geschehnisse in der Zeit zwischen 1933 und 1945 analytisch zu hinterfragen.

www.obersalzberg.de

Wer das vermeiden wollte, ging durch die Viscardigasse – die deshalb von den Münchnern den Namen „Drückebergergasserl" erhielt.

www.muenchen.de

170 TOPOGRAPHIE DES TERRORS, BERLIN

Das Gelände unweit des Potsdamer Platzes in Berlin, auf dem sich heute das Dokumentationszentrum Topographie des Terrors befindet, wurde während der Nazi-Diktatur von 1933 bis 1945 zum Ort des Schreckens. Hier stand die Zentrale der geheimen Staatspolizei, der gefürchteten Gestapo. Dazu gehörte das „Hausgefängnis", in dem während dieser 12 Jahre rund 15 000 politische Gefangene verhört und grausam gefoltert wurden. Daneben hatten auch die Reichsführungs-SS und der Sicherheitsdienst ihre Zentralen. Der Erinnerungsort Topographie des Terrors, der mit mehr als 1 Mio. Besucher im Jahr 2015 zu den meistbesuchten Orten dieser Art in Berlin gehört, verschafft mit Ausstellungen, Führungen und vielen weiteren Angeboten einen Einblick in den Terror der Nationalsozialisten.

www.topographie.de

HIER SIND KIDS ERWÜNSCHT

NA KLAR, SO EIN DINO IN LEBENSGRÖSSE HAUT EINEN SCHON GANZ SCHÖN AUS DEN SOCKEN. WENN MAN DABEI ABER AUCH NOCH ETWAS LERNT, DANN SIND AUCH MAMA UND PAPA MIT DIESEN AUSFLUGSZIELEN VÖLLIG ZUFRIEDEN.

171 AUGSBURGER PUPPENKISTE

Seit sich der Deckel von Deutschlands berühmtester Holzkiste im Februar 1948 zum ersten Mal öffnete, setzt das Marionettentheater aus Bayern auf pädagogisch wertvolle Unterhaltung ohne Gewalt und Glamour. Welten entfernt von modernen Kinderhelden wie Hannah Montana oder Spongebob, wackeln in der Augsburger Altstadt noch immer die fadengelenkten Helden der Geschichten um Jim Knopf, Kalle Wirsch und Urmel aus dem Eis über die Bühne. Obwohl die deutsche Institution vorwiegend von der Vergangenheit lebt (Räuber Hotzenplotz!), sind die knapp 400 Vorführungen im Jahr oft ausverkauft.

www.augsburger-puppenkiste.com

172 DEUTSCHES MUSEUM, MÜNCHEN

„Fantasie ist wichtiger als Wissen, denn Wissen ist begrenzt," soll Albert Einstein einmal gesagt haben. Im Deutschen Museum werden der Fantasie sicherlich keine Grenzen gesetzt. Jede Ausstellung, jedes Labor und jede Vorführung belegt dasselbe: Dass Physik und Technik ganz schön viel Spaß machen können. Kleine Besucher kommen vor allem im Kinderreich auf ihre Kosten, wo sie am Flaschenzug ihre durch die Hebelgesetze gesteigerten Kräfte messen können, die Schwingungen einer Gitarrensaite spüren oder mit Licht und Optik experimentieren können.

www.deutsches-museum.de

Stegosaurier oder Tyrannosaurus Rex? Der Nachwuchs weiß es mit Sicherheit!

173 URWELTMUSEUM HAUFF, HOLZMADEN

Diplodocus, Stegosaurier und Tyrannosaurus Rex? Können schon Vierjährige fehlerfrei aussprechen. Sie sind die Stars dieses privaten Naturkundemuseums auf der Schwäbischen Alb. Im Museum taucht man zwischen der weltgrößten versteinerten Seelilienkolonie, Krokodilen und Ammoniten ein in ein prähistorisches Geschichtsmeer. Zu den atemberaubenden Exponaten zählt auch eine knapp 4 m lange Ichthyosaurier-Mama mit mehreren Embryonen im Leib. Im Dinopark versetzen die lebensgroßen Sauriermodelle in Erstaunen und im Schieferfeld kann man selbst auf Fossiliensuche gehen. Die Fundstätte Holzmaden ist für ihre Fossilien weltweit bekannt und zählt seit 2006 zu den ausgezeichneten Geotopen Deutschlands.

www.urweltmuseum.de

174 BARFUSSPARK LÜNEBURGER HEIDE

Deutschland feiert die Rückkehr des Barfußlaufens. Galt ein nackter Fuß in historischen Zeiten als anstößig oder gar als Zeichen der Gefangenschaft, so deutet er heute auf Naturverbundenheit und einen gesunden Lebenswandel hin. Wie Löwenzahn sprießen in ganz Deutschland Barfußpfade aus dem Boden. In Egesdorf, eine halbe Autostunde südlich von Hamburg, hat sich ein ganzer Park der Unten-ohne-Kultur verschrieben. Auf 60 Erlebnisstationen von nass bis trocken, warm bis kalt und pieksig bis geschmeidig wird 2,7 km lang für gute Durchblutung und sockenrandfreie Beinbräune gesorgt. Und für das – längst vergessen geglaubte – Gefühl, endlich mal wieder echte Natur unter den Fußsohlen zu spüren.

www.barfusspark-egestorf.de.

175 MACHMIT! MUSEUM FÜR KINDER, BERLIN

Der Berliner Ortsteil Prenzlauer Berg kennt einen besonderen Trick, wie man Kinder zu einem Kirchenbesuch animieren kann. In den 1990er-Jahren verwandelte er

Diese Stadt ist zu klein für uns beide, Fremder! Cowboy-Einlage in der Westernstadt El Dorado.

die denkmalgeschützte Eliaskirche kurzerhand in ein Kindermuseum. Statt Fresken und Heiligenbildern zieren seitdem interaktive Displays und Kletterregale die Innenwände. Bei sämtlichen Ausstellungen und Workshops werden die Kinder dazu eingeladen, selbst Hand anzulegen, zu erleben und zu probieren. In jüngster Zeit stehen auch immer wieder Workshops speziell für Kinder mit Flüchtlingsvergangenheit auf dem Programm.

www.machmitmuseum.de

176 YACHTSCHULE, LINDAU AM BODENSEE

Nicht der Wind, sondern das Segel bestimmt angeblich die Richtung. So zumindest vermitteln es all jene, die auf dem Wasser zu Haus sind. Wie man die Leinwand richtig setzt, um ihre treibende Kraft einzufangen und geraden Kurs auf das anvisierte Ziel nimmt, das können Kinder bereits ab 7 Jahren in dieser Segelschule am Bodensee lernen. Bei den ein- bis zweiwöchigen Ferienkursen stehen aber nicht nur Reffen, Wenden, Halsen und Navigieren auf dem Programm, sondern auch Minigolf, im See baden

und feine Fische grillen. Und am Ende winkt er dann, der erste Segelgrundschein.

www.bodensee-yachtschule.de

177 BAUMWIPFELPFAD, BAD HARZBURG

So sieht Sachkunde-, Geschichts- und Biologieunterricht mit Adrenalinschubeinlage aus: Auf dem 1 km langen und zwischen 20 und 26 m hohen Baumwipfelpfad im Harz können kleine und große Besucher den Wald aus der Vogelperspektive erleben. Nebenbei wird an verschiedenen Stationen Wissenswertes aus den Bereichen Geschichte, Kultur, Flora und Fauna vermittelt. Besonders spannend für all jene, die ihrer Höhenangst die Stirn bieten wollen (und für alle anderen natürlich auch): Auf einem Steg sind die letzten Meter aus Glas – in 26 m Höhe! Wer sich nun festen Boden unter den Füßen wünscht, nimmt auf dem Rückweg am besten den neuen Baumwurzelpfad am Boden.

www.baumwipfelpfad-harz.de

178 WESTERNSTADT EL DORADO, TEMPLIN

Einmal breitbeinig, Kautabak spuckend und mit Cowboy-Hut durch eine schwingende Saloontür schreiten. Oder testen, wie schnell man die Pistole zücken kann: In diesem Themenpark rund 70 km nördlich von Berlin können Besucher ihren inneren Jesse James – oder vielleicht eher ihren inneren Old Shatterhand – von der Leine lassen. Vor der Kulisse einer originalgetreuen Westernstadt mit Dance Hall, Steakhouse und Postkutschen stehen unter anderem Revolverschießen, Rodeo, Goldwaschen und Reiten auf dem Programm. Und pünktlich zu High Noon gibt's natürlich einen Showdown mit Stuntmen-Einlage.

www.eldorado-templin.de

179 EXPLORADO, DUISBURG

Das Kindermuseum im Ruhrgebiet, das größte seiner Art in Deutschland, flößt seinen kleinen Besuchern Wissen ein, wie ihnen schon seit Urzeiten von Eltern oder engagierten Kindermädchen wie Mary Poppins bittere Medizin verabreicht wurde: mit einem Löffelchen voll Zucker. Auf drei Etagen werden die Sprösslinge dazu animiert, mitzumachen, zu entdecken, zu testen, zu entwerfen, zu fühlen und zu riechen. Zum Spaßfaktor bei der Erkundung der Phänomene des Alltags tragen unter anderem eine Fahrschule, ein Lastkahn mit Mühle und die längste Kugelbahn der Welt bei.

www.explorado-duisburg.de

Und die Straßen werden mit dem Pinsel gereinigt: täuschend echtes Leben im Miniatur Wunderland.

180 MINIATUR WUNDERLAND, HAMBURG

Zweifellos ist Knuffingen eine der schönsten Städte oder – man darf es ruhig sagen – *die* schönste Stadt Deutschlands. Die rund 6000 Einwohner leben in einer akribisch gepflegten Oase, die im Süden von den Alpen und im Norden vom Harz begrenzt wird. Die historische Feuerwache, die alte Kirche und besonders das Schloss Löwenstein sind perfekt erhalten. Zudem ist die Region äußerst regenarm; Genau genommen hat es noch nie einen einzigen Tropfen geregnet. Knuffingen liegt, unweit von Italien, Skandinavien und Amerika, im Miniatur Wunderland, der größten Modelleisenbahnanlage der Welt. Auf fast 1500 m² wurden hier 15,4 km Gleise mit mehr als 3000 Weichen verlegt, auf denen über 1000 Züge fahren, fast 4000 Häuser und Brücken errichtet und rund 21 5000 Figuren eingesetzt, alles im Maßstab 1:87. Wer das Wunderland im Sommer oder am Wochenende besucht, bucht die Tickets am besten im Voraus.

www.miniatur-wunderland.de

HIER SIND KIDS ERWÜNSCHT

TREPPEN, STIEGEN, STAFFELN

STAIRWAY TO HEAVEN: TREPPEN SIND GESUND – WEIL HERZ UND KREISLAUF AUF TOUREN KOMMEN. TREPPEN SIND SCHÖN – WENN MAN SIE HINTER SICH HAT UND DIE AUSSICHT GENIESSEN KANN.

Und kein Ende in Sicht: Man geht davon aus, dass Stuttgarts Stäffele über rund 20 km gehen – ein Halbmarathon in Stufen.

181 ULMER MÜNSTERTURM

Schon von Weitem ist er zu sehen – der höchste Kirchturm der Welt. Er gehört zum Ulmer Münster, das im Spätmittelalter in gotischem Stil erbaute wurde. Der gut 161 m hohe Turm, nach Plänen aus dem 15. Jh. errichtet, ist ein Nachzügler, er reckt sich erst seit Ende des 19. Jhs. in den Himmel. Zwischen dem Münsterplatz und dem umwerfenden Ausblick von oben liegen exakt 768 Treppenstufen, die für erhöhten Blutdruck sorgen und den Kreislauf auf Trab bringen. Einen Aufzug sucht man nämlich vergebens. Je weiter es hinaufgeht, desto enger werden die Treppenspindeln und desto schwindelerregender gähnt die Tiefe zwischen den gotischen Streben. Aber das hält kaum jemanden ab. Im Sommer messen sich sogar konditionsstarke Treppensteiger beim Ulmer Münsterturmlauf. Der Sieger erklomm 2016 die 142 m Höhe und 768 Stufen bis zum Ende der Treppe in knapp drei Minuten – Respekt!

www.ulmer-muensterlauf.de

182 TIGER & TURTLE, DUISBURG

Eine Achterbahn für Fußgänger? Eine Skulptur? Ein Kunstwerk? Alles zusammen! Tiger and Turtle haben die zwei Künstler Heike Mutter und Ulrich Genth ihr weithin sichtbares Werk genannt, das seit 2010 im Duisburger Angerpark die Welt auf den Kopf stellt und sich wie verrückt in den Himmel dreht. In der 20 m hohen Skulptur verschmelzen Kunst und pures Vergnügen, denn die weit geschwungenen, silbrig glitzernden Schleifen sind begehbar, nur der Looping bleibt aus nachvollziehbar physikalischen Gründen tabu. Wer auf den Gitterroststufen die Skulptur erwandert, genießt ständig neue Ausblicke. Der 360-Grad-Rundumblick ermöglicht vollkommen neue Perspektiven von Duisburg und der Landschaft ringsum. Nachts winden sich die beleuchteten Bänder in den schwarzen Nachthimmel und bringen die Fantasie zum Tanzen.

www.tigerandturtle.duisburg.de

183 STÄFFELE, STUTTGART

Der Kessel ist schuld! Wenn die Stadt nicht wie in einem Trichter liegen würde, umringt von Wald und Reben, hätten die Stuttgarter nicht den Spitznamen „Stäffelesrutscher". Und sie hätten deutlich weniger Gelegenheit, sich fit zu halten. Aber dank der Treppen, Stäffele genannt, spart sich manch Stuttgarter das Fitnessstudio. Der Grund ist historisch: Einst lagen an den Hängen rund um die Schwabenmetropole lauter Weinberge, die über kleine „Staffeln" bewirtschaftet wurden. Aus den Weinbergen wurden Mitte des 19. Jhs. Wohngebiete, und aus den Staffeln zum Teil stattliche Treppen mit kunstvollen Brunnenanlagen. Über 400 Stäffele, viele mit dem Charme aus Weinbergzeiten, laden zum Fitnesstraining ein. Mit Bonus: Einmal oben angekommen, öffnet sich meist ein grandioser Blick über die Stadt und in die Ferne.

www.stuttgart.de/item/show/14954

184 SANSSOUCI, POTSDAM

Sorglos leben, das hatte König Friedrich der Große wohl im Sinn, als er das Schloss Sanssouci in Potsdam erbauen ließ. Die Leichtigkeit des Namens spiegelt sich auch in der eleganten Freitreppe wider, die besonders eindrucksvoll aussieht, wenn man vom Brunnenbecken aus in Richtung Schloss schaut: 132 Stufen streben über sechs Weinbergterrassen in die Höhe – anmutig, ein kleines bisschen furchterregend und weltberühmt. Der „Alte Fritz“, der nach nur zweijähriger Bauzeit 1747 im erlesen ausgestatteten Rokoko-Schlösschen einzog, lieferte selbst die erste Skizze für die kleine, exquisite Sommerresidenz samt Gartenanlage. Ob der König selbst regelmäßig über die Stufen stapfte, zur Erbauung und zur körperlichen Ertüchtigung? Wer weiß ... Die Treppe jedenfalls ist eine würdige Vertreterin ihrer Art!

www.spsg.de

185 SPITZHAUS-TREPPE, SACHSEN

Ohne Fleiß kein Preis, der in diesem Fall in Form einer grandiosen Aussicht daherkommt. Doch zuvor sind Schweiß und brennende Muskeln angesagt – die 397 Stufen der nahezu gerade laufenden Spitzhaustreppe im sächsischen Radebeul möchten erobert werden. Immerhin sieht die 1750 fertiggestellte Treppe – damals hatte sie nur 390 Stufen und ist somit die größte barocke Treppenanlage Sachsens – dank 57 Absätzen genug Platz zum Verschnaufen vor. Beim Weingut Hoflößnitz, wo die Stufen ihren Anfang nehmen, sind die Treppensteiger noch guten Mutes. 76 m höher, beim Muschelpavillon, ist dann endlich Entspannung angesagt. Von hier aus ist es nicht mehr weit zum Bismarckturm und dem auf der Hangkante sitzenden Spitzhaus, wo nach dem Aufstieg kühle Getränke warten. Wer fit ist, kann sich hier auch beim Sächsischen Treppenmarathon beweisen.

www.spitzhaus-radebeul.de

Auf der Spitzhaustreppe findt alljährlich der Sächsische Mt. Everest Treppenmarathon statt: 39 700 Stufen in 100 Runden – oder 8848 Höhenmetern!

TREPPEN, STIEGEN, STAFFELN

186 ESSLINGER BURG

Sie heißt zwar Esslinger Burg und sieht auch aus wie eine. Aber was sich da so stattlich über der Altstadt von Esslingen am Neckar erhebt, ist die alte, teilweise mittelalterliche Stadtbefestigung der ehemaligen Reichsstadt. Die 300 Stufen der Burgstaffel führen von der Stadt hinauf in den Bereich hinter den dicken Mauern. Die überdachte Treppenanlage wurde zu Beginn des 16. Jhs. angelegt – wer sie in Angriff nimmt, wird durch einen herrlichen Blick über die Stadt und das Neckartal belohnt. Oben, in der Burganlage, stehen nicht nur der Dicke Turm, die Hochwacht und der überdachte Wehrgang, der die beiden Bauten verbindet (und damit die Stadtsilhouette prägt). Es warten auch die Burgschänke auf Gäste und im Sommer wunderbar atmosphärische Open-Air-Kino- und Konzert-Nächte.

www.esslingen.de

187 TREPPENHAUS DER RESIDENZ, WÜRZBURG

Allein die Ausmaße machen sprachlos: 18 x 30 m misst die Grundfläche der prachtvoll gestalteten Treppenanlage der Würzburger Residenz. Überwölbt wird die dreiläufige Treppe im stützenlosen Raum von einem Muldengewölbe mit 23 m Höhe am Scheitelpunkt. Klingt eindrucksvoll – und ist es auch. Zumal es mit den Stufen nicht getan war, bitteschön! Nachdem der Rohbau stand, reiste 1752 der venezianische Maler Giovanni Battista Tiepolo an, um das Gewölbe mit dem größten

Früher begegneten sich auf den Stufen von Blankenese Kapitäne und Lotsen.

188 TREPPENVIERTEL, HAMBURG-BLANKENESE

Wohnen am Hang, das ist im Hamburger Stadtteil Blankenese der Normalzustand. Wo in anderen Wohnvierteln Zufahrtsstraßen, Parkplätze oder Garagen für einen bequemen Lebensstil sorgen, klettern hier Bewohner (und Besucher) unzählige Gässchen inklusive rund 5000 Stufen den Elbhang hinauf und hinab – das Blankeneser Treppenviertel ist nichts für Konditionsschwache. Dafür ist Idylle pur angesagt im ehemaligen Fischerdörfchen, wo heute die Villen und Wohnhäuser meist einen unverstellten Blick hinunter auf die glitzernde Elbe bieten. Dazwischen viel Grün in den Gärten und sogar noch das eine oder andere reetgedeckte Häuschen. Früher waren die Zeiten unruhiger, sowohl die Dänen als auch die Österreicher und Preußen waren einst die Herren von Blankenese. Heute verströmt das Treppenviertel bei schönem Wetter reichlich Côte-d'-Azur-Feeling.

www.hamburg.de/treppenviertel/

Deckenfresko zu schmücken, das die Welt je gesehen hat. Seither bevölkern exotische Gestalten die luftigen Höhen über dem glanzvollen Entrée. Dank ihnen fällt es leicht, sich vorzustellen, wie einst herrschaftlich gewandete barocke Kirchenfürsten die Stufen würdevoll beschritten. Das Schloss, 1719/20 entworfen vom genialen Baumeister und Hofarchitekten Balthasar Neumann, verkörpert spätbarocke Prachtentfaltung par excellence – die Krönung ist das Treppenhaus als bautechnischer Geniestreich.

www.residenz-wuerzburg.de

189 FREITREPPE RHEINBOULEVARD KÖLN-DEUTZ

Im Sommer 2015 war es so weit, der neue Deutzer Rheinboulevard samt der weitläufigen Freitreppe wurde eingeweiht. Aus dem guten Platz für den Blick auf Rhein und Kölner Dom ist ein gechillter Kult-Ort für das mittägliche Picknick, das Abendbierchen oder den Mitternachts-Prosecco geworden. Bis die ausgedehnte Stufenlandschaft zwischen der Hohenzollern- und der Deutzerbrücke endlich von Sonnenanbetern und Nachtschwärmern besetzt werden konnte, floss ganz schön viel Wasser den Rhein runter: 1700 Jahre alte Deutzer Geschichte kam bei den Bauarbeiten zutage, die erst einmal akribisch von Archäologen untersucht werden musste. Denn hier liegt die Urzelle des rechtsrheinischen Kölns, mit Kirchen-Grundmauern, die bis ins 9. Jh. zurückgehen.

www.koeln-deutz-extra.de/rheinboulevard-köln-deutz

190 TREPPE BEIM HERKULES, KASSEL

Lässig steht der über 8 m hohe Halbgott Herkules oben auf der Pyramide, die das Oktogon im Bergpark Wilhelmshöhe in Kassel krönt. Zu seinen gewaltigen Füßen arbeiten sich irdische Bewohner die Treppen rechts und links der gewaltigen barocken Kaskadenanlage hinauf. Immerhin sind 535 auf der einen und 539 Stufen auf der anderen Seite zu bewältigen, um vom Neptunbassin hinauf zum Riesenkopfbecken zu gelangen. Dort lockt eine herrliche Aussicht: auf die gesamte Herkules-Anlage, die auf der Unesco-Weltkulturerbeliste steht, und die Stadt Kassel. Im Sommer verwandelt sich das barocke Gesamtkunstwerk, das um 1700 von Landgraf Karl von Hessen-Kassel in Auftrag gegeben wurde, immer wieder in brausende Wasserspiele. Dann wandern die Wassermassen Stufe für Stufe die Kaskaden hinunter bis weit hinab zum Schlossteich.

www.kassel.de/kultur/sehenswuerdigkeiten/Bergpark

WO DIE KUNST ZU HAUSE IST

WO MALT DER MALER? WO DICHTET DER DICHTER? IM MOOR, IM TURM, IN DER BURG, IM GROSSBÜRGERLICHEN HEIM. HAUSBESUCHE BEI GOETHE, DIX & CO.

 Und der Garten wächst durch die Fenster hinein: das Café im Rilke-Haus.

191 KÜNSTLERHÄUSER, TEUFELSMOOR, WORPSWEDE

Nein, dem Teufel ist hier noch niemand begegnet. Warum auch, er ist nicht der Namensgeber dieser Landschaft, die für die Malerin Paula Becker ein „Wunderland“ war, wie sie 1897 in ihrem Tagebuch schrieb. Da lebte sie schon seit Jahren in der Künstlerkolonie, die Fritz Mackensen, Otto Modersohn und Hans am Ende 1889 gründeten, weil sie vom Teufelsmoor verzaubert waren. Auch der Dichter Rainer Maria Rilke wurde inspiriert vom hohen, weiten Himmel, der sich im allgegenwärtigen Wasser spiegelt, den Wiesen und Feldern, den Sommer- und Nebeltagen. Als jedoch die völkische Ideologie der Nazis die Gemüter erhitzte, entzweiten sich auch die Bewohner. Zurück blieben die Häuser der Künstler, etwa die Käseglocke, der Barkenhoff, heute ein Museum, oder das Haus im Schluh. Die Kunst lebt nach wie vor in Worpswede, mit Ausstellungen, Führungen und Kunstprojekten. Ach, und da war ja noch der Name! Der kommt vom plattdeutschen „doves Moor“, also unfruchtbares Moor. Und so kommt es, dass sich der Teufel in die himmlische Landschaft schlich.

www.worpswede.de

Ja, so leben Dichterfürsten: in den Räumen des Goethe-Hauses in Weimar.

192 HERMANN HESSE IN GAIENHOFEN

Am Bodensee ist es leicht, mit der Natur zuleben. Das dachte sich auch der 27-jährige Dichter Hermann Hesse, lange bevor er zum Literatur-Nobelpreisträger wurde. In Gaienhofen auf der idyllischen Halbinsel Höri mietete er sich mit seiner Frau Maria Bernoulli 1904 in einem alten Bauernhaus ein. Der Schreibtisch, den er sich für das Refugium schreinern ließ, begleitete ihn von da an. Drei Jahre später war es dann so weit, der Dichter baute sich ein eigenes Haus – in dem er gerade mal fünf Jahre lebte. Im September 1912 zog es ihn mit seiner Familie – zwei Söhne waren inzwischen geboren – nach Bern. Wer sehen will, wie Nobelpreisträger leben, kann das Haus, das behutsam renoviert wurde, und den herrlichen Garten nach Voranmeldung besuchen. Auch Hesses erste Wohnung in Gaienhofen kann besichtigt werden, sie wurde zum Hermann-Hesse-Höri-Museum.

www.hermann-hesse-hoeri-museum.de

193 OTTO DIX IN GERA

Gerade mal zwei Zimmer bewohnte die Familie Dix im Mietshaus am Mohrenplatz in Gera-Untermhaus, als Otto Dix 1891 geboren wurde. Seine Eltern waren einfache Leute, aber vor allem die Mutter, eine Näherin, hatte Interesse an Musik und Kunst. Ottos Zeichenlehrer bemerkte sein Talent und förderte ihn. Nach einer Dekorationsmalerlehre in Gera zog Dix nach Dresden, um an der Kunstgewerbeschule zu studieren. Der expressionistischer Maler, der auch mit kubistischen oder dadaistischen Formen experimentierte, wurde vor allem durch seine drastischen Kriegsbilder bekannt. Sie machten ihn zu einem der bedeutendsten Maler Deutschlands. In der Orangerie in Gera sind einige Werke von Otto Dix zu sehen. Bei Redaktionsschluss wurde das Otto-Dix-Haus gerade renoviert.

www.gera.de

194 HANS FALLADA IN CARWITZ

Wie gut, dass Hans Fallada eine Lehre in der Landwirtschaft gemacht hatte. Zwar war der Grund tragisch – der psychisch labile Sohn eines Reichsgerichtsrats hatte einen Selbstmordversuch hinter sich und keinen Schulabschluss –, aber so konnte Fallada, der eigentlich Rudolf Ditzen hieß, ab 1933 seinen eigenen Hof in Carwitz bewirtschaften. Da war er schon mehrfach mit dem Gesetz in Konflikt geraten, hatte geheiratet und war mit seinem Roman „Kleiner Mann was nun" mal eben weltberühmt geworden. In der Abgeschiedenheit der Mecklenburger Seen, in einem 1848 erbauten Fachwerkhaus, schrieb er weiter, zeitkritische Romane wie „Wer einmal aus dem Blechnapf frisst" oder „Wolf unter Wölfen". Im Zweiten Weltkrieg musste er

195 JOHANN WOLFGANG VON GOETHE IN WEIMAR

Schön, wenn man Freunde in hohen Positionen hat: 1794 bekam Johann Wolfgang von Goethe – Dichter, Staatsminister, Naturwissenschaftler, Sammler – das Haus am Frauenplan in Weimar von Herzog Carl August von Sachsen-Weimar geschenkt. Fast 50 Jahre lang lebte der Dichterfürst hier mit Frau und Sohn, wenn er nicht gerade auf Reisen war. Außerdem tummelten sich in dem stattlichen barocken Bau Hausbedienstete und Hausgäste. Aber es wurde nicht nur gelebt und gearbeitet am Frauenplan, auch für die Kunst- und Naturaliensammlungen war genug Platz. Diese und sämtliche anderen Räume können besucht werden, inklusive des Gartens, der vor allem von Christiane gehütet wurde.

www.klassik-stiftung.de

Carwitz verlassen, er starb 1947 in Berlin, schwer alkoholabhängig. Nun ist in das Haus in Carwitz das Hans-Fallada-Museum eingezogen, das ein Fenster öffnet in das Leben und Schaffen des Schriftstellers und seiner Familie.

www.fallada.de

196 FRIEDRICH HÖLDERLIN IN TÜBINGEN

36 Jahre lang lebte Friedrich Hölderlin in Tübingen, in einem uralten Turm direkt am idyllischen Neckarufer. Ob der Dichter das genießen konnte, sei dahingestellt. Seine Gesundheit war nämlich in desolatem Zustand, als er 1807 mit 37 Jahren in den ersten Stock in eine Turmstube einzog, die er bis zu seinem Tod 1843 bewohnte. Hier wurde der kränkliche Hölderlin von der Familie des Hausherrn umsorgt, er schrieb Briefe, spielte Klavier, empfing Besuch und machte lange Spaziergänge. Dies bekam der Gesundheit, und so fing er auch wieder an, unter Pseudonym oder eigenem Namen Gedichte und zum Schluss den „Scardanelli-Liederzyklus" zu schreiben. Der „Hölderlinturm", wie er seit dem späten 19. Jh. genannt wird, ist zur Berühmtheit in Tübingen geworden, meistfotografiert und besucht. Denn im Turm entführt das Hölderlin-Museum die Besucher in die Lebenswelt des Dichters und seine Zeit.

www.hoelderlin-gesellschaft.de.

197 GABRIELE MÜNTER IN MURNAU AM STAFFELSEE

Die Malerin Gabriele Münter und ihr Lebensgefährte Wassili Kandinsky bannten oft den schönen Blick aus dem Fenster auf die Leinwand. Das gemütliche Haus, der große Garten und die Landschaft in und um Murnau am Staffelsee dienten den beiden Künstlern als Inspirationsquellen. Gabriele Münter hatte das Haus im Sommer 1909 gekauft, bis 1914 hielt sie sich oft zusammen mit dem aus Russland stammenden Kandinsky hier auf. Sie statteten es gemeinsam aus und bemalten zusammen die Möbel. So wurde die Idylle zum Künstlertreffpunkt, auch mit häufigen Besuchen von Franz Marc, weshalb der Ort für die Künstlergruppe Blauer Reiter wichtig wurde. 1931 kehrte Gabriele Münter wieder zurück, bis zu ihrem Tod 1962 blieb sie ihrem Haus treu. Heute kann das Haus besucht werden – so wollte es die Künstlerin – und gibt Einblicke in die kreative Welt von Münter und Kandinsky.

www.muenter-stiftung.de

198 EMIL NOLDE IN NEUKIRCHEN/SEEBÜLL

Das hatte die Welt – oder zumindest diese Gegend hoch oben in Schleswig-Holstein, nahe der dänischen Grenze – noch nicht gesehen: 1926 bauten Ada und Emil Nolde einen Backsteinbau als Wohn- und Atelierhaus, der sich mit seinen schmalen Fensterformen und dem ungewöhnlichen Dach stilistisch an die klare Bauhausarchitektur anlehnte. Und das zwischen all den reetgedeckten Friesenhöfen!

Ab 1930 lebte der Maler hier mit seiner Frau, ein wunderschöner Garten kam hinzu. Die weite Landschaft und das Meer spiegeln sich in den berühmten Aquarellen des Expressionisten Nolde wider. 1956 starb der Künstler, ein Jahr später wurde das Haus zum Museum, in dem die ursprüngliche Atmosphäre weiterlebt.

www.nolde-stiftung.de

199 FRIEDRICH SCHILLER IN WEIMAR

Nur drei Jahre lang war es dem Dichter und Dramatiker Friedrich Schiller vergönnt, im eigenen Haus an der damaligen „Esplanade" in

Eine Aussicht, die beflügelt: Rund 60 Gedichte schrieb Annette von Droste-Hülshoff in der Meersburg in nur einem Winter.

Weimar zu wohnen, dann starb er 1805 mit gerade mal 46 Jahren an einer Lungenerkrankung. Das Familienleben fand im ersten Obergeschoss statt, im Dachgeschoss befand sich das Refugium des Dichters. Sein Arbeitszimmer, in dem er auch starb, ist original erhalten. So lässt sich noch heute der Geist von Schillers Zeit authentisch nachempfinden.

www.klassik-stiftung.de

200 ANNETTE VON DROSTE-HÜLSHOFF IN MEERSBURG

Zweimal weilte die Dichterin Annette von Droste-Hülshoff für längere Zeit in einem der vier Wohntürme der mittelalterlichen Meersburg. Der Ort samt grandioser Aussicht über den Bodensee und die Anwesenheit ihres Vertrauten Levin Schücking müssen inspirierend gewesen sein. Als die Dichterin, die mit ihrem 1837 erschienenen Roman „Die Judenbuche" berühmt wurde, 1846 für die letzten zwei Jahre ihres Lebens nach Meersburg zurückkehrte, ersteigerte sie das „Fürstenhäusle", ein idyllisch in den Weinbergen über der Stadt liegendes ehemaliges Rebhäuschen als Schreibrefugium. Besucher sind heute an beiden Orten willkommen.

www.meersburg.de

WO DIE KUNST ZU HAUSE IST

ES DAMPFT UND SPRUDELT

HEISSE PACKUNG GEFÄLLIG? ODER VIELLEICHT EIN TÜRKISCHES DAMPFBAD? ODER DOCH LIEBER RUTSCHEN UND SURFEN? HIER FINDEN SIE DEUTSCHLANDS BESTE NASSE VERGNÜGEN.

201 MINERALBÄDER, STUTTGART

Wenn Wasser das Elixier des Lebens ist, dann ist Stuttgart das Schlaraffenland. Rund 22 Mio. l Mineralwasser kommen hier Tag für Tag aus dem Untergrund – nur im Budapester Bezirk Újbuda sprudelt's in Europa mehr. Kein Wunder also, dass viele Stuttgarter das kostbare Nass direkt an einem der 19 Trinkbrunnen abzapfen. Oder darin baden: Drei Mineralbäder – Leuze, Mineralbad Cannstatt und Mineral-Bad Berg (das bei Redaktionsschluss gerade saniert wurde) – versprechen wohltuende Entspannung. Und so wünschen sich die Schwimmer seit rund 150 Jahren beim Rundendrehen im kohlensäurehaltigen und chlorfreien, kalten und warmen Mineralwasser ein herzliches „Grüß Gott".

www.stuttgart.de/baeder/mineralbaeder

202 CARACALLA THERME, BADEN-BADEN

Zugegeben, der Name dieser Kleinstadt am Rande des Schwarzwalds drängt sich in diesem Kapitel ein wenig auf. Aber wo sonst hat das Erholungsbad eine längere Tradition als in der Stadt, die als erste in Deutschland die Kurtaxe einführte? Und zwischen Seifenbürstenmassage, Aromatherapie und Thermaldampfbad gerät der physische Aufenthaltsort sowieso irgendwann in Vergessenheit. Über das traditionsreiche Friedrichsbad, auf dessen Baugrund bereits die alten Römer Thermen errichteten, soll der Schriftsteller Mark Twain einmal gesagt haben: „Nach 10 Minuten vergessen Sie die Zeit und nach 20 Minuten die Welt."

www.baden-baden.de

203 PALAIS THERMAL, BAD WILDBAD

In einem der ältesten Badehäuser Europas geht die Schwimmkultur mindestens auf das 16. Jh., wenn nicht gar schon wesentlich weiter zurück. Die orientalischen Marmorsäulen, prunkvollen Kacheln, breiten Kuppeln und strahlenden Skulpturen von Venus und anderen Gottheiten lassen keinen Zweifel an seiner historischen Größe. Zum Glück ist das Bad heute längst nicht mehr einer kleinen Elite vorbehalten. Trotzdem fühlt man sich auf den Steinbänken im Whirlpool oder beim Nachtkerzenölbad nicht minder königlich. Der herrschaftliche Badetempel im Nordschwarzwald bezieht sein bis zu 41 °C warmes Heilwasser aus einer Tiefe von mehr als 500 m.

www.palais-thermal.de

Im großen Herrenbad des Palais Thermal steigt man unter den Augen der Venus ins über 30 ° C warme Wasser.

204 THERME ERDING, BAYERN

Seine essenzielle Ressource erhält das größte Spaßbad Europas tief aus dem Erdinneren, seine Dimensionen dagegen sind von galaktischem Ausmaß. 26 Rutschen, 30 Saunen und 27 Becken sorgen bei durchschnittlich 4500 Gästen pro Tag für pitschepatschenasses Vergnügen. Und wie das Universum selbst weitet sich auch die Therme Erding unaufhaltsam aus. Erst 2014 kam ein weiteres Wellenbad mit Hotelschiff hinzu, zudem ist unter dem vielversprechenden Projektnamen „Galaxy 2.0" die Ausweitung des Rutschenbereichs geplant.

www.therme-erding.de

205 OCEAN WAVE, NORDEN

Wenn einem an der Nordseeküste mal wieder der Wind um die Ohren pfeift und den Strandurlaub zur sandgepeitschten Tortur macht, sucht man am besten in diesem Erlebnisbad Zuflucht. Denn hier wurde das Meer kurzerhand ins Hallenbad geholt. Im Meerwasser-Wellenbecken mit seinen bis zu 80 cm hohen Wellen und konstanten 30 °C Wassertemperatur ist es nicht schwer, sich vorzustellen, vor der Tür lägen die Bahamas und nicht Borkum. Wer jeder Art von Stress ganz und gar Tschüss sagen möchte, greift auf das ausgeprägte Angebot im Sauna- und Wellnessbereich zurück.

www.ocean-wave.de

Tropenkulisse im brandenburgischen Landkreis Dahme-Spreewald: Tropical Islands.

206 TROPICAL ISLAND, BRANDENBURG

Instant-Urlaub aus der Dose: Im Bauch dieser Freizeitanlage in der brandenburgischen Prärie reisen die Gäste bei konstanten 26 °C und 64 % Luftfeuchtigkeit zwischen Palmen und viel, viel Sand in die – wenn auch nicht überaus authentischen – Tropen. Geografische Grenzen gibt es keine: Zwischen balinesischen Dörfern und indischen Tempelanlagen finden sich unzählige Becken, Fontänen, Wasserfälle, Whirlpools, Saunen und natürlich Tausende von Liegen. Mit der Eröffnung des Außenbereichs geht die feuchte Massenbespaßung seit Mai 2016 über die Grenzen der größten freitragenden Halle der Welt – die einst dem Bau von Luftschiffen dienen sollte – hinaus.

www.tropical-islands.de

207 BAHIA, BOCHOLT

Noch besser als reisen, denkt sich der eine oder andere, ist es doch, wenn man sich das Reiseziel in die Heimat holt. Die Bocholter jedenfalls haben sich ein Stück Brasilien ins Ruhrgebiet geholt. Und zwar eins mit „Cabrio-Dach", sollte das Wetter sich denn tatsächlich mal von seiner tropischen Seite zeigen. Vom 3-m-Turm des Spaßbades kann man sich in die „Acapulco-Gischt" stürzen, deren Luftblasen die Landung im Wasser sanfter machen und die Springer schneller zurück an die Oberfläche tragen.

www.bahia.de

208 KAISER-FRIEDRICH-THERME, WIESBADEN

Julius Caesar wäre beim Anblick dieses historischen Luxusbads wohl der Lorbeerkranz vom Kopf gerutscht. Der textilfreie Wellnesstempel präsentiert sich als Hommage an die römische Therme, auf deren Fundamenten er erbaut wurde. Die Schwitz- und Entspannungsräume – wie Tepidarium, Sudatorium und Sanarium – lesen sich wie ein lateinischer Vokabeltest und machen die Haut so geschmeidig wie jene Kleopatras. Die Therme wurde übrigens bereits 1910 errichtet.

www.wiesbaden.de/microsite/mattiaqua/kaiser-friedrich-therme

209 GEZEITENLAND, BORKUM

Die Nordsee ist allgemein nicht für ihre gefährliche Brandung bekannt. Aber in diesem riesigen Erlebnisbad kommen selbst Wellenreiter auf ihre Kosten. Im gepolsterten Brandungsbecken – Niedersachsens einzige Indoor-Surfanlage – können sich selbst unerfahrene Surfer aufs Brett wagen. Dazu bietet das Gezeitenland, das in Form eines Ozeandampfers über der Nordseeinsel thront, ein gewaltiges Saunadeck, Wellnessbereich, Fitnessstudio und Riesenrutsche.

www.gezeitenland.de

210 BERNSTEIN-THERME ZINNOWITZ, USEDOM

Auf Usedom scheint die Sonne angeblich so viel wie sonst nirgendwo in Deutschland (fast 1920 Stunden sollen es im Jahr sein). Und sollte sie sich einmal nicht am Himmel zeigen (oder gerade im bayerischen Traunstein, in Leutkirch im Allgäu oder im baden-württembergischen Mühlacker für Rekorde sorgen), hält das die Gäste in diesem historischen Ostseebad auch nicht davon ab, die Haut mit kurierendem Salzwasser zu benetzen. Neben dem 850 m² großen Meerwasserbecken verwöhnt die Bernsteintherme mit mehreren Saunen und jede Menge entspannenden Wellnessangeboten.

www.bernsteintherme.de

HIER SPIELT DIE MUSIK

IN WACKEN ROCKEN ODER IM RHEINGAU JAZZEN, IN FERROPOLIS ABTANZEN ODER SICH IN DONAUESCHINGEN AUFREGEN: AUF DIESEN FESTIVALS FINDEN MUSIKFANS ALLES, WAS HERZ, HIRN UND HOSE BEGEHREN.

Das Angebot beim Tollwood ist riesig – da ist eine Maß Bier zur Entspannung manchmal genau das Richtige.

211 MELT-FESTIVAL, FERROPOLIS, GRÄFENHAINICHEN

Das ist der Hammer – pardon, Bagger! Auf einer Halbinsel im Gremminer See ragen fünf riesige Schaufelrad- und Eimerkettenbagger in den Nachthimmel. Sie heißen Mad Max oder Gemini und sehen aus wie Gigantosaurier, die man mit Discokugeln behängt hat und jetzt mit bunten Lasern bombardiert. Die Musik: Indietronic, Alternative, Techno, mal Pop-Ikone Kylie Minogue, mal DJ-Urgestein Sven Väth, die abgedrehten Hip-Hopper Deichkind, die Indie-Rockband Two Door Cinema Club, die Electro-Norweger Röyskopp. Auf zehn Bühnen gibt's Rund-um-die-Uhr-Beschallung, der Sleepless Floor macht seinem Namen alle Ehre. Tagsüber wird gepennt, gebadet, philosophiert. Gechillter geht's kaum.

meltfestival.de

212 SCHUMANNFEST, DÜSSELDORF

Ein Flügel, der mit Tischtennisbällen und Schrauben präpariert ist? Wo gibt's denn sowas? Beim Schumannfest in Düsseldorf – wenn solch kreative Künstler wie der Pianist Hauschka ihrem Instrument alles abverlangen. Natürlich weiß niemand, ob das Robert Schumann, der als einer der großen Komponisten der Romantik gilt, gefallen hätte. Womöglich eher nicht. Gefallen hätte ihm aber sicher, dass sich alle zwei Jahre auf Einladung der Schumann-Gesellschaft Klassik-Stars wie die Geigerin Hillary Hahn oder der Pianist Daniel Barenboim und Fans seiner Musik in Düsseldorf treffen. Hier wirkte er von 1850 bis 1853 als Musikdirektor, hier komponierte er Werke wie die „Rheinische Sinfonie".

www.schumannfest.de

213 TOLLWOOD, MÜNCHEN

Spannende Theateraufführungen, feine Musik-Acts und fantasievolle Kleinkunst, dazu zahllose Stände mit Speisen aus aller Herren Länder in kleinen Pavillons und freundlichen Biergärten unter freiem Himmel. Und das alles auch noch 100prozentig ökologisch korrekt. Ja, wo gibt's denn sowas? Beim Tollwood Festival in München – 25 Tage lang im Juni und Juli im Olympiapark Süd. Und im Winter in mehreren großen Zelten auf der Theresienwiese. Dazu gehört auch ein Weihnachtsbasar und der „Weltsalon", ein Forum für soziale Themen mit jährlich wechselnden Schwerpunkten und prominenten Gästen wie Bob Geldof oder Arved Fuchs. So macht die von den Festival-Machern anvisierte „Anstiftung zum Umdenken" Riesenspaß!

www.tollwood.de

214 BOCHUM TOTAL

Jeweils am Donnerstag vor den Sommerferien geht's los: Im sogenannten Bermudadreieck von Bochum startet das größte Musikfestival des Ruhrgebiets. Dann platzt das berüchtigte Kneipenviertel zwischen Südring, Viktoriastraße, Konrad-Adenauer-Platz und Brüderstraße aus allen Nähten. 750 000 Besucher drängen sich vor rund 70 Bühnen, wo Bands aller Stilrichtungen ihr Bestes geben. Und das kostenlos! Finanziert wird die vier Tage dauernde Musik-Sause überwiegend durch den Getränkeverkauf und Sponsoren. Und durch den guten Willen der Künstler, die für sehr geringe Gagen auftreten. Daran hat sich seit der Gründung des Festivals 1986 nichts geändert. Dass es einmal solche Dimensionen annehmen würde, davon haben die Festivalgründer Heri Reipöler und Marcus Gloria – damals noch Studenten – natürlich nichts geahnt. Umso größer ist ihr Stolz auf das Ergebnis.

www.bochumtotal.de

216 DONAUESCHINGER MUSIKTAGE

Skandal, Skandal! Besonders in den 1950er- und 1960er-Jahren ging es in der Kleinstadt am Rande des Schwarzwalds hoch her. Damals sorgte so manche Uraufführung von Komponisten wie Karlheinz Stockhausen, Pierre Boulez oder John Cage für Gesprächsstoff in den internationalen Feuilletons. Mittlerweile ist es zwar medial etwas ruhiger geworden um das älteste Festival für zeitgenössische klassische Musik. Trotzdem wird hier immer noch regelmäßig Musikgeschichte geschrieben. Jeweils im Oktober treffen sich die wichtigsten Protagonisten der Szene auf Einladung des Südwestrundfunks (SWR), um neuesten Klängen zu lauschen. Die dürfen aktuell dann auch gerne mal mit Live-Elektronik und Club-Sounds angereichert sein – für manche älteren Besucher wiederum ein Grund zum Aufschrei.

www.swr.de/swr-classic/donaueschinger-musiktage

215 RHEINGAU-FESTIVAL, RHEIN-MAIN-GEBIET

Der Rheingau zwischen Wiesbaden und Lorch war lange Zeit vor allem für seine romantischen Burgen und Schlösser sowie die herausragenden Riesling-Weine berühmt. Seit 1987 wissen aber auch Musikliebhaber die Vorzüge dieser Region zu schätzen. Denn damals begründete Michael Herrmann zusammen mit einigen Freunden das Rheingau Musik Festival. Die Veranstaltungsreihe, die mit zwei Konzerten im Kloster Eberbach begann (bekannt aus der Verfilmung des Bestsellers „Der Name der Rose"), zählt heute mit rund 170 Konzerten an 50 Spielorten – darunter so illustre wie Schloss Johannisberg und Schloss Vollrads – zu den führenden Festivals in Deutschland. Und längst gehören neben dem Klassik-Schwerpunkt auch Jazz-Konzerte und ein renommiertes Literaturfestival zum hochkarätigen Programm.

www.rheingau-musik-festival.de

217 ROCK AM RING, NÜRBURGRING

Rock,n' Roooooooooooooooooooll!!! Seit mehr als 30 Jahren gibt sich bei einem der größten Musikfestivals der Welt den Klinkenstecker in die Hand, was Rang und Namen hat: U2 spielen einen ihrer ersten Festivalauftritte in Europa, Campino klettert mit Gipsfuß aufs Bühnendach, während die Toten Hosen unter ihm ihren Deutsch-Punk-Sturm entfesseln, Joe Cocker krächzt „Feelin' Alright", Bowie schulterpolstert die 80er. Und das alles vor rund 80 000 Zuschauern. Austragungsort war von 1985 bis 2014 die legendäre Nürburgring-Rennstrecke in der Eifel. Die neue Bleibe – der ehemalige Militärflughafen Mendig bei Koblenz – brachte dem Rockzirkus kein Glück: 2016 musste das Festival nach heftigen Gewittern abgebrochen werden. 2017 aber ist Rock am Ring wieder da, wo es hingehört: am Nürburgring. Übrigens: Wem der Weg dorthin zu weit ist, der kann auch zum Zwillingsfestival Rock im Park in Nürnberg!

www.rock-am-ring.com

So schräg kann klassische Musik auch daherkommen: Konzert bei den Donaueschinger Musiktagen.

HIER SPIELT DIE MUSIK

218 WACKEN OPEN AIR, WACKEN

Leute, die sehen nur so gefährlich aus! Die wollen aber doch nur spielen. Oder sich im Matsch wälzen. Headbangen. Haare schütteln. Alles rauslassen – bei Metal-Krachern von Accept über Motörhead (R.I.P., Lemmy!) und Sabaton bis zu den Scorpions. Dass alljährlich zum größten Metal-Festival der Welt die Jungs und Mädels in schwarzem Leder, satanischen T-Shirts, Nieten und Tattoos im geruhsamen schleswig-holsteinischen Wacken einfallen, macht dort schon längst keinem mehr Angst. Immerhin hatten die Dorfbewohner seit 1990 auch eine gewisse Eingewöhnungszeit, als die beiden Wackener Thomas Jensen und Holger Hübner bei einem gemeinsamen Kneipenbesuch die Idee für das Festival ausheckten und eine erste Ausgabe auf die Beine stellten. Verloren sich damals kaum 800 Besucher in der Kiesgrube und auf den angrenzenden Kuhweiden, waren es in den letzten Jahren stets 75 000 Liebhaber des Mottos „Louder than hell". In your face, man!

www.wacken.com

Selbstvergessen abrocken: Das Metalfestival Wacken ist eines der sichersten Rockfestivals überhaupt.

219 SCHLESWIG-HOLSTEIN MUSIKFESTIVAL

Klassische Musik in Scheunen und Ställen, auf Fährschiffen und in stillgelegten Industriehallen? Um die Musik zu den Menschen zu bringen, scheute der Initiator des Schleswig-Holstein Musikfestivals Justus Frantz vor ungewöhnlichen Mitteln und Wegen nicht zurück. Und der Erfolg gab ihm recht: 30 Jahre nach der Gründung im Jahr 1986 zählt das Festival zu den weltweit größten seiner Art. Jeweils in den Sommermonaten Juli und August pilgern Tausende Musikfreunde zu den Konzerten mit internationalen Stars und Spitzenorchestern. Und mit der 1987 von keinem geringeren als Leonard Bernstein gegründeten Orchesterakademie wird auch der Nachwuchs nach Kräften gefördert. Dazu passen auch die bei Familien sehr beliebten Picknicks mit klassischer Musik auf prächtigen Gutshöfen und die kreative Kindermusikwerkstatt.

www.shmf.de

220 LUDWIGSBURGER SCHLOSSFEST-SPIELE

Der offizielle Titel der Schlossfestspiele – Internationale Festspiele Baden-Württemberg – deutet es an: Hier wird nicht nur gekleckert, sondern geklotzt! An großen Namen aus den Bereichen Musik, Tanz, Theater und Literatur herrscht demzufolge kein Mangel – ob Primadonna Cecilia Bartoli, Geigerin Anne-Sophie Mutter bei den Konzerten mit klassischer Musik, Darbietungen weltberühmter Ballett-Kompanien oder Opernproduktionen des Festspiel-Ensembles. Im „Ländle" zählen Spitzenleistungen! Dabei haben die Festspiele ganz klein angefangen, als 1931 die Ludwigsburger Mozartgemeinde ihre Schlosskonzerte ins Leben rief. Heute begeistert der Kulturgipfel zwischen Mai und Juli dank Koproduktionen mit den Salzburger Festspielen und anderen renommierten Festivals sogar ein internationales Publikum.

www.schlossfestspiele.de

DEUTSCHLAND UNTER DER ERDE

„SCHATZ, ICH GEH MAL EBEN IN DEN WEINKELLER!" EIN SATZ, DER IN DEN UNENDLICHEN GEWÖLBEN VON TRABEN-TRARBACH EINE GANZ BESONDERE BEDEUTUNG HAT. UND AUCH SONST BIETET DEUTSCHLAND JEDE MENGE ÜBERRASCHUNGEN, DORT, WO KEIN SONNENSTRAHL JE HINFÄLLT.

221 BERLINER UNTERWELTEN

Die Angst ist irgendwie noch zu fassen, in den Luftschutzbunkern unter den Straßen Berlins. Denn als im Zweiten Weltkrieg die Bomben niedergingen, kauerten hier Tausende Menschen und bangten um ihr Leben. Das Unterweltenmuseum im U-Bahnhof Gesundbrunnen ermöglicht bei geführten Touren eine Reise zurück in die finstere Zeit Deutschlands. Aber den Besuchern begegnen im Untergrund auch die Berliner Rohrpost, das Abwassersystem, ein Brauereikeller oder unvollendete U-Bahnhöfe. Seit 1997 erforscht und dokumentiert der gemeinnützige Verein Berliner Unterwelten die unterirdischen Anlagen mit dem Ziel, sie zu erhalten und deren Geschichte bekannt zu machen. Dazu zeigt die Dauerausstellung „Mythos Germania", wie nahe sich auch beim Thema Stadtplanung Vision und Verbrechen in der Nazizeit waren.

www.berliner-unterwelten.de

222 SCHELLENBERGER EISHÖHLE, BERCHTESGADEN

Es glitzert und funkelt, tropft und gluckert. Die Szenerie, die sich im Schein der Karbidlampen vor den Augen der Besucher entfaltet, ist gleichzeitig unwirklich und atemberaubend schön. Denn im Untersberg in den Berchtesgadener Alpen ist permanente Eiszeit angesagt – in der einzigen erschlossenen Eishöhle Deutschlands wird es nie wärmer als 1 °C. Zuerst steht die Wanderung zum Höhleneingang auf 1570 m Höhe an, dann geht es in der Höhle bei geführten Touren über Stege und Treppen, an Eisfällen vorbei, hinunter zur Fuggerhalle, dem tiefsten Punkt, 55 m unter dem Höhleneingang. Über endlose Zeiträume wurden aus Regen- und Schmelzwasser mächtige Eispanzer, wundersame Eisskulpturen und Stalaktiten und Stalagmiten aus Eis geformt, Momentaufnahmen, die sich kontinuierlich verändern.

www.eishoehle.net

223 BRÜHLSCHE TERRASSE, FESTUNG DRESDEN

Nur ein paar Meter unter den luftigen Brühlschen Terrassen, dem „Balkon Europas", lauert Geschichte: Die Promenade ist eigentlich ein Festungswall und darunter liegen einige der ältesten Gewölbe der Festung Dresden aus der Renaissance. 1546 begannen die Bauarbeiten an Schutzwällen und Türmen, die in den folgenden Jahren immer weiter wuchsen. Heute kann man das letzte erhaltene Stadttor der ehemaligen sächsischen Residenz, ein Ziegeltor, im Museum bestaunen. Denn wo

Nostalgie pur, aber immer noch eine beliebte Abkürzung: Nur in der Silvesternacht ist der Alte Elbtunnel geschlossen.

224 ALTER ELBTUNNEL, HAMBURG

Trockenen Fußes von einem Hamburger Elbufer zum anderen – kein Problem! Wer mit dem Aufzug im imposanten Kuppelbau an den St. Pauli-Landungsbrücken rund 24 m in die Tiefe fährt, kann rund um die Uhr zu Fuß, auf dem Rad oder an bestimmten Tagen auch per Auto nach Steinwerder ins Hafengebiet gelangen. 426,5 m lang sind die zwei gekachelten Röhren des Tunnels, der 2011 sein 100-jähriges Jubiläum feierte – der erste Tunnel Europas, der einen Fluss unterquerte. Seither wurden zusätzliche Aufzüge und Treppen eingebaut, selbst Autos können in speziellen Aufzügen befördert werden. Der St. Pauli-Elbtunnel: eine prima Abkürzung, ein Schmuckstück – und ein Stück Hamburger Geschichte.

www.hamburg.de/alter-elbtunnel

früher Pulverdampf und Kanonendonner regierten, gibt's friedlichen Geschichtsunterricht. Zur Festungsanlage gehören neben den riesigen Kasematten auch die Kanonenhöfe der kleinen Bastion – die Renaissance-Seite der Historie Dresdens.

www.festung-dresden.de

225 DOKUMENTATIONSSTÄTTE REGIERUNGSBUNKER, BAD NEUENAHR-AHRWEILER

Top Secret! Ein geheimeres Gebäude als den Regierungsbunker im Ahrtal, rund 25 km südlich von Bonn, hat es in der Geschichte der Bundesrepublik nie gegeben. Dieser Bunker sollte im Falle eines Falles der Regierung als Ausweichquartier dienen. Das war vor allem in Zeiten des Kalten Kriegs ein Thema, deshalb wurden 12 Jahre lang bis 1972 zwei unvollendete Eisenbahntunnel auf eine Länge von gut 17 km erweitert, um Platz zu schaffen für 936 Schlafzimmer und knapp 900 Büros. Und das alles atombombensicher, mit bis zu 110 m Erde über dem Kopf. Als die Mauer fiel, wurde der Bunker ein finanzieller Klotz am Bein. Große Teile der Anlage wurden entsorgt, nur eine kleine Strecke von gut 200 m ist original erhalten. Die wurde in das Museum Dokumentationsstätte Regierungsbunker umgewandelt.

www.regbu.de

226 BERGWERK RAMMELSBERG, GOSLAR

Es war einmal ein Bergwerk, in dem die Menschen kontinuierlich über 1000 Jahre lang tonnenweise Erz aus der Erde gruben – das ist weltweit einmalig. Deshalb wurde dieses Bergwerk, zusammen mit der niedersächsischen Altstadt Goslar samt ihrer Kaiserpfalz, in die Liste der Unesco-Weltkulturerbe aufgenommen. Seit 1988 gräbt keiner mehr im Rammelsberg am nördlichen Rand des Harzes, dafür dürfen nun Besucher das stillgelegte Bergbaudenkmal mit seinen historischen Geräten und Stollen besuchen, darunter welche aus dem 12. und 13. Jh. Bei geführten Touren lässt sich das Industriedenkmal sowohl über als auch unter der Erde entdecken. In den Tiefen der Erzaufbereitungsanlage etwa lockt die Geologie- und Mineralogieausstellung mit ihren funkelnden Schätzen.

www.rammelsberg.de

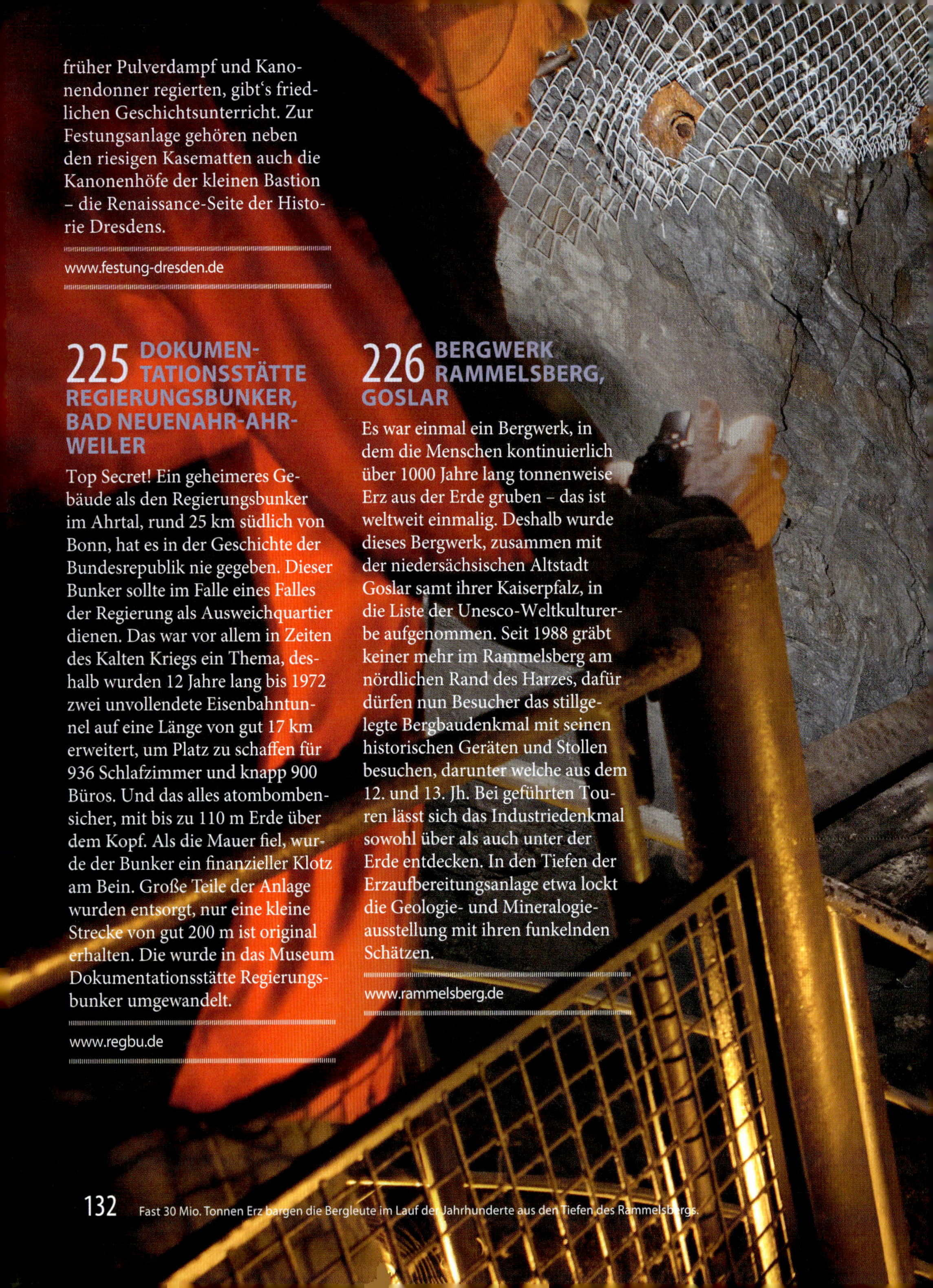

Fast 30 Mio. Tonnen Erz bargen die Bergleute im Lauf der Jahrhunderte aus den Tiefen des Rammelsbergs.

DEUTSCHLAND UNTER DER ERDE

Unterirdisch gut: die Konzerthalle im Bergwerk Merkers.

227 ERLEBNISBERGWERK MERKERS

Wie fühlt es sich an, ein Bergmann zu sein? Eine Frage, die sich hier im Westen Thüringens leicht beantworten lässt. Mit einem Förderkorb rauschen die Besucher auf eine Tiefe von gut 500 m hinab, wo sie sich in einem riesigen Großbunker des einstigen größten Salzbergwerks der Welt wiederfinden. Zu den aktiven Zeiten des Bergwerks, das 1993 seinen Betrieb einstellte, wurden hier 50 000 t Rohsalz gelagert – heute finden Konzerte statt, es wird gejoggt und Hochzeit gefeiert. Während des Krieges hatten die Nazis im Bergwerk mit insgesamt 4500 km Streckennetz Reichsbankgold und geraubte Kunstschätze versteckt. Nicht nur dieser „Goldraum" liegt bei der spannenden Erlebnistour auf der Strecke.

www.erlebnisbergwerk.de

228 JAGDANLAGE RIESENECK

Jagen auf die komfortable Art – dies ermöglichte ab dem frühen 18. Jh. die Jagdanlage Rieseneck in Thüringen. Denn die feinen Jagdgesellschaften der Herzöge von Sachsen-Gotha-Altenburg pirschten sich in versteckten Laufgräben und unterirdischen Gängen ans arglose Wild heran, das so ein bequemes Ziel abgab. Dabei wurde das sowieso zahlreiche vorhandene Rotwild an den Jagdtagen noch zusätzlich mit Futter angelockt. Die „Jäger" brachten sich unterdessen unbemerkt in den unterirdischen Gängen mit ihren Waffen in Position – und brauchten nur noch abzudrücken. Ihren Ursprung hatte die frei zugängliche Jagdanlage bereits im 16. Jh., aber erst Anfang des 18. Jhs. wurde sie so ausgebaut, wie Besucher sie heute vorfinden.

www.freundeskreisrieseneck.de

229 LAICHINGER TIEFENHÖHLE, SCHWÄBISCHE ALB

Als „Röntgenbild der Schwäbischen Alb" wird sie oft bezeichnet, die Laichinger Tiefenhöhle. Zählt sie doch nicht nur zu den bedeutendsten Karstobjekten der Region, sie kann auch erkundet werden. Ihren Namen trägt die 1892 durch einen Zufall entdeckte Höhle nicht umsonst: Bei einer Länge von etwa 1300 m und einer Tiefe von rund 80 m ist sie die tiefste begehbare Schauhöhle Deutschlands. Bei einer Führung geht es über steile Treppen allerdings „nur" auf 55 m hinab. Aber das reicht schon, um beeindruckende Höhlenhallen und Schächte bestaunen zu können. Im Museum für Höhlenkunde werden viele Fragen beantwortet, etwa „Wie überleben Höhlentiere?" oder „Welchen Sinn hat Höhlenforschung?"

www.tiefenhoehle.de

230 WEINKELLER, TRABEN-TRARBACH

Mancher freut sich, wenn er nur einen Weinkeller sein Eigen nennen kann. Im Moselstädtchen Traben-Trarbach erstreckt sich das Netz der Weinkeller mal eben über 22 km. Darunter unterirdische Gewölbe, die 100 m lang sind und über mehrere Stockwerke gehen. Wer, fragt man sich, trinkt so viel Wein? Die Briten waren's und andere Kunden weltweit, die um 1900 nicht genug bekommen konnten vom leckeren Mosel-Riesling. Also avancierten Traben und Trarbach zu Europas zweitgrößtem Weinumschlagsplatz – gleich nach Bordeaux! Den Reichtum der Weinhändler kann man heute an den vielen Jugendstilgebäuden ablesen. Und an den unzähligen Weinkellern, die man auf Führungen erkundet.

www.unterwelt-ausflug.de/die-keller.htm

DAS PASST IN KEIN SCHEMA

DINGE, DIE IN KEIN RASTER PASSEN, SIND OFT DIE SPANNENDSTEN UND AUSSERGEWÖHNLICHSTEN. HIER SIND DIE INTERESSANTESTEN – VON EINER RÄTSELHAFTEN MUMIE BIS HIN ZUM LIEGENDEN EIFFELTURM.

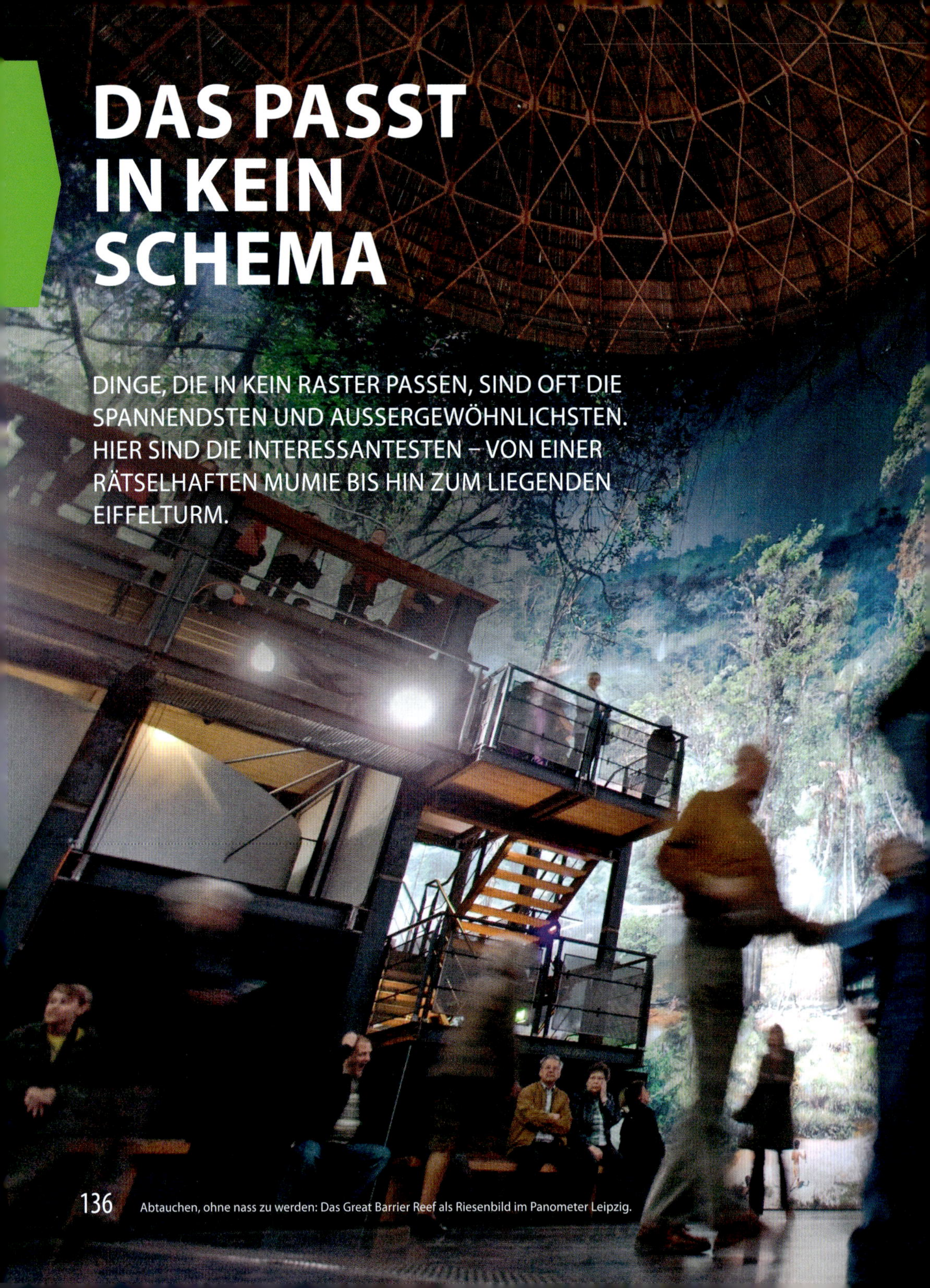

Abtauchen, ohne nass zu werden: Das Great Barrier Reef als Riesenbild im Panometer Leipzig.

231 PANOMETER, LEIPZIG

„Ahhh! Ohhh!“ Wer das Panometer in Leipzig betritt, kommt aus dem Staunen erst mal nicht mehr heraus, so überwältigend sind die hier gezeigten Panoramen des Künstlers Yadegar Asisi. Von einer Plattform in der Mitte des Raumes aus – eines kreisrunden Ziegelbaus mit einem Durchmesser von 57 m, in dem früher Gas gespeichert wurde – blickt man auf die 105 m langen und etwa 30 m hohen Fotomontagen. Sie zeigen atemberaubende 360-Grad-Ansichten von Städten und Landschaften. Begleitet wird das Ganze von Licht- und Toneffekten, die zum Beispiel den Wechsel von Tag und Nacht simulieren, und einer Ausstellung mit Hintergrundinfos. Bisherige Themen waren unter anderem der Mount Everest, das antike Rom und der Dschungel von Amazonien. Und auch die kommende Schau steht schon fest: das Schiffswrack der Titanic und das die Überreste umgebende Trümmerfeld am Meeresgrund.

www.asisi.de

232 UNPERFEKTHAUS, ESSEN

Das Unperfekthaus, kurz UpH, ist gewissermaßen das Schweizer Messer unter den Kultureinrichtungen. In einem ehemaligen Franziskanerkloster in der Essener Innenstadt untergebracht, bietet es auf sieben Etagen ein Restaurant, ein WG-Hotel sowie – und das ist die Hauptsache – eine Menge Raum für Ideen und Kreativität: Von der Angezogen-Sauna über den 1. Deutschen Ukulelenclub bis zum Zouk-Tanz listet die Internetseite unglaubliche 1563 Projekte auf, die im UpH stattgefunden haben oder regelmäßig über die Bühne gehen. Mittlerweile hat das UpH mit einem GenerationenKult-Haus, dem Unperfekt-Luxushotel und der Kreuzeskirche in unmittelbarer Nähe weitere kreative Felder eröffnet.

www.unperfekthaus.de

233 STABKIRCHE HAHNENKLEE, GOSLAR

Noch nie von Stabkirchen gehört? Dann waren Sie wahrscheinlich auch noch nicht in Norwegen. Denn dort sind die hölzernen Stab- oder Mastenkirchen, deren Konstruktionsweise bis auf die Wikinger und deren Schiffe zurückgeht, häufig anzutreffen. Wunderschön sehen sie aus mit ihren gestaffelten Dächern und eigenwilligen Türmen – und wie aus der Zeit gefallen. Doch wie kommt so ein Kirchenbau gerade nach Hahnenklee, einem Stadtteil von Goslar? Ganz einfach: Der Architekt Karl Mohrmann schlug diesen Bau der Gemeinde mit der Begründung vor, dass Stabkirchen früher in ganz Norddeutschland verbreitet gewesen seien. Nach nur zwei Jahren Bauzeit war die Kirche aus Fichtenholz 1908 fertiggestellt. Und ein dauerhafter Erfolg: Noch in den 1960er- und 1970er-Jahren heirateten hier bis zu 300 Paare im Jahr.

www.stabkirche.de

234 KAHLBUTZ: MUMIE DES RITTERS, KAMPEHL

Nicht nur im alten Ägypten, nein, auch bei uns gibt es Mumien. Zum Beispiel in der Dorfkirche von Kampehl direkt vor den Toren Berlins. Dort ruht Christian Friedrich von Kahlbutz. Wobei man von Ruhe nicht so recht reden kann – bei Tausenden von Besuchern jährlich. Und das kam so: Als 1794 bei Renovierungsarbeiten der Sarg des Ritters geöffnet wurde, stellte man fest, dass sein Leichnam nicht verwest war. Was sogleich Anlass zur Legendenbildung bot, war dem Ritter doch zu Lebzeiten ein feiger Mord vorgeworfen worden. Die Tat hatte er freilich geleugnet und dabei geschworen, dass Gott seinen Leichnam nicht verrotten lassen solle, wenn er es doch gewesen sei. Seither ist mit der Leiche so allerhand Schabernack getrieben worden. Die Ursache der Mumifizierung konnte jedoch bis heute nicht geklärt werden. Und so wahrt die Mumie des Ritters ihr Geheimnis.

www.kalebuz.de

Hoppla, lauter Japanerinnen im Kimono auf der Rheinpromenade? Das muss der Japan-Tag sein!

235 JAPAN-TAG, DÜSSELDORF

„Konnichiwa" – die japanische Begrüßung ist in Düsseldorf häufig zu hören. Rund 7000 Japaner leben in der Rheinmetropole, es gibt japanische Schulen und Kindergärten, ein japanisches Kulturzentrum und zahlreiche Sportclubs. Für sie alle ist der jährlich im Mai oder Juni stattfindende Japan-Tag ein Höhepunkt mit sage und schreibe 700 000 Besuchern. Das Programm auf mehreren Bühnen am Rheinufer reicht von Kampfsportdarbietungen über Japan-Pop-Konzerte bis zu Kimono-Anproben. Immer größerer Beliebtheit erfreuen sich die sogenannten Cosplayer, die aus ganz Europa anreisen – fantasievoll verkleidet in Kostümen, die Figuren aus japanischen Comics, Zeichentrickfilmen oder Computerspielen originalgetreu kopieren.

www.japantag-duesseldorf-nrw.de

DAS PASST IN KEIN SCHEMA

Kleiner Mann, ganz groß: Deutschlands Zipfelmützenträger stammen aus Gräfenroda in Thüringen.

236 FACHWERKHAUS VON KARL JUNKER, LEMGO

Schon von außen wirkt es ein bisschen so, als hätte ein etwas überdrehter, aber fantasiebegabter Zuckerbäcker hier sein Lebkuchen-Traumhäuschen gebaut. Betritt man dann das Fachwerkhaus, wird klar: Jeder Balken, jede Leiste und auch jedes Möbelstück ist vom Künstler Karl Junker eigenhändig verziert worden, eine „rauschende Orgie aus Holz", wie das Magazin „Monument" treffend schreibt. In diesem Gesamtkunstwerk hat Junker nach der Fertigstellung im Jahr 1893 bis zu seinem Tod 1912 gewohnt und es stetig vervollständigt. Einige seiner weiteren Werke kann man heute in dem Museumsneubau hinter dem Junkerhaus besichtigen. Eine späte Ehre für den Meister, der lange als Sonderling galt.

www.junkerhaus.de

237 GASOMETER OBERHAUSEN

Was tun, wenn große technische Einrichtungen wie Gasometer funktionslos werden? Viele wurden abgerissen, erst Ende des 20. Jhs. hat man ihre Bedeutung als architektonische Zeitzeugen erkannt und begonnen, sie kulturell zu nutzen. Besonders erfolgreich beim Gasometer in Oberhausen, der 1994 zu Europas höchster Ausstellungshalle umgebaut wurde. Die riesige Gasdruckscheibe in seinem Innern dient als zweite Ausstellungsebene mit einer Tribüne für 500 Zuschauer. Das ist so spektakulär, dass das Gebäude seit seiner Eröffnung bereits von mehr als 4 Mio. Gästen besucht wurde. Und das Künstlerpaar Christo und Jeanne-Claude wählte den Kessel sogar gleich zwei Mal als Standort für seine Installationen – eine besondere Ehre!

www.gasometer.de

238 BESUCHERBERGWERK ABRAUMFÖRDERBRÜCKE F60, BRANDENBURG

Hinter dem so nüchtern klingenden Namen verbirgt sich ein technisches Gerät der Superlative. Die größten beweglichen Arbeitsmaschinen der Welt werden wegen ihrer Länge von 502 m auch als „liegende Eiffeltürme" bezeichnet. Vier dieser Bagger befinden sich noch im Einsatz im Lausitzer Braunkohlerevier, ein fünfter ist im Besucherbergwerk Lichterfeld-Schacksdorf bei Dresden zu besichtigen. Rund 90 Minuten dauert die große Führung, die einen bis auf 74 m Höhe bringt.

www.f60.de

239 SCHIFFSHEBEWERK HENRICHENBURG, WALTROP

Zur Einweihung am 11. August 1899 reiste Seine Majestät Kaiser Wilhelm II. extra aus der Reichshauptstadt an. Wahrlich majestätisch sind auch die Ausmaße und die Leistung des Schiffshebewerks: Der Boots-Aufzug war in der Lage, die damals im Dortmund-Ems-Kanal gebräuchlichen Schiffe mit einer Länge von 67 m um 14 m auf das Niveau des Dortmunder Hafens zu heben. Heute gehört er samt einer sehenswerten Sammlung historischer Schiffe zum LWL-Industriemuseum, dem ältesten und größten seiner Art in Deutschland.

www.lwl.org

240 GRÄFENRODA, THÜRINGEN

„Sagt mal, von wo kommt Ihr denn her? Aus Gräfenroda, bitte sehr." So würden sie vielleicht in Anlehnung an Vader Abraham singen, die niedlichen Gartenzwerge aus dem thüringischen Gräfenroda. Hier, 50 km südlich von Erfurt, hat ihre Geschichte um das Jahr 1880 herum begonnen, als sich der gelernte Tierkopfmodelleur Philipp Griebel daranmachte, die Palette seiner Erzeugnisse um Nachbildungen von Zwergen zu erweitern. Und hier werden sie noch heute von Reinhard Griebel produziert, mittlerweile in der vierten Generation. Selbstverständlich aus Ton – und nicht etwa aus Kunststoff. Plastikzwerge sind bei Puristen nämlich verpönt, sie gelten als „unbeseelt". Im Gartenzwerg-Museum begegnet man diesem deutschen Beitrag zur Weltkultur aus der Nähe.

www.zwergen-griebel.de

BEI PRINZEN UND PRINZESSINNEN

WO VOR HUNDERTEN VON JAHREN KRIEGE BESCHLOSSEN, FRIEDENSPAKTE AUSGEHANDELT UND UNZÄHLIGE OPULENTE FESTE GEFEIERT WURDEN, FLANIEREN HEUTE STAUNENDE BESUCHER AUS ALLER WELT – UND MANCHMAL AUCH DIE GEISTER DER VERGANGENHEIT.

241 SCHWERINER SCHLOSS

Früher musste man – bitteschön! – schon Herzog sein, um Einzug ins Schloss zu halten. Als Sitz des Landtags Mecklenburg Vorpommerns wandelt heute nicht mehr der Adel, sondern die Politik zwischen noblen Schlosswänden. Das Schweriner Schloss auf einer Insel im Stadtzentrum ist ein architektonisches Sammelsurium, an dem mehr als 1000 Jahre gebaut wurde: Seine Karriere begann als slawische Wallanlage, heute wirkt es wie ein französisches Renaissanceschloss. Jahrhundertelang soll übrigens das Petermännchen im Schweriner Schloss gespukt haben, das letzte Mal wurde der gutmütige Kobold in Hoftracht wohl 1930 gesehen. Allerdings werden auch heute noch immer mal wieder geheimnisvolle Lichter im nächtlichen Schloss beobachtet …

www.museum-schwerin.de

242 SCHLOSS SANSSOUCI, POTSDAM

Wahrscheinlich hat der Schöpfer des Schlosses seine Architekten mit seinen präzisen und unveränderlichen Vorstellungen in die Verzweiflung getrieben. Aber was sollten sie machen, beschweren ging nicht. Schließlich stammte der architektonische Entwurf eines der berühmtesten Schlösser Brandenburgs aus der Feder von König Friedrich II. höchstpersönlich. Das Endprodukt war ein Lustschloss des Rokoko, in dem der „Alte Fritz" sich *sans souci* – ohne Sorgen – und ungestört von der harten Realität der Regierungsgeschäfte seiner künstlerischen und philosophischen Ader hingeben konnte. Wer das Schloss über den Weinreben besuchen möchte, bucht am besten im Voraus online und reist frühzeitig an.

www.spsg.de/schloesser-gaerten/objekt/schloss-sanssouci/

243 NEUSCHWANSTEIN, BAYERN

Es war einmal ein bayerischer König, der sich ein Schloss errichten ließ … Eigentlich wollte Ludwig II. mit dem Bau Neuschwansteins seine romantischen

Das Heidelberger Schloss faszinierte die Künstler der Romantik im 19. Jh., darunter auch den englischen Maler William Turner.

Vorstellungen von alten Ritterburgen in der Realität verwirklichen. Stattdessen steht das Märchenschloss heute zahlreichen Fantasiebauten Modell, allen voran dem Dornröschenschloss im kalifornischen Disneyland. Dabei bleibt umstritten, in welchem der beiden es märchenhafter zugeht. Neben rund 1,5 Mio. Besuchern aus aller Welt erhielt Neuschwanstein 2003 auch außerirdischen Besuch: Damals landeten Meteoritenstücke in unmittelbarer Nähe, die seitdem den Namen des Schlosses teilen.

www.neuschwanstein.de

244 HEIDELBERGER SCHLOSS

Wie ein Baum, dessen Blättergewand im ewigen Wechsel der Jahreszeiten erblüht und vergeht, verwandelte sich Deutschlands berühmteste Ruine mit den Launen der Zeit von einer wehrhaften Burg in ein prächtiges Renaissanceschloss, dann in eine vernachlässigte Baracke und schließlich in ein Symbol der Romantik und einen internationalen Besuchermagneten. Zahlreiche Legenden ranken sich um das Heidelberger Schloss, das nicht nur Papstgefängnis war, sondern auch im Dreißigjährigen Krieg und im Pfälzischen Erbfolgekrieg eine Rolle spielte. Heute kommt man wegen der erhabenen Aussicht über die Neckarstadt – oder um das größte Weinfass der Welt zu bewundern.

www.schloss-heidelberg.de

Allerfeinste Ritterburg in Traumlage: die Burg Hohenzollern, von der Schwäbischen Alb aus gesehen.

245 BURG HOHENZOLLERN, BADEN-WÜRTTEMBERG

Über 1000 Jahre voller Kämpfe und Kriege hinweg brauchte es drei Anläufe, um dieser romantischen Ritterburg zu ihrer heutigen Pracht zu verhelfen. Der erste Vorläufer des neugotischen Schlosses, das sich heute erhaben auf einem Hügel vor der Schwäbischen Alb erhebt, geht vermutlich schon auf das 11. Jh. zurück. Im Deutschen Kaiserreich war die Burg Stammsitz des preußischen Königshauses und der Fürsten von Hohenzollern. Die schönste Aussicht auf die türmchengespickte Anlage ist übrigens vom Albtrauf aus, genauer gesagt vom Zeller Horn.

www.burg-hohenzollern.com

 Hat sich wacker durch die Fährnisse der Jahrhunderte gehalten: Burg Eltz.

246 BURG ELTZ, RHEINLAND-PFALZ

Dieses zu Stein gewordene Märchen mit seinen Türmchen, Erkern und Giebeln erhebt sich unweit der Mosel über dem Eltzer Wald. Seit über 800 Jahren ist die perfekt erhaltene Burg im Besitz derselben Familie – die einzige Anlage in der Südeifel, die niemals erobert oder verwüstet wurde. Auf geführten Touren vom 1. April bis 1. November darf man auch Rüstungs- und Schatzkammer bewundern. Die Burg Elz war übrigens bis 1995 auf dem 500-DM-Schein abgebildet.

burg-eltz.de

247 REICHSBURG COCHEM, RHEINLAND-PFALZ

Hier werden mittelalterliche Fantasien wahr. In der größten Höhenburg an der Mosel kann man nicht nur rustikal-ritterlich dinieren, eine Burgweihnacht feiern oder auf einer Führung die imposanten Räume bestaunen. Wer sein Mittelalter-Faible ernst nimmt, gibt sich vor diesem spätgotischen Juwel, dessen Fundamente bereits im 11. Jh. gelegt wurden, das Ja-Wort. Das Brautpaar wird selbstverständlich wie einst mit der Hochzeitskutsche von der Burgkapelle zur Feier im Kloster gefahren. Für alle anderen Besucher verkehrt heute das Reichsburg-Shuttle.

www.burg-cochem.de

248 DREI GLEICHEN, THÜRINGEN

Die Drei Gleichen, die sich im Thüringer Burgenland zwischen Erfurt und Gotha auf drei Hügeln in die Höhe recken, sind alles, nur nicht gleich. Die Burg Gleichen sowie die Mühlburg, Thüringens ältestes Bauwerk, sind nur noch Ruinen. Die aufwendig restaurierte Veste Wachsenburg beherbergt ein gehobenes Restaurant und Hotel. Der Legende nach sollen die Burgen ihren Namen übrigens in einer Gewitternacht im Jahre 1231 erhalten haben. In dieser schlugen Blitze in alle drei Burgen ein und die drei Berge loderten wie drei riesige Fackeln. Diese historische Begebenheit wird in unregelmäßigen Abständen mit spektakulären Feuerwerken nachempfunden.

www.drei-gleichen.de

249 SCHLOSS MORITZBURG BEI DRESDEN

Aus der Luft wirkt das symmetrische Wasserschloss mit seinem pedantisch gepflegten Garten wie eine Modellanlage. Sein Inneres ist die großspurige Hommage an eine jahrhundertealte Jagdtradition. Eine der unzähligen Hirschtrophäen soll sogar mehr als 10 000 Jahre alt sein. Schloss Moritzburg war in seiner Blütezeit das Jagd- und Lustschloss von August dem Starken und dürfte mehr als eine freizügige Party erlebt haben. Zu den ansehnlicheren (aber auch höchst kontroversen) Schmuckstücken gehört das Federzimmer mit dem berühmten Prachtbett aus Millionen von Pfauen-, Perlhuhn-, Enten- und Fasanenfedern. Generationen südamerikanischer Indianersklaven sollen sich bei dessen Herstellung die Finger blutig gewebt haben.

www.schloss-moritzburg.de

250 BURG FRANKENSTEIN, DARMSTADT

Zum Schluss noch eine Gruselburg: Zwar ist es umstritten, ob die Burgruine bei Darmstadt tatsächlich namensgebend für die Geschichte des berühmten Gelehrten und seines Monsters war, aber das scheint die untoten Geister nicht davon abzuhalten, hier ihr Unwesen zu treiben. Durch die Burg Frankenstein tobt übrigens jedes Jahr Deutschlands größte Halloweenparty. Dann tauchen blutgetränkte Gestalten aus dem Wald auf und markerschütternde Schreie hallen durch die Burg.

frankenstein-restaurant.de

BEI PRINZEN UND PRINZESSINNEN

WAS JENSEITS DER MAUER GESCHAH

WAS WAR DAS EIGENTLICH, DIE DDR? AN DIESEN ORTEN IST DIE ERINNERUNG AN DEN ANDEREN DEUTSCHEN STAAT NOCH IMMER LEBENDIG.

251 MUSEUMSWOHNUNG, BERLIN-MAHRZAHN

Genau wie früher bei Oma! Kitschige Blümchen zieren die Tapete, goldene Deckenlampen baumeln viel zu tief in den Raum, ein grünes Veloursofa steht vor dem altmodischen Perserteppich und im Wandschrank flimmert der alte Röhrenfernseher. Die typische Plattenbauwohnung – drei Zimmer, 61 m^2, kein Balkon – war im Ost-Berlin der 1980er-Jahre äußerst gefragt. Heute kann das traute Familienheim mit seiner originalen DDR-Einrichtung in Mahrzahn-Hellersdorf besichtigt werden. Mit einer durchschnittlichen Ausbauzeit einer Wohnung von nur 18 Stunden schossen in diesem Berliner Stadtteil einst 42 000 solcher „Platten" aus dem Boden.

www.stadtundland.de

252 DDR MUSEUM BERLIN

Das kleine Museum an der Spree belegt außergewöhnlich und interaktiv, dass die DDR doch viel mehr war als nur Mauer und Stasi. Auch die Unterhaltung kommt dabei nicht zu kurz: Besucher können die Schubladen einer original nachgebauten Plattenbauwohnung durchstöbern, erleben die Methoden in einer Verhörzelle der Stasi oder eine SED-Parteitagung an einem interaktiven Konferenztisch. Die Attraktion des Museums ist eine simulierte Fahrt durch eine Plattenbausiedlung im Trabi. Das originale „Mangeltagebuch" einer DDR-Bürgerin dokumentiert die chronische Lebensmittelknappheit auf beeindruckende Weise.

www.ddr-museum.de

253 DDR-MUSEUM ZEITREISE, DRESDEN

Im Lauf des Jahres 2016 zeichnete es sich ab: Das DDR-Museum Zeitreise würde in Radebeul, wo es ursprünglich angesiedelt war, nicht überleben können, zu stark war der Rückgang der Besucherzahlen auf zuletzt nur rund 45 000 im Jahr. Doch der (eiserne) Vorhang für die Ostalgie öffnet sich wieder: Das Museum ist nur rund 10 km weiter in den Süden gezogen, nach Dresden, in das renovierte frühere DVB-Haus am Albertplatz. Alle 60 000 Exponate haben den Umzug mitgemacht, der Platz, der in der neuen Bleibe zur Verfügung steht, ist ebenso groß wie in der alten. Dort konnte man auf vier Etagen das Alltagsleben der DDR nachempfinden, 40 „Zeiträume" von der Bankfiliale und Kaufhalle bis zum Friseursalon erweckten eine abgeschlossene Epoche zum Leben.

www.ddr-museum-dresden.de

Im Museum sollen Hammer und Sichel keinen Staub ansetzen.

254 STASIMUSEUM BERLIN

Wenn die Wände in der DDR Ohren gehabt haben, dann lag das Gehirn des staatlichen Organismus, zu dem die Lauscher gehörten, im Haus 1 der Zentrale des Ministeriums für Staatssicherheit. 9500 amtliche Spione und knapp 200 000 Spitzel aus der Bevölkerung erstatteten diesem Zentrum der Hetze und Paranoia Rapport, an dessen Spitze der Stasi-Chef Erich Mielke stand. Haus 1 beheimatet heute das Stasimuseum, das die erschreckend große Reichweite der Geheimpolizei dokumentiert. Kernstück ist die im originalen Zustand erhaltene Büroetage (ja, er hatte die ganze Etage für sich!) Erich Mielkes.

www.stasimuseum.de

255 MILITÄR-MUSEUM KOSSA

Dass die Welt nie vom kleinen Dorf Kossa rund 50 km nördlich von Leipzig gehört hat, ist wohl das schönste Geschenk der Zeitgeschichte. Während des Kalten Krieges war die gewaltige Bunkeranlage mit ihrer ausgefeilten Nachrichtenzentrale ein wohlgehütetes Geheimnis. In einem Dritten Weltkrieg hätte sie als Kommandozentrale für mögliche Militärschläge gegen den Westen gedient. Heute versteht sich der Bunker als Mahnmal des hochriskanten militärischen Muskelspiels der Weltmächte. Die zweistündigen Führungen sind ebenso lehrreich wie beklemmend, und am Ende der Tour entfährt einem ein erleichterter Seufzer – auch,

Auch zu DDR-Zeiten war auf Usedom gut sein – wenn man den richtigen (Partei-)Status hatte.

256 USEDOM

Schon zu Zeiten der DDR war die Ostseeinsel ein beliebtes Ferienziel. Eine Mauer – und deshalb ein ganzes Universum – entfernt von westlichen Reiseunternehm(ung)en, war die Wahl des Urlaubsziels in der DDR weniger eine Frage nach dem weißesten Sand und der besten Eiscreme. Vielmehr war die Erholung staatlich organisiert und jenen Bürgern vorbehalten, die sich durch besondere Leistungen in Betrieb und Partei verdient gemacht hatten. Unter dem irreführenden Namen „Aktion Rose" beschlagnahmte die DDR-Regierung im Frühjahr 1953 viele Strandvillen und Pensionen auf Deutschlands Sonneninsel. Die schönsten wurden als Feriendomizile für Politbüroprominenz und Stasi-Generalität eingerichtet. Weniger glanzvolle Gebäude blieben dem Feriendienst überlassen, der sie den Werktätigen zur Verfügung stellen konnte.

www.usedom.de

weil die Weltgeschichte jene Wendungen genommen hat, die unser Leben heute prägen.

www.bunker-kossa.de

257 CHECKPOINT CHARLIE, BERLIN

Zugegeben, der Nachbau dieses berühmten Grenzübergangs mit seinen (mit Zement gefüllten) Sandsäcken und lebensgroßen Grenzwachen-Figuren wirkt auf den ersten Blick ein wenig kitschig und unernst. Dafür spricht die Umgebung Bände. Die Galeriewände an der Friedrichstraße sowie besonders das Mauermuseum dokumentieren detailgenau den Mauerbau, die Geschichte der geteilten Hauptstadt sowie die zahlreichen – nicht selten tödlich endenden – Fluchtversuche von DDR-Bürgern.

www.mauermuseum.de

258 GRENZMUSEUM SCHIFFLERSGRUND, ASBACH

Der Schifflersgrund ist eine Senke entlang der hessisch-thüringischen Grenze, die bis 1989 auch die Grenze zwischen BRD und DDR markierte. Trotz – oder vielleicht gerade wegen – der 26 Menschen, die hier während der deutschen Teilung ihr Leben ließen, sind bei Asbach 1000 m des Grenzzauns mit Kontrollstreifen und Kolonnenweg im Originalzustand erhalten worden. Das Grenzmuseum Schifflersgrund eröffnete bereits am ersten Jahrestag der Wende seine Türen. Bewegend werden die Geschehnisse dokumentiert, die sich an diesem ereignisreichen Schauplatz zutrugen – stellvertretend für das, was anderen Opfern wiederfuhr, steht die Erschießung des Bauarbeiters Heinz-Josef Große.

grenzmuseum.de

259 OSTSEE-GRENZTURM KÜHLUNGSBORN

Von seiner Errichtung im Jahr 1972 bis zu seiner Ernennung zum historischen Denkmal 1990 war dieser Grenzturm 30 km von Rostock entfernt ein hoch aufragendes Mahnmal für DDR-Bürger: „Die Flucht ist zwecklos", sagte es. Das traf zum Glück aber nicht immer zu. Der Arzt Peter Döbler zum Beispiel schwamm 1969 in die Freiheit und erreichte nach 25 Stunden die 40 km entferne Insel Fehmarn. Dieser und viele weitere verzweifelte Fluchtversuche sind im Grenzturm-Museum dokumentiert, das erst vor wenigen Jahren eröffnet hat.

ostsee-grenzturm.com

Stacheldraht, Wachtürme, hohe Mauern: Die Gedenkstätte Berlin-Hohenschönhausen ist ein Mahnmal für die Stasi-Willkür.

260 GEDENKSTÄTTE BERLIN-HOHENSCHÖNHAUSEN

Die Gedenkstätte hat eine wichtige Aufgabe: daran zu erinnern, welche und wie unendlich viele tragische Geschichten sich in den Jahrzehnten von 1945 bis 1989 zwischen ihren kahlen Mauern abspielten. In dieser Zeit nämlich diente der Bau als zentrale Untersuchungshaft der Staatssicherheit, und rund 20 000 Verdächtige – oft ebenso unschuldig wie ohne Hoffnung, das Gefängnis allzu bald wieder verlassen zu können – wurden hier gefangen gehalten und gefoltert, teilweise bis zum Tod. Mehrmals täglich werden Besucher durch die Anlage geführt, besonders eindrucksvoll, wenn hin und wieder ehemalige Insassen die Touren übernehmen.

www.stiftung-hsh.de

DER MÖNCH UND DAS SANDMÄNNCHEN

WO TERRORISTEN GEJAGT WURDEN, DR. BRINKMANN MIT SANFTER HAND PATIENTEN HEILTE, WICKIE UND DIE MÄNNER VON FLAKE AUF GROSSE FAHRT GINGEN: DEUTSCHLAND IST AUCH GROSSES KINOLAND.

261 AUFSEESIANUM, BAMBERG

Erich Kästners Roman „Das fliegende Klassenzimmer“ erschien 1933. Er ist ein Hohelied auf die Freundschaft und auf die Zivilcourage – und funktioniert noch immer, auch in Zeiten von Smartphone und Snapchat. Drei Mal ist das Buch verfilmt worden, 1954 spielt Kästner sogar selber mit. Die bekannteste Version aber ist von 1973, mit Joachim Fuchsberger in der Titelrolle und legendärem 70er-Jahre-Flair. Er ist der einzige der drei Filme, der an einem Ort gedreht wurde: in Bamberg. Auch im Film heißt das Internat, in dem Matze, Johnny und Uli zusammen mit ihrem Lehrer Justus und dem „Nichtraucher“ ihre Abenteuer erleben, Aufseesianum. Gestiftet wurde es 1738 von Domkapitular Jodokus Freiherr von Aufseß, und auch heute werden hier Internatsschüler unterrichtet.

www.aufseesianum.de

262 SPREEPARK, BERLIN

Hanna ist 16 und Hanna ist in tödlicher Gefahr. An am Boden liegenden Dinosauriern vorbei rennt sie um ihr Leben, während am Ende ihre unerbittlichste Verfolgerin aus dem Maul eines riesigen Wolfes auf sie zukommt. Klingt abgefahren? Ist es auch. Weil die Macher des Thrillers „Wer ist Hanna?“ von 2011 auf einen im mehrfachen Sinn fantastischen Drehort setzten: Der Spreepark in Treptow hieß früher VEB Kulturpark Plänterwald und war der größte Rummelplatz der DDR. Trotz vieler Rettungsversuche nach der Wende musste er 2001 geschlossen werden – und verwandelte sich mit der Zeit in einen märchenhaften Ort des Verfalls und in ein perfektes Filmset. Vielleicht wird „Wer ist Hanna?“ aber jetzt zum Zeitdokument: Ab 2017 soll der Park nämlich als Kreativort zu neuem Leben erwachen.

www.berliner-spreepark.de

263 BRAHMS KONTOR, HAMBURG

Der Spionagethriller „A Most Wanted Man“ (2014) um einen tschetschenischen Flüchtling unter Terrorismusverdacht ist in mehrfacher Hinsicht bemerkenswert. Es war der letzte Film des großen Schauspielers Philip Seymour Hoffman. Die Vorlage stammt von John le Carré, dem Meister der Spionageromane, und er gilt als die größte internationale Filmproduktion, die komplett in Hamburg gedreht wurde. Regisseur Anton Corbijn, vor allem bekannt geworden als Rock-Fotograf (Depeche Mode, U2), inszeniert die vielen Drehorte – das Hotel Atlantic, die Kneipe „Silbersack“, die Speicherstadt, Altona – dreckig, rau, urban. Der Showdown findet am Brahms Kontor statt, einem eindrucksvollen Klinkerklotz, der 1903 dank seines Stahlskeletts in Hamburg Hochhausgeschichte nach US-Art schrieb.

www.brahms-kontor.de

Nach der Wende brachte das DFF-Sandmännchen der Ex-DDR die Kinder gesamtdeutsch zu Bett.

264 KOCHEL, BAYERN

Halvar, Snorre, Gorm, Faxe, Tjure, Urobe und Ulme – wer kennt sie nicht, die Männer von Flake? Schließlich dürfte so ziemlich jedes Kind von 1974 bis 2010 die Zeichentrickserie „Wickie und die starken Männer" gesehen haben, so oft, wie sie von ZDF und Kika wiederholt wurden. Als Michael „Bully" Herbig 2009 den cleveren kleinen Wikinger, der nasereibend gute Ideen samt Sternenregen produziert, auf die große Leinwand holte, ging Wickie mit den Männern von Flake auf große Fahrt gegen den „Schrecklichen Sven". Flake aber lag nicht am Nordmeer, sondern in – Bayern. Der Walchensee wurde zum Wikingerfjord, und heute kann man einen Teil der Filmkulissen in Kochel bewundern.

www.walchensee.de

265 STUDIO BABELSBERG

Ausgerechnet „Der Totentanz" hieß der erste Film, der 1912 auf dem Gelände der heutigen Medienstadt gedreht wurde. Der Titel des Erstlings war alles andere als prophetisch: Heute ist das Studio Babelsberg das älteste Filmstudio der Welt – und quicklebendig. Unzählige Thriller, Komödien, Dramen und Actionfilme wurden hier gedreht, Suspense-Meister Alfred Hitchcock lernte in Potsdam in den 1920ern als Regieassistent sein Handwerk, Klassiker wie „Metropolis", „Der blaue Engel", „Spur der Steine" oder „Jakob der Lügner" entstanden. Heute sind die Produktionen international, Stars wie Tom Hanks, George Clooney und Steven Spielberg drehen hier, es entstehen TV-Serien wie „Homeland" oder – ganz neu – Tom Tykwers „Babylon Berlin". Im Filmpark Babelsberg kann man spielerisch die Potsdamer Film- und TV-Welt erleben.

www.studiobabelsberg.com, www.filmpark-babelsberg.de

266 GLOTTERTAL, SCHWARZWALD

28 Mio. Zuschauer pro Folge, das waren noch Zeiten! Im Herbst 1985, als die ZDF-Arzt-Soap erstmals über die TV-Bildschirme flimmerte, gab es wohl eine große Sehnsucht, nach heiler Welt, nach freundlichen Ärzten, nach wundersamen Heilungen. Die Touristen strömten zu Tausenden ins Glottertal und wollten den gütigen Prof. Brinkmann (Klaus-Jürgen Wussow) kennenlernen und sich in seiner hübschen Klinik behandeln lassen. Die steht immer noch im Glottertal, besichtigen kann man sie aber nach wie vor nicht.

www.glottertal.de

267 KLOSTER EBERBACH, HESSEN

Am Anfang des Films steht ein Mord. Und zwar nicht nur im Mittelalterkrimi „Der Name der Rose“, der auf einem Buch des italienischen Schriftstellers Umberto Eco beruht, sondern buchstäblich. Weil nämlich der Filmproduzent, der sich die Rechte des Romans gesichert hatte, umgebracht wurde, kam eine internationale Coproduktion in Gang, an der auch der deutsche Produzent Bernd Eichinger beteiligt war. Und er war es denn auch, der das Zisterzienserkloster von 1136 als Drehort ins Spiel brachte: Es war für den Filmtross gut zu erreichen – und seine historische Substanz war so gut erhalten, dass hier nun Sean Connery als detektivischer Mönch William von Baskerville auf Mörderfang gehen konnte. Das Dormitorium, der Schlafsaal der Mönche, der Kapitelsaal und die Basilika spielten Hauptrollen in der weltweit erfolgreichen Produktion von 1986. Übrigens: In einem der Trailer zur fünften Staffel der Erfolgsserie „Game of Thrones“ schleicht ein Drache durch die Hallen des Klosters.

www.kloster-eberbach.de

Die alten Weinpressen im Kloster Eberbach weisen darauf hin, dass die Mönche auch weltlichen Genüssen nicht abgeneigt waren.

DER MÖNCH UND DAS SAND-MÄNNCHEN

Im Görlitzer Warenhaus residierte früher Karstadt – 2017 soll hier ein neues Kaufhaus eröffnen.

268 GÖRLITZER WARENHAUS

Dort, wo der Concierge Gustav H. in Wes Andersons „Grand Budapest Hotel" illustre Gäste empfängt, war früher das Karstadt-Reisebüro. Regisseur Anderson inszenierte seine gewohnt skurrile Tragikomödie rund um den ziemlich schrägen Monsieur Gustave und eine ominöse Erbschaft nämlich keineswegs in einem echten Hotel, sondern in einem lange leer stehenden Jugendstilkaufhaus in der Görlitzer Innenstadt. Auch die meisten anderen Drehorte wie die Stadthalle oder das alte Freisebad liegen in „Görliwood". Weil die östlichste Stadt Deutschlands so viele gut erhaltene Gebäude aus den verschiedensten Epochen vorweisen kann, zieht sie nämlich jede Menge Filmcrews an, von „Inglorious Basterds" bis „Die Bücherdiebin".

www.goerlitz.de/Tourismus.html.de

269 LINDENSTRASSE, KÖLN

Die Lindenstraße liegt in Köln. Oder war das nicht München? Beides stimmt: Die Geschichten um Mutter Beimer, Dr. Dressler, Jack und Lisa werden in den WDR-Studios in der Domstadt gedreht, spielen aber südlich des Weißwurstäquators. Mittlerweile ist die erste deutsche Seifenoper, die 1985 das erste Mal ausgestrahlt wurde und noch immer jeden Sonntag über den Bildschirm flimmert, die am längsten laufende deutsche TV-serie. Hier küssten sich zum ersten mal zwei Männer vor laufender Kamera, hier startete Til Schweiger seine Karriere. Die Außenkulissen in Köln-Bocklemünd können besucht werden.

www1.wdr.de/daserste/lindenstrasse

270 BENDESTORF, NIEDERSACHSEN

Bendes ... wie bitte? Das hätte in den 1950er-Jahren niemand gefragt. Denn damals war der winzige Ort in der Lüneburger Heide ein Filmzentum, gleichbedeutend mit München oder Berlin. Diven wie Marika Rökk, Lale Andersen oder Zarah Leander drehten und feierten hier, der Skandalfilm „Die Sünderin" mit einer nackten Hildegard Knef entstand in Bendestorf. Warum das Dorf in der Heide kurzzeitig Glamourzentrale war, kann man im Filmmuseum nacherleben

www.bendestorf.de

DER MÖNCH UND DAS SANDMÄNNCHEN

DIE GROSSARTIGSTEN RANDGEBIETE

HEY, METROPOLEN, IHR KÖNNT EINPACKEN! DIE WAHREN STARS TUMMELN SICH AM RAND DER REPUBLIK.

271 BOURTANGER MOOR – BARGERVEEN (NIEDERLANDE)

Wandern, Vögel beobachten oder sich einfach nur in den Weiten der herrlichen Heidelandschaft verlieren – all das ist möglich in dem internationalen Naturpark, einem der größten Hochmoorgebiete Europas. Hier im westlichen Niedersachsen an der Grenze zu Holland war über Jahrhunderte hinweg Torf abgebaut worden. Erst in den 1960er- und 70er-Jahren, als die Vorräte erschöpft waren, setzte ein Umdenken ein: Riesige Flächen wurden wieder unter Wasser gesetzt – auf holländischer wie auf deutscher Seite. Und siehe da: Das Hochmoor kehrt zurück. Und mit ihm seltene Pflanzen und Tiere wie das Wollgras und die Mooreidechse. Das alles braucht Zeit. Doch schon jetzt können Sie bei einer Fahrradtour die erstaunlichen Fortschritte genießen.

www.naturpark-moor.eu

272 HOHES VENN – BELGIEN

Die sanften Hügel des einzigartigen Hochmoorgebiets im hohen Venn oder das zauberhafte Tal der Our, wo sich felsige Steilufer mit sumpfigen Talauen abwechseln: Nur wenige Naturschutzgebiete in Deutschland können mit solch einer landschaftlichen Vielfalt aufwarten wie der Naturpark Hohes Venn-Eifel südlich von Aachen, zu dem auf der belgischen Seite auch der Parc Naturel Hautes Fagnes gehört. Mindestens so vielfältig wie die Natur sind auch die Freizeitmöglichkeiten und Bildungsangebote. Wasserratten werden die 15 Stauseen in der Rureifel lieben, Naturparkzentren bieten spezielle Touren an, auf denen man mehr über die mystischen Bruchwälder des Braghphenns oder die riesigen Buchenhecken im Monschauer Heckenland erfährt. Die Auswahl ist, nunja, nahezu grenzenlos – jetzt heißt‘s nur noch hinfahren!

www.naturpark-eifel.de

273 KONSTANZ – KREUZLINGEN (SCHWEIZ)

Der Bodensee plätschert an die Ufer dreier Länder: Deutschland, Österreich, Schweiz. Gelegentlich verwischen sich die Grenzen, wie bei Konstanz und ihrer Nachbarstadt Kreuzlingen. Die schließt praktisch an die mittelalterliche Altstadt von Konstanz an. So war's nur konsequent, dass im Herbst 2006 der Grenzzaun am Seeufer abgerissen und durch 22 Skulpturen des Künstlers Johannes Dörflinger ersetzt wurde. Bitteschön: die „Kunstgrenze Konstanz/Kreuzlingen".

www.konstanz.de

274 USEDOM – WOLLIN (POLEN)

Eine Insel als Brücke zwischen zwei Nationen? So könnte man Usedom sehen, verläuft die Grenze zwischen Polen und Deutschland doch durch die in der südlichen Ostsee gelegene Insel. Flächenmäßig gehört zwar der weitaus größere Teil Usedoms zu Mecklenburg-Vorpommern. Über die Hälfte aller Einwohner des Eilands aber lebt in der polnischen Hafenstadt Świnoujście (Swinemünde) gleich hinter der Grenze. Der Fluss Swine bildet ebenfalls eine Grenzlinie, denn das gegenüberliegende Ufer gehört schon zu Wollin, der größ-

Vor der Konstanzer Hafeneinfahrt liegt das weite, weite Meer, das schwäbische (wie der Bodensee auch genannt wird).

Das Leben in der Rhön – ein langer, ruhiger Fluss, an dessen Ufer jede Menge Entdeckungen warten.

275 RHÖN, BAYERN, HESSEN UND THÜRINGEN

Die Mittelgebirgsregion ist gleich in mehrfacher Hinsicht Randgebiet: Sie erstreckt sich über die Grenzen Hessens, Bayerns und Thüringens hinweg. Und bis 1989 verlief hier auf rund 250 km die Grenze zwischen der BRD und der DDR. Inzwischen werden aber längst die Gemeinsamkeiten gepflegt. Dazu trägt auch das Unesco-Biosphärenreservat bei mit länderübergreifenden Artenschutzprojekten für bedrohte Pflanzen und Tiere wie das Rhönschaf. Und wenn es im ehemaligen Grenzland heute überhaupt noch Anlass zum Streit gibt, dann geht es glücklicherweise nur noch um Bierglasgrößen oder Knödelrezepte.

www.rhoen.de

ten Insel Polens. Was die ganze Küstenregion verbindet, sind ihre herrlichen Strände. Sowohl Usedom wie Wollin sind beliebte Ferienziele – und das schon seit weit mehr als 100 Jahren. Davon zeugen so altehrwürdige Badeorte wie die Kaiserbäder Heringsdorf, Bansin und Ahlbeck auf deutscher und – Achtung, Zungenbrecher! – Międzyzdroje, Wisełka und Międzywodzie auf polnischer Seite.

www.usedom.de

276 WEIL AM RHEIN – BASEL (SCHWEIZ)

Die Stadt Weil am Rhein ist gleich mehrfach begünstigt: In Südbaden herrscht ein beinah mediterranes Klima, weshalb hier auch hervorragende Weine wachsen. Frankreich und die Schweiz liegen nur einen Katzensprung entfernt. Und um etwa in die Innenstadt von Basel zu gelangen, gilt es nur, die Straßenbahnlinie 8 zu besteigen. In der drittgrößten Stadt der Schweiz locken Sehenswürdigkeiten wie das Münster und Kunstsammlungen wie das Museum Tinguely und die Fondation Beyeler. Als Architektur-Fan kommen Sie aber auch in Weil am Rhein voll auf ihre Kosten. Denn hier befindet sich das Designmuseum des Möbelherstellers Vitra in einem kunstvoll-verschachtelten Gebäude des Architekten Frank Gehry.

www.weil-am-rhein.de,
www.design-museum.de

277 RHEINEBENE – ELSASS (FRANKREICH)

Kaum eine Region war lange Zeit so umkämpft wie das Elsass. Mehrfach wechselte es nach 1871 zwischen Frankreich und Deutschland hin und her. Seit 1945 ist der rund 190 km lange Landstrich, der vom Pfälzerwald im Norden bis an die Schweizer Grenze im Süden reicht, wieder französisch. Bewegt man sich von der Rheinebene in Richtung Osten, erreicht man schnell die Ausläufer der Vogesen. Hier liegen viele der klassischen Reiseziele wie die Bergfestung Hohkönigsburg und die Wallfahrtstätte Odilienberg mit ihren fantastischen Panoramablicken. Wer wilde Natur bevorzugt, muss nur ein paar Kilometer weiterfahren: Auf der Vogesenkammstraße warten Gipfeln wie der Grand Ballon, der schroffe Hohneck, einsame Seen und Wälder.

www.tourisme-alsace.com

278 ZITTAUER GEBIRGE – TSCHECHIEN

Wem die Stadt Zittau bisher nur von dem kuriosen Buchtitel „Quitten für die Menschen zwischen Emden und Zittau“ des Kultautors Max Goldt bekannt war, der sollte jetzt aufhorchen: Denn südlich der sächsischen Barockstadt im Dreiländereck von Deutschland, Polen und Tschechien liegt mit dem Naturpark Zittauer Gebirge eines der reizvollsten deutschen Mittelgebirge. Mit bizarr geformten Felsformationen wie dem Kelchstein

Ja, Deutschland kann auch Berge: Alpengipfel im Berchtesgadener Land.

279 BERCHTESGADENER LAND – ÖSTERREICH

Der südöstlichste Zipfel der Republik gehört zu den beliebtesten Urlaubsregionen Deutschlands: Ob Bergwandern und Biken im Nationalpark rund um den Watzmann, Wildwasser-Rafting auf der Berchtesgadener Aache oder Klettern auf anspruchsvollen Klettersteigen – die Gegend ist sommers wie winters ein Paradies für Outdoor-Freaks. Wer's entspannter angehen lassen will, kann auch eine Bootstour auf dem von steilen Felswänden umgebenen Königssee unternehmen. Das reicht nicht? Dann auf über die Grenze, nach Salzburg, einer Stadt, die so viel mehr zu bieten hat als nur Mozart-Kugeln.

www.berchtesgadener-land.com

und der Jonsdorfer Felsenstadt ist es nicht nur ein beliebtes Klettergebiet. Auch Wanderer, Touren-Radler und Mountainbiker finden hier spannende Routen für jeden Geschmack. Besonders attraktiv: Einige der Wege führen bis auf tschechisches Terrain mit seinen einsamen Tälern und stillen Seen.

www.zittauer-gebirge.com

280 LAUFENBURG – LAUFENBURG (SCHWEIZ)

Diese Stadt gibt es gleich zweimal: als deutsche und Schweizer Ausgabe – nur getrennt durch den Rhein, der hier an seinem Oberlauf ein noch recht überschaubares Flüsschen ist. Wer von Deutschland in die Schweiz überwechseln will, muss lediglich die Laufenbrücke überqueren. Beide Seiten sind stolz auf ihre malerischen Altstädte, wobei man zugeben muss, dass die Schweizer das bessere Los gezogen haben: Der historische Stadtkern von Laufenburg im Kanton Aargau ist nicht nur größer, sondern kann auch mit Sehenswürdigkeiten wie dem Schlossberg mit der Ruine Laufenburg, einer Kirche im gotischen Stil und schönen Herrenhäusern punkten. Ansonsten pflegen aber beide Städte gutnachbarschaftliche Beziehungen, ganz besonders bei der alemannischen Fastnacht, die traditionell gemeinsam gefeiert wird.

www.laufenburg.de, www.laufenburg.ch

SHOPPEN MAL ANDERS

NATÜRLICH BEKOMMT MAN IM INTERNET ALLES, WAS DAS HERZ BEGEHRT. ABER DA RIECHT NICHTS, DA SCHMECKT NICHTS UND QUATSCHEN GEHT AUCH NICHT. DABEI GIBT ES GANZ REALE GESCHÄFTE, DIE DUFTEN, SCHÖN AUSSEHEN – ODER MINDESTENS SO MODERN SIND WIE DIE ONLINE-WELT.

281 11TEAMSPORTS, BERLIN

Wer heute auf den Fußballplatz geht, der sollte bitteschön schon Schuhe tragen, die mit einem 3-D-Footscan an den Fuß angepasst wurden. Per Laser-Customization wird der eigene Namen auf den Kickstiefel gebrannt, ausprobieren lässt sich das individuelle Teil dann gleich auf dem 2×2-Spieler-Court mitten in der Filiale. Klingt alles mehr nach Raumfahrt als nach Schweiß, Toren und Tränen? Er sieht auch ein bisschen so aus, der mit Tablets und Displays gespickte, 1400 m² große Flagshipstore, in dem mit dem Smartphone bezahlt werden kann und ein „Multitouch Footwear Table“ Schuhe erkennt, um dann gleich Preis und Verfügbarkeit zu verraten. Ein Einkaufserlebnis der Champions-League-Klasse – und der beste Beweis dafür, dass Internetshopping eben manchmal nur Drittliganiveau ist.

www.11teamsports.de

285 PFUNDS MOLKEREI, DRESDEN

Die Kühe stehen im Hinterzimmer, durch eine Glasscheibe kann man beobachten, wie sie gemolken werden und wie die Milch aufbereitet wird, die dann nur kurz darauf über die Ladentheke geht. Eines dieser Nachhaltigkeits-Öko-Naturnah-Angebote, wie sie in den Hipster-Vierteln der großen Städte gerade so im Schwange sind? Von wegen! Das Konzept stammt aus der Zeit um 1900, als der Landwirt und spätere Geheimrat Paul Gustav Leander Pfund beschloss, den Dresdnern hygienisch einwandfreie Milch zu verkaufen. Das machte er so erfolgreich, dass sein Laden noch immer brummt – auch dank Milchseife, Milchgrappa oder Christstollen.

www.pfunds.de

282 COLONIALWAREN WILHELM HOLTORF, BREMEN

Erst in den 1970er-Jahren wurden aus den Kolonialwaren- die Tante-Emma-Läden – Geschäfte, die um die Ecke liegen und in denen es alle Dinge des täglichen Bedarfs gab. Jetzt sterben auch sie aus, aber in Bremen ist er noch quicklebendig, der älteste Kolonialwarenladen Deutschlands. 1874 eröffnete der Kaufmann Wilhelm Holtorf das zweigeschossige Geschäft im Ostertorsteinweg, das 1903 einem Neubau wich. Der steht heute noch, die antik-dunklen Regale immer noch

Der „schönste Milchladen der Welt" verzaubert mit unzähligen handgemalten Fliesen.

bis unters Dach gefüllt, mit allem, was lecker ist, exotisch, ausgefallen und duftend. Selbst Bio-Fleisch ist im Angebot, und eine Facebook-Seite auch – das hätte Wilhelm Holtorf sicher gefallen!

de-de.facebook.com/holtorf1874

283 AUTOSTADT, WOLFSBURG

Darf's vielleicht ein bisschen mehr Auto sein? Gut, wer nach Wolfsburg kommt, hat sich seinen Wagen schon Wochen vorher ausgesucht. Dennoch funktioniert die Autostadt ein bisschen so wie, sagen wir mal, der Bäcker um die Ecke: Dort lagern Brötchen und Croissants im Regal, hier eben PKWs. Ein passendes Signal, und schon setzt sich das Lagersystem in einem der beiden zu Wolfsburger Wahrzeichen gewordenen Autotürmen in Bewegung, rollt das passende Fahrzeug in den Aufzug und vor die Füße des Kunden. 800 Autos warten in dem Hochregal auf ihre neuen Besitzer, backfrisch, sozusagen. Denn vom Werk auf die Stellfläche ist ein Auto hier nur 1 Minute und 44 Sekunden unterwegs – das schnellste automatische Parksystem der Welt. Sagt das Guinness-Buch der Rekorde.

www.autostadt.de

284 HAUS MEISSEN, DRESDEN

Das Rätsel ließ August dem Starken keine Ruhe: Es musste doch möglich sein, Porzellan selbst herzustellen, um sich die Unsummen für den Import aus China zu sparen! Der Kurfürst von Sachsen beauftragte eine Handvoll Profis – und 1708 war es dann so weit: Das erste europäische Porzellan stand bereit, beim Sturz vom Küchentisch zu zerschellen. Nein, natürlich nicht, dazu sind die guten Stücke viel zu kostbar, wie das (2017 in Teilen neu gestaltete) Museum und die Shops im Haus Meissen beweisen. Hier findet sich übrigens mit der 800 kg schweren „Saxonia“ auch die weltweit größte frei stehende Porzellanskulptur.

www.meissen.com

287 DONG XUAN CENTER, BERLIN

Klar kann man um die halbe Welt nach Vietnam reisen. Man kann aber auch einfach die S-Bahn nach Lichtenberg nehmen, das ehemalige Gelände der VEB Elektrokohle suchen, unter dem Tor mit den Neonbuchstaben durchgehen – und in Hanoi landen. In acht Hallen und auf 80 000 m² erwartet den Besucher vor allem eines: überwältigendes Asia-Flair. 20 000 Vietnamesen leben in Berlin – ehemalige Vertragsarbeiter in der DDR, die nach der Wende geblieben sind –, und die haben sich mit dem riesigen Markt ein Stück Heimat geschaffen. Hier gibt es alles, was das Herz begehrt, T-Shirts, Kunstblumen, Uhren, Reissäcke. Aber vor allem: unglaublich authentisches Essen. Als ob man in Hanoi wäre.

www.dongxuan-berlin.de

286 GLOBETROTTER, DRESDEN

Ganz schön blöd, wenn man schon im Himalaya steht und erst dann merkt, dass man die Höhe nicht verträgt. In einigen Filialen des Outdoor-Kaufhauses, u. a. in Dresden, kann man vorher testen, ob einem die Luft zu dünn wird: Eine Höhen-Kältekammer simuliert nicht nur, wie sich ein 6000er-Gipfel anfühlt, sie zeigt einem auch, wie eisig es dort sein kann. Ob Regenkammer, Kanubecken mit Gegenstromanlage, Kletterwand: erst mal das Abenteuer testen, bevor‘s ernst wird. Raus mauss man am Ende dann aber doch selber ...

www.globetrotter.de/filialen/dresden

288 KOCHHAUS, BERLIN

Wie schön wär‘s, wenn man als stressgeplagter Arbeitnehmer einfach alle Zutaten für ein frisches Abendessen fertig zusammengepackt im Laden kaufen könnte. Gedacht, getan: Im ersten „begehbaren Kochbuch“ – das längst Nachahmer gefunden hat – sind die Rezepte samt Zutaten *ready to go.* Noch ein bisschen zu Hause in der Küche werkeln, und schon stehen Leckereien wie Fusilli in Avocado-Zitronencreme mit Pancetta oder Lamm mit Granatapfelsoße und Kurkuma-Reis auf dem Tisch.

www.kochhaus.de

289 KRÄUTER- UND WURZELSEPP, MÜNCHEN

Wenn‘s im Magen zwickt, dann ist Sanikel ein prima Heilmittel, das wusste schon Hildegard von Bingen im Mittelalter. Heute allerdings kommt man nur noch schwer an die bewährte Medizin. Im ältesten Kräuterladen Deutschlands in der Münchner Innenstadt steht eine Holzdose mit Sanikel im Regal – so, wie 600 weitere Kräuter und Gewürze. Seit 1887 gehen hier, im von allen möglichen Düften durchzogenen Laden, der wie eine alte Apotheke wirkt, Hühnerdarm, Hirschzunge, Katzenkralle und Galgantwurz über die Theke. Nein, Hexen kaufen hier keine ein. Die Kräuternamen klingen nur komisch. Die wollen aber nur heilen.

www.phytofit.de

290 MUKK, MÜNSTER

Das Internet hat keine Rutsche, Münsters ungewöhnliches Kinderkaufhaus (denn dafür steht die Abkürzung MuKK) schon, und zwar eine 12 m lange ins Untergeschoss. Im Internet kann man auch nichts anfassen und probespielen, man kann keine Runde auf dem Kinderkarussell drehen und man kann auch nicht gemütlich in Büchern schmökern. Im MuKK schon, und so will das größte

Hinter diesen unscheinbaren Wänden wartet die ganze Exotik Asiens: im Dong Xuan Center.

inhabergeführte Kinderkaufhaus Deutschlands auf 3000 m² dem Online-Spielzeug-Einkaufen als Erlebniswelt ein kunterbuntes Paroli bieten. Ach ja, einkaufen kann man natürlich auch, rund 60 000 Artikel warten im Laden.

www.mukk.de

DEUTSCHLAND GEHT BADEN – IN FLÜSSEN

DIE STADT IST LEER, DENN ALLES IST IM FLUSS … DAS BADEN IN ISAR, ELBE ODER WESER IST WIEDER IN MODE GEKOMMEN. HERRLICH, SICH FLUSSABWÄRTS TREIBEN ZU LASSEN. ABER AUGEN AUF, UNGEFÄHRLICH IST DAS VERGNÜGEN NICHT!

Achtung, Achtung, erhöhter Badeverkehr auf der Donau – beim traditionellen Nabada.

291 DONAU, ULM

„Ulmer Spatza, Wasserratza, hoi, hoi, hoi!" Mit diesem Schlachtruf feuern zigtausende Zuschauer die „Nabader" auf ihren Schiffen, Flößen, Schlauchbooten und sonstigen wassertauglichen Gefährten an. Das Nabada (schwäbisch für „Hinunterbaden") ist eine Art Karnevalsumzug auf der Donau, ein feuchtfröhliches Treiben, das traditionell am Schwörmontag am vorletzten Montag im Juli stattfindet. Vormittags legt da der Oberbürgermeister der Stadt einen Rechenschaftsbericht auf dem Rathausbalkon ab, um anschließend zu schwören, allen Bürgern – ob arm oder reich – gleichermaßen zu dienen. Nachmittags geht es dann aufs Wasser, wo Themenboote die Politik auf die Schippe nehmen und Musikkapellen um die Wette schunkeln. Haben die Wasserratten die 7 km lange Strecke hinter sich gebracht, wird in den Biergärten und Kneipen der Stadt fröhlich weitergefeiert.

www.tourismus.ulm.de

292 LECH UND WERTACH, AUGSBURG

Die Fuggerstadt Augsburg ist auch eine Stadt des Wassers. Ein weit verzweigtes Netz von Bächen und Kanälen durchzieht das Stadtgebiet – die meisten gespeist von den Flüssen Lech und Wertach. Früher vor allem zur Wasserversorgung und als Energiequelle genutzt, bieten sie heute eine willkommene Abkühlung an heißen Tagen. Besonders am Hochablass, einem Lech-Stauwehr am südöstlichen Stadtrand, und am Kuhsee treffen sich im Sommer Sonnenhungrige zum Grillen und Baden. Wer gerne hüllenlos schwimmt, nutzt die kleinen Buchten des Lechs flussaufwärts. Wer im Lechkanal seine Bahnen ziehen möchte, kann dies im Fribbe-Freibad tun. Die Wertach hingegen ist im Stadtgebiet meist zu flach – dafür kann man auf den Kiesbänken nördlich der Luitpoldbrücke gemütlich ein Würstchen grillen und anschließend die Füße ins Wasser strecken.

www.augsburg.de/freizeit/baden/fluesse-und-seen

293 HOCHRHEIN

Wer den Rhein nur als vielbefahrene Autobahn für die Flussschiffahrt kennt, war vermutlich noch nie an seinem Oberlauf an der deutsch-schweizerischen Grenze. Denn hier – zwischen Stein am Rhein, wo der Bodensee in den Fluss übergeht, und Schaffhausen am Rheinfall – liegt ein besonders schöner Flussabschnitt, gesäumt von alten Bäumen, Wiesen und hübschen kleinen Örtchen. Die Grenze zwischen Deutschland und der Schweiz verläuft mitten im Fluss, sodass sich die einladenden Badeplätze oft gegenüber liegen. Das Schweizer Hemmishofen etwa hat eine Badewiese im Dorf, das wunderbar Hörnli liegt ein Stück flussabwärts mitten im Naturschutzgebiet. Bei Familien sehr beliebt ist der Rheinuferpark in Gailingen mit Kinderbecken und Kiosk mit Terrasse. Das gilt auch für das Diessenhofener Badi gleich gegenüber. Ein Stückchen weiter wartet dann schon das Strandbad in der deutschen Exklave Büsingen. Ein besonderes Vergnügen ist es, sich von Badestelle zu Badestelle flussabwärts treiben zu lassen – vorausgesetzt, jemandkann einen am Ende wieder abholen.

www.badi-info.ch

294 ELBE

Baden an der Unterelbe, zwischen Hamburg und Cuxhaven an der Elbmündung? Aber klar, das ist möglich. Wenn man die geeigneten Stellen kennt! Noch auf Hamburger Stadtgebiet zum Beispiel liegen die Sandstrände von Övelgönne mit dem beliebten Lokal Strandperle und von Wittenbergen. Weiter flussabwärts locken dann an der Hetlinger Schanze ein kilometerlanger Strand mit FKK-Bereich und am gegenüberliegenden Ufer der Sandstrand Bassenfleth. In der Nähe von Glücksstadt warten der Strand beim Hafen Kollmar und die alte Elbinsel Krautsand. Und abschließend die Badestelle in Brokdorf. Aber Achtung: Trotz guter bis sehr guter Wasserqualität ist das Schwimmen in der Elbe nicht ganz ungefährlich – wegen dem Sog der vorbeiziehenden Ozeanriesen und der Gezeitenströmung.

www.maritime-elbe.de

295 OBERE ISAR

Die obere Isar zwischen Krün und den Sylvensteinspeicher ist eine der letzten Wildflusslandschaften Deutschlands. Mit jedem Hochwasser ändert der türkisgrüne Fluss mit seinen breiten Kiesbecken seinen Lauf. Ein bisschen fühlt man sich hier wie in Kanada, es würde einen nicht wundern, wenn plötzlich ein Braunbär aus dem Gebüsch auftauchen würde. Doch keine Sorge, die herrliche Aussicht auf das Bergpanorama

Nicht nur baden kann man in der Weser, mit dem Kajak geht es mitten hinein in die Idylle.

kann man von einer der Sandbänke ganz gefahrlos genießen. Zum Schwimmen ist das Wasser zwar meist zu flach, aber es ist herrlich erfrischend. Und die Landschaft, in die eine kostenpflichtige Mautstraße von Wallgau nach Vorderriss führt, ist schlicht ein Traum.

www.karwendel-urlaub.de/reisefuehrer/isartal

296 WESER

Wer hätte gedacht, dass die längste Flussinsel Europas an der Weser nördlich von Bremen liegt? Ganze 11 km lang ist die Halbinsel Harriersand mit ihren Sandstränden, die auch noch bequem mit dem Auto erreichbar sind. Perfekt für einen Wochenendausflug in schilfbewachsene Dünen. Auch sonst bietet die Weser von Bremen bis Bremerhaven viel Badespaß: Bei Familien mit jüngeren Kindern besonders beliebt ist das Café Sand auf dem Bremer Stadtwerder mit Blick auf alte Villen und Stadion. Zum Sonnenbaden und Strandburgen bauen laden zudem die Halbinsel Elsflether Sand und das Weser-Strandbad in Bremerhaven ein.

www.radiobremen.de/wissen/dossiers/baden/flussbaden100.html

Gehst Du in die Innenstadt, vergiss die Badehose nicht: München badet in der Isar.

297 ISAR, MÜNCHEN

Und wenn man so richtig angestrengt ist, vom Studieren, vom Arbeiten oder auch nur vom Shoppen, dann wird's Zeit für eine Pause am Fluss – mitten in der Stadt. Das geht so nur in München und ist sicher einer der Gründe, weshalb die Bayernmetrople auch immer wieder auf Platz 1 in Sachen Großstadt-Lebensqualität landet. Kein Wunder, wenn man sich die Isarstrände so ansieht: 14 km legt der Fluss auf seinem Weg durch die Stadt zurück, und an vielen Stellen ist das Baden erlaubt. Zum Beispiel am Flaucher in den Isarauen, wo sich der Fluss verzweigt und viele kleine Buchten und lauschige Badeplätze bietet. Oder auf der Praterinsel mitten in der Altstadt. Auf den Kiesbänken in der Nähe des Wehrs kann es bei schönem Wetter jedenfalls ganz schön voll werden. Die meisten Besucher belassen es allerdings beim Sonnenbaden – was bei Wassertemperaturen von 14 bis 16 Grad auch nicht wundert.

www.muenchen.de/freizeit/baden.html

298 HAINBAD, BAMBERG

Die Badestelle an der Regnitz ist eine Institution. Seit bald 80 Jahren kommen die Bamberger hierher in den Stadtpark – zum Schwimmen, Sonnen oder einfach nur auf ein Schwätzchen im Grünen, während sich die Kinder im Planschbecken und auf dem kleinen Spielplatz austoben. Am begehrtesten sind die Plätze auf den Holzplanken der großen Liegefläche direkt am Wasser. Noch schwieriger ist es, eine der 125 Badekabinen zu ergattern, die sich zum Teil seit Generationen in Familienbesitz befinden. Und obwohl es hier sehr familiär zugeht, ist das Badevölkchen des Hainbades bunt gemischt. Dafür sorgen schon die vielen Studenten der Uni Bamberg, die durch ihre Mundpropaganda kräftig zu seinem Kultstatus beitragen. Dafür nehmen sie sogar die nicht gerade üppige Wassertemperatur der Regnitz von gerade mal 18 Grad in Kauf.

www.stadtwerke-bamberg.de/baeder/freibaeder/hainbadestelle-im-luisenhain.html

299 SPREE, BERLIN

Baden in der Spree? Nee, iss nich' … weil aus hygienischen Gründen verboten. Aber Berlin wäre nicht Berlin, wenn es nicht eine hippe Alternative gäbe: das Badeschiff, ein mit Süßwasser befülltes Schwimmbad, das früher mal das Mittelstück eines Schubverbandes war, eine Art Frachtschiff im Baukastenprinzip, und nun fest verankert und mit einer großen Steganlage versehen, in der Spree liegt. Genauer: am Osthafen hinter der Arena Berlin. Ursprünglich entworfen im Rahmen eines Stadtkunstprojektes, ist das Bad seit seiner Eröffnung im Mai 2004 ein Publikumsmagnet – sogar in den Wintermonaten. Denn in der kalten Jahreszeit wird das Becken samt Steg mit einer teilweise durchsichtigen PVC-Membran überdacht und verwandelt sich so in eine futuristische Saunalandschaft mit Pool und Bar. Selten war preisgekrönte Kunst so nützlich!

www.arena.berlin/veranstaltungsort/badeschiff

300 ODER, FRANKFURT/ODER

Jeweils im Juli wird in Frankfurt an der Oder und im polnischen Słubice beim Hansestadtfest Bunter Hering grenzübergreifend gefeiert: Mit viel Musik, einem Riesenfeuerwerk und Wettbewerben wie dem Plastikentenrennen mit bis zu 5555 Entchen oder dem Wettschwimmen im Grenzfluss Oder. Wobei die Strecke mit 4 km ganz schön knackig ist, Ziel ist der Holzmarkt in der Stadtmitte. Maximal 100 Teilnehmer stürzen sich in die kalten Fluten im Kampf um den Siegerpokal. Wer den nicht ergattert, erhält immerhin noch eine Urkunde mit der persönlichen Bestzeit.

www.bunterhering.de

HINTER KLOSTER-MAUERN

MAN MUSS JA NICHT GLEICH ORDENSFRAU ODER MÖNCH WERDEN! IN DIESEN KLÖSTERN WARTEN SPANNENDE GESCHICHTE(N), NEUES LEBEN, KÖSTLICHE WEINE, SÜFFIGE BIERE ...

301 KLOSTER EBERBACH

Wein spielte im Klosterleben immer schon eine Rolle, und das nicht nur zum Abendmahl. Der Mönch ist (auch) als Genießer in die Geschichte eingegangen, und als fleißiger Winzer. Solche gab es auch in Eberbach, nicht weit von Eltville am Rhein. Und sie verstanden ihr Handwerk so gut, dass das Zisterzienserkloster für seine schmackhaften Tropfen berühmt war. Aber es ging in Eberbach keineswegs nur um Mess- und andere Weine: Im 1136 gegründeten Konvent strebten die Mönche von Anfang eine Reform des Klosterwesens an, was sich auch in der puristischen Perfektion der romanischen Architektur widerspiegelt. In der Gotik entfalteten sich neue Möglichkeiten, bis es dann im Laufe der Reformation samt Bauern- und Dreißigjährigem Krieg zu Plünderungen kam. Im Barock folgte klerikal-absolutistische Prachtentfaltung, der nach der französischen Revolution aber auch hierzulande die Luft ausging.

www.kloster-eberbach.de

302 KLOSTER ANDECHS

Hand aufs Herz: Was wäre ein Klosterbesuch ohne ein Paar Weißwürste oder eine knusprige Schweinshaxe samt einer Maß Andechser Bier? Eben! Deshalb haben viele (die meisten?) Besucher auch erst einmal das Bräustüberl oder den Biergarten im Blick, wenn sie den „Heiligen Berg" erreichen. Apropos Blick: Die herrliche Lage über dem Ostufer des Ammersees ist definitv ein Argument für einen Ausflug zum ältesten Wallfahrtsort Bayerns.

303 KLOSTER SALEM

Ora et labora – bete und arbeite! Diese Eckpfeiler prägten das Leben der Zisterziensermönche. Ob heute im 1137 gegründeten Kloster Salem immer noch so intensiv gebetet wird, sei dahingestellt. Gearbeitet aber schon, schließlich sind hier seit 1920 die Schüler des exklusiven Internats Salem (Schulkosten ca. 3000 Euro im Monat) untergebracht. In allerfeinster Harry-Potter-Hogwarts-Atmosphäre: Nach der fast vollständigen Vernichtung durch einen Brand im 18. Jh. wurde das Kloster in prachtvollem Barocken wiederaufgebaut. Seit 1804 residieren denn auch der Markgraf von Baden und dessen Familie standesgemäß im „Schloss Salem". Heute gehört ein Großteil der Anlage Baden-Württemberg. Und für Rock 'n Roll & Co in den ehrwürdigen Gängen sorgen die Internatsschüler.

www.salem.de

Ordnung muss sein, auch und vor allem im Speisesaal des Internats im Kloster Salem.

Zuerst war hier die Burg Andechs, die Mitte des 13. Jhs. zerstört wurde. 1388 gab es dann aber Grund zu großer Freude: In der ehemaligen Burgkapelle kam ein lange verschwunden geglaubter Reliquienschatz ans Tageslicht. Weil es sich dabei um einen Span vom Kreuz Christi und Zweige der Dornenkrone handeln sollte, wurde Andechs Wallfahrtsort, später Chorherrenstift und 1455 schließlich Benediktinerkloster – in dem schon damals köstliches Bier gebraut wurde.

www.andechs.de

304 KLOSTER REICHENAU

Christen waren im frühen Mittelalter in Alemannien noch eine winzige Minderheit, die meisten Menschen beteten wie seit Urzeiten zu ihren Göttern. So war es auch, als der Wanderbischof Pirmin um 724 zusammen mit 40 Mönchen auf die Reichenau kam, und das Insel-Kloster gründete, um die Alemannen zu anständigen Christen zu bekehren. So begann die Erfolgsgeschichte des Klosters Reichenau, das im Lauf der Jahrhunderte durch kluge Äbte immer mehr an Einfluss und Bedeutung gewann, was sich heute noch in der exquisiten Architektur des Klosters widerspiegelt. Nach gut 1000 Jahren, um 1757, wurde das Kloster aufgelöst. Aber die Geschichte geht weiter, denn 2001 wurde die Mönchstradition auf der Reichenau wiederbelebt, mit den Einzug zweier rühriger Benediktinermönche.

www.reichenau.de

Schönheit mit Unesco-Welterbe-Siegel: das prächtige Hauptportal der Klosterkirche Maulbronn.

305 ABTEI MARIA LAACH

Der Pfalzgraf Heinrich II. war ein weitsichtiger Mann. Er plante schon zu Lebzeiten seine letzte Ruhestätte – und sorgte dafür, dass gegenüber seiner Burg 1093 ein Kloster gegründet wurde. Gleich begann man emsig mit den Bauarbeiten, der berühmte Westeingang der Pfeilerbasilika, das „Paradies" – das es so nördlich der Alpen nirgendwo anders gibt – und der Kreuzgang kamen aber erst im 13. Jh. dazu. 500 Jahre lang prägten Gebete und Arbeit das Mönchsleben. 1802 wurde die Abtei während der Säkularisation aufgelöst, dazu zerstörte 1855 ein Brand fast alle Gebäude. 1892 kehrte schließlich wieder mönchisches Leben mit Benediktinern aus Beuron zurück. Und der Name? Kommt vom althochdeutschen Wort „lacha" – der See.

www.maria-laach.de.

306 KLOSTER LORSCH

Noch ein Schritt, und es beginnt eine Zeitreise von 1200 Jahren: Wer das Freilichtlabor Lauresham betritt, findet sich von einem Moment zum anderen im Jahr 800 auf einem karolingischen Gutshof wieder. Das zum Unesco-Welterbe Kloster Lorsch gehörende Gelände ist ein Experiment in Sachen Archäologie: Nicht nur alle Gebäude, auch die Felder und Wiesen sollen so aussehen wie im frühen Mittelalter. Sogar den stattlichen Auerochsen, der 1627 ausstarb, will man hier durch Rückzüchtung wiederauferstehen lassen. Wer das Projekt besucht, landet mitten in den Anfangsjahren des 764 gegründeten benachbarten Klosters. Seine berühmte Tor- oder Königshalle ist eine der letzten vollständig erhaltenen Bauten der karolingischen Zeit.

www.kloster-lorsch.de

307 ERZABTEI ST. OTTILIEN

Viele Klostergeschichten reichen ins tiefe Mittelalter zurück, die Erzabtei aber ist ein junger Hüpfer, gerade mal schlappe 130 Jahre alt. Das Kloster wurde 1884 vom Beuroner Benediktinerpater Andrea Amrhein auf dem Gelände einer barocken Wallfahrtskirche gegründet, die der heiligen Otilia geweiht war. Bereits 1887 schwärmten von hier Benediktinermönche nach Ostafrika aus, um zu missionieren. Auch heute ist für die Mönche von St. Ottilien die Mission in fernen Ländern eine ihrer zentralen Aufgaben. Und es scheint, als würde die Erzabtei einen Nerv treffen: Allerorten ist von Klosterschließungen wegen Nachwuchsmangel die Rede – in St. Ottilien sind mehr als 100 Mönche aktiv, auch vor Ort in Bayern, im eigenen Kloster-Gymnasium, in einer Kunstgalerie oder einem Missions- und einem Nähmaschinenmuseum.

www.erzabtei.de

308 KLOSTER MAULBRONN

Wer das Kloster Maulbronn besucht, der kann es nachempfinden, das Leben und Arbeiten fleißiger Zisterziensermönche. Denn bei Pforzheim in Baden-Württemberg steht die am vollständigsten erhaltene Klosteranlage des Mittelalters nördlich der Alpen. Im 1147 gegründeten Kloster sind heute noch architektonische Perlen aus der romanischen und gotischen Zeit erhalten, etwa das Herrenrefektorium aus dem 13. Jh., ein Speisesaal der gestalterischen Superlative. Schnell wurde das Kloster nach seiner Gründung zum Herz der Gegend, gesellschaftlich, wirtschaftlich, politisch. Damit war es im 16. Jh. allerdings vorbei: Belagerung, Bauernkrieg und Reformation setzten dem klösterlichen Leben in Maulbronn ein Ende. Ab da wurde der Konvent als evangelische Klosterschule geführt, heute büffeln hier Schüler fürs Abitur und Besucher streifen durch die Kreuzgänge.

www.kloster-maulbronn.de

309 KLOSTER ST. MARIEN ZU HELFTA

Starke und gebildete Frauen sollte das 1229 gegründete Zisterzienserinnenkloster Maria hervorbringen. Schon bald galt Helfta, nahe der Lutherstadt Eisleben, als „Krone der deutschen Frauenklöster". Um 1550 wurde es aufgelöst und blieb über 450 Jahre geschlossen. Erst nach der Wiedervereinigung kaufte die Kirche das Gelände zurück. Und nach dem Wiederaufbau brachten 1999 ein paar bayerische Zisterzienserinnen neues Leben ins Kloster. In der Abteikirche und im kleinen Museum lässt sich heute noch etwas von der langen Geschichte erahnen.

www.kloster-helfta.de

310 KLOSTER WELTENBURG

Den Anfang machten – wer hätt's geahnt? – irische Mönche von St. Columbanus, die um 560 zur Mission auszogen. Ihren Stützpunkt an der Donau errichteten sie 617, Weltenburg ist somit das älteste Kloster Bayerns. Kriege fegten über die Klostermauern hinweg und Besitzer wechselten mit den Gezeiten der historischen Ereignisse. Immer wieder war das Kloster verödet und in finanzieller Not, rappelte sich aber durch rührige Äbte wieder auf. Auch heute kümmern sich hier Benediktinermönche um das Seelenheil, fürs körperliche Wohlbefinden sorgt die Klosterschenke in einem der schönsten Biergärten Bayerns.

www.kloster-weltenburg.de

Der Himmel auf Erden: das Kloster Weltenburg in einmaliger Lage an einer Flussschlinge der Donau.

HINTER KLOSTERMAUERN

PEITSCHEN, SPIONE UND EINE REISE UM DIE WELT

OB NUR EINEM EINZIGEN GEMÄLDE GEWIDMET ODER EINEM SAMMELSURIUM SCHEINBAR WAHLLOS ZUSAMMENGEWÜRFELTER GEGENSTÄNDE – DIESE INSTITUTIONEN MENSCHLICHEN SCHAFFENS SUCHEN ALLE IHRESGLEICHEN.

Hier hört der Geheimdienst nicht mit, hier plaudert er aus dem Nähkästchen: das Spionagemuseum in Berlin.

311 DEUTSCHES MEDIZINHISTORISCHES MUSEUM, INGOLSTADT

Wieviel wussten die Etrusker, die Römer oder die Ägypter über den menschlichen Körper? Wie heilten sie Migräne und wie steigerten sie die Fruchtbarkeit? Solche Fragen werden in diesem Museum im bayerischen Ingolstadt an der Donau beantwortet. Es braucht aber schon eine Affinität zum Thema, schließlich werden auch anatomische Präparate gezeigt, es lassen sich Herzschrittmacher bewundern, eine Herz-Lungen-Maschine oder sogenannte Gebärstühle. Herzstück des Museums, das in der „Alten Anatomie" der ehemaligen Universität untergebracht, ist das anatomische Theater mit seinen steil angeordneten Sitzreihen. Spannend sind auch die regelmäßigen Sonderausstellungen, die sich mal der Beziehung von Arzt und Patient, aber auch mal der von Mensch und Floh widmen. Wem das alles zu viel wird, auf den wartet die frische Luft im Arzneipflanzen- und Duft- und Tastgarten.

www.dmm-ingolstadt.de

312 DEUTSCHES SPIONAGEMUSEUM, BERLIN

Spionieren, hacken, dechiffrieren, knacken – Deutschlands einziges Spionagemuseum führt in die verdeckte Welt von KGB, Stasi, CIA & Co. Von der Antike bis zum Kalten Krieg und in die Neuzeit reicht die Geschichte der Spionage. Dass deren Mittel einen oft beispiellosen Erfindungsreichtum aufweisen, wird besonders deutlich, wenn man staunend vor Exponaten wie einer Lippenstift-Pistole, Regenschirmkamera oder einer original Enigma-Chiffriermaschine steht. Ganz aktuell ist das Facebook-Puzzle: Stück für Stück erlebt man, was das größte soziale Netwzerk der Welt bereits alles über einen weiß – und was es mit den gewonnenen Daten alles anstellen kann. Und das ist noch nicht genug der Selbserfahrung. Natürlich darf man sich auch selbst mal in den Geheimdienstsessel setzen und sich im Code knacken und Website hacken üben. Oder sich mission-impossible-mäßig durch den Laser-Parcour winden.

www.deutsches-spionagemuseum.de

Das Hab und Gut in ein paar Koffer, die Heimat verlassen, die Zukunft ungewiss: deutsche Schicksale im Auswandererhaus.

313 DEUTSCHES AUSWANDERERHAUS, BREMERHAVEN

Unzählige persönliche Schicksale nahmen im Neuen Hafen von Bremerhaven ihren Lauf. Geschichten von Abschied und Trauer, Geschichten von Neustart und von Hoffnung. Knapp 1,2 Mio. Menschen gingen hier bis 1890 an Bord von Schiffen, um in der Neuen Welt eine ungewisse, aber vielversprechende Zukunft zu finden. Genau dort, wo damals mit Stofftaschentüchern zum Abschied gewunken wurde, steht heute das Auswandererhaus. Es ist Deutschlands einziges Museum, das sich dem Thema „Migration" verschrieben hat. Besucher können die einzelnen Stationen eines Auswanderers im Museumsrundgang nachverfolgen. 2007 wurde das Haus zum besten Museum Europas gekürt.

dah-bremerhaven.de

314 PEITSCHENMUSEUM, BURLADINGEN-KILLER

Spätestens seit die motorisierte Landwirtschaft ihren Siegeszug angetreten hat, hat die Peitsche ihre, nunja, Schlagkraft verloren. Über Jahrhunderte hinweg war sie allerdings der „Zündschlüssel", ohne die weder Kutschfahrt noch Ackerbau möglich gewesen wäre. Schließlich musste den Zugtieren, ob Ochse, Esel oder Pferd, bedeutet werden, dass sie sich nun gefälligst in Bewegung zu setzen hätten. Mangels einer ertragreichen Landwirtschaft mauserte sich das 500-Seelen-Dorf Killer auf der Schwäbischen Alb spätestens im 17. Jh. zum Zentrum der deutschen Peitschenfertigung. Selbst der Dorfschullehrer, so ist im Museum zu erfahren, stellte um 1700 im Nebenwerweb schlagkräftige Argumente her (die er allerdings nicht in der Schule einsetzte). Heute kann man nicht nur Schlaggeräte aus aller Welt im Museum bestaunen, sondern auch die Maschinen, mit denen sie auf der Schwäbischen Alb hergestellt wurden. Wer sich in der Handhabe üben möchte, tritt beim alljährlichen Peitschenschwingertreffen an.

www.peitschenmuseum.de

315 MUSEUM DER UNERHÖRTEN DINGE, BERLIN

Exzentrisch und unkonventionell bietet dieses Privatmuseum eines einfallsreichen Sammlers, des Künstlers Roland Albrecht, Antworten auf Fragen, die sich die Welt nicht stellt. Die bunt zusammengestellten Exponate – das Fell eines japanischen Bonsai-Hirschs, ein Brief von Sigmund Freud, ein künstliches Hüftgelenk, das nach einem Schlag ganz herrlich klingt, eine Schachtel mit Schulkreide oder das Fernrohr, mit dem Christoph Kolumbus angeblich Amerika entdeckte (ehrlich jetzt!) – sind nach Gewichten sortiert und mit Geschichten versetzt. Letztere sind es, die die Dinge, ihre Beziehungen zu ihrem Sammler und untereinander zum Leben erwecken. Denn das ist das selbsternannte Ziel des Museums, das eigenlich eine höchst fantasievolle Kunstinstallation ist: den übersehenen und unbeachteten Dingen eine Stimme zu verleihen. Ob man sie hört, bleibt jedem Besucher selbst überlassen.

museumderunerhoertendinge.de

316 DEUTSCHES SEGELFLUGMUSEUM, RHÖN

Am 24. September 1852 startete bei Paris ein zigarrenförmiges, von einer Dampfmaschine angetriebenes Luftschiff. Knapp vier Stunden dauerte der Flug bis ins 28 km entfernte Trappes. Aber Geschwindigkeit war völlig unwichtig bei diesem Flug des Luftfahrtpioniers Henri Giffard, der als erster bemannter, motorisierter Flug in die Luftfahrthistorie einging. Giffards Abenteuer ist eine der Geschichten, die das Segelflugmuseum auf der Rhön beleuchtet, von den frühen, riskanten Anfängen des Gleitfliegens über den durch den Zweiten Weltkrieg verhinderten Aufstieg zur olympischen Disziplin bis hin zu den heutigen Weltrekorden. Zu den Exponaten zählt übrigens auch ein Nachbau des Derwitzer Apparats, ein Gleitflugzeug des deutschen Flugpioniers Otto Lilienthal.

www.segelflugmuseum.de

317 SCHWARZWÄLDER SCHINKENMUSEUM, FELDBERG

Hier geht's um die Wurst. Oder besser: um den Schinken. Und zwar um einen ganz bestimmten. Er ist von der EU geschützt und darf sich nur als Schwarzwälder Schinken bezeichnen, wenn er auch vor der einmaligen Kulisse des Mittelgebirges im Südwesten Deutschlands hergestellt wurde. Besucher des Museums verfolgen die Schwarzwälder Spezialität vom Schweinestall über das Trockenpökeln, Brennen und Räuchern bis hin zum fertigen Produkt, das übrigens ein weltweiter Exportschlager ist. Wer jetzt auf den Geschmack gekommen ist, nimmt am besten – neben feinem Schinken – ein paar Originalrezepte mit.

www.hochschwarzwald.de/Media/Attraktionen/Schwarzwaelder-Schinkenmuseum

318 KLIMAHAUS 8° OST, BREMERHAVEN

Das hochmoderne Museum in Form eines Schiffs meint es ernst mit dem Lernen durch sinnliche Erfahrung. Deshalb sollte man für die hier gebotene Weltreise entlang des Längengrads 8° Ost 34' entsprechend gekleidet sein. Die Reise beginnt in Bremerhaven und führt über die Schweiz (Kuhglocken, Stallgeruch und Gebirgsklima), Sardinien (Mittelmeersonne und Insekten), Niger (35° C und Trockenheit), Kamerun (schwül und nass), die Antarktis (Eiswüste bei -6°), Samoa (mollig warm und exotisch) und Alaska (zu Besuch bei den Yupik) zurück nach Deutschland (home, sweet home). Also unbedingt ein paar Kleiderschichten mehr einpacken!

www.klimahaus-bremerhaven.de

Ein U-Boot? Ein UFO? Eine Fußballarena? Das futuristische Klimahaus 8° Ost beleuchtet auch, wie sich das Wetter in Zukunft ändern wird.

319 PANORAMA-MUSEUM, BAD FRANKENHAUSEN

In der Rangliste der speziellsten aller speziellen Spezialmuseen muss dieses Unikum am Fuß des Kyffhäusergebirges den ersten Platz einnehmen. Das ostdeutsche Panoramamuseum beherbergt nämlich nur ein einziges Bild. Aber was für eins! Mit 123 m Länge und 18 m Höhe zählt das Bauernkriegspanorama des Leipziger Malers Werner Tübke zu den größten Tafelbildern der Welt – eine bunte Komposition aus Frühlingslandschaft und Finsternis, antiken Mythen und biblischen Visionen, Kampf und Tod. Die Rotunde wurde Mitte der 1970er-Jahre vom DDR-Kulturministerium in Auftrag gegeben und sollte daher selbstverständlich die Ideologie des Arbeiter- und Bauernstaates vermitteln: der Umwälzungsprozess im ausgehenden Mittelalter und der beginnenden Neuzeit als „Frühbürgerliche Revolution". Was der Künstler, der 1976 mit dem Mammutprojekt begann, elf Jahre später lieferte, hatte Rahmen und Vorsatz des Auftrags längst vollkommen gesprengt.

www.panorama-museum.de

320 SPIELKARTEN-MUSEUM, WALDENBUCH

Ob Skat, Poker, Elfer Raus, Mau-Mau oder Uno – Kartenspiele machen in erster Linie zunächst einmal Spaß, ob man nun noch im Vorschulalter ist oder seit Jahrzehnten am Stammtisch Doppelkopf zockt. Dass dabei auch noch eine Menge Geld über den Tisch wandern kann, Existenzen ruiniert oder Reichtümer gesammelt werden, ist dann erst der zweite Schritt. Fest steht: Wer Karten spielt, ist nicht allein auf der Welt. Rund um den Globus wird mit den bunten, punktsymmetrischen Rechteckchen gezockt und gewettet, sie werden gesammelt und abgelegt, es wird gestochen und geraubt. Im Stuttgarter Vorort Leinfelden-Echterdingen findet sich die größte öffentliche Spielkartensammlung. Mehr als 1 Mio. Exponate aus sieben Jahrhunderten und von fünf Kontinenten hat das Museum seit seiner Gründung 1923 zusammengetragen. Zu den Ausstellungsstücken zählen auch viele Lehr- und Wahrsagekarten sowie eine riesige Sammlung asiatisch-indischer Karten.

www.leinfelden-echterdingen.de/,Lde/Startseite/Kultur/Spielkartenmuseum.html

PEITSCHEN, SPIONE UND EINE REISE UM DIE WELT

KURIOSE SPORT-ARTEN

SCHON MAL GEBOSSELT? ODER IM PAPIERBOOT DURCH DIE NORDSEE GEPADDELT? NEIN? DANN WIRD ES HÖCHSTE ZEIT, MAL EINE DIESER SKURRILEN ARTEN ZU PROBIEREN, SICH SPORTLICH DIE ZEIT ZU VERTREIBEN.

Jetzt aber mit ordentlich Schmackes: Eine Boßel wird auf die Reise geschickt.

321 OSTFRIESISCHE PAPIERBOOT-REGATTA

Man nehme: Material, das per se erstmal schwimmt, dazu Pappmaschee und Farbe – viel, viel Farbe. Denn falls sich das selbstgebaute Papierschiff als wasseruntauglich erweist, dann sollte es doch zumindest so richtig gut aussehen. Im Hafen von Spiekeroog paddeln jeden zweiten Sommer Hobby-Bootsbauer und -Kapitäne auf einem abgesteckten Parcours um die Wette. Dabei zählt nicht nur die Schwimmdauer ihres Kahns Marke Eigenbau, auch das handwerkliche Geschick im Schiffsbau und der „heldenhafte Untergang" werden von der Jury bewertet.

www.spiekeroog.de/aktuelles/veranstaltungen-mehr.html

322 DA-BACH-NA-FAHRT, SCHRAMBERG

An Fastnacht nimmt sich meist eine sonst mehr oder weniger verbreitete Eigenschaft eine Komplett-Auszeit: die Vernunft. Zu beobachten auch im badischen Schramberg. Dort gipfeln die närrischen Feierlichkeiten in der Da-Bach-na-Fahrt. Dann stürzen sich am Rosenmontag vor rund 30 000 Zuschauern 80 tollkühne Narren in selbst gebauten, mehr oder weniger schwimmtauglichen Untersätzen die eiskalte Schiltach hinab. Das kreativste Wassergefährt – die sogenannte Zuder – gewinnt. Das am spektakulärsten gescheiterte Team bekommt – neben akuter Unterkühlung – den „Batsch-Nass-Orden".

www.bach-na-fahrt.de

323 BOBBY-CAR-RENNEN

Was Räder hat, kann auch um die Wette gefahren werden. Und das rote Rutschmobil unserer Kindheit mit serienmäßiger Lenkradhupe und Anhängerkupplung eignet sich – das wussten wir schon mit zwei Jahren – besonders gut zum Kräftemessen. Beim Bobby-Car-Rennen braucht man weder Motor noch Benzintank. Bei dieser Art „Formel 1 unplugged" geht es bei den in ganz Deutschland ausgetragenen Rennen nicht weniger ehrgeizig zu wie zwischen den echten Boliden-Piloten Vettel, Hamilton oder Rosberg. In streng reglementierter Schutzkleidung mit Helm

324 BOSSELN, OSTFRIESLAND

Glaubt man dem Sprichwort, dann lernt der Friese zuerst das Laufen und dann das Boßeln. Der traditionsreiche Mannschaftssport vereint Elemente aus Kegeln, Bowling und Boccia und ist dennoch ziemlich einzigartig. Ziel ist es, eine orangengroße Kunststoffkugel – die so genannte Boßel – mit möglichst wenigen Würfen über eine vorher festgelegte Strecke zu befördern. Die ist meist 4–6 km lang und führt – Achtung Autofahrer! – über öffentliche Straßen. Spannend wird's, wenn die Strecke um die Kurve geht. Dann muss der Spieler seiner Kugel nämlich einen Drall mitgeben, sonst landet sie im Straßengraben.

www.bossel.de/Bosseln

und Handschuhen erreichen die Rennsportprofis auf ihren Bobby-Cars bis zu sagenhaften 110 km/h.

www.bobbycarclub.de

325 FINGERHAKELN, BAYERN

Schon mal drüber nachgedacht, wo die Redewendung „über den Tisch ziehen" herkommt? Vom bayerischen Fingerhakeln natürlich! Und das geht so: Die beiden Gegner – fast immer männlich – sitzen sich an einem massiven Holztisch gegenüber. Erst fädeln sie jeweils einen Finger in eine Schlaufe und auf „Beide Hakler – fertig – zieht" geht's los. Mit Kraft, Reaktionsvermögen, Schmerzresistenz und Technik lässt sich der Gegner dann – genau! – über den Tisch ziehen. Dass das Fingerhakeln keine Gaudi ist, geht aus den Statuten des Landesverbands bayerischer Fingerhakler hervor: Ein guter Leumund und ein fester Charakter sind demnach gute Sitte und Brauch bei der Pflege dieses Sports.

www.fingerhakler.de

326 PULTSTOCK-SPRINGEN, NORDDEUTSCHLAND

Manchmal lösen moderne Erfindungen clevere Traditionen ab, so geschehen mit dem Pultstockspringen. In Deutschlands Nordwesten war der Stabweitsprung nämlich eine bewährte Methode, trockenen Fußes über Wassergräben und Flüsse zu gelangen – bis die Brücke kam. Beinahe geriet der Pultstock in Ver-

Alles andere als eine gemütliche Bootsfahrt: Stocherkahnrennen in Tübingen.

327 STOCHERKAHNRENNEN, TÜBINGEN

Schon seit 1956 wird der Neckar an Fronleichnam zur bunt wuselnden Rennstrecke, wenn die Tübinger Studentenverbindungen (und andere Teams) im Stockerkahn um die Wette staken. Dabei kann sich nur eines der acht Mannschaftsmitglieder der sogenannten Stocherkahnstange bedienen, die anderen paddeln mit den Händen über den Fluss bis zur Neckarbrücke. Hier wird's eng – und die unvermeidlichen Rangeleien enden nicht selten mit einem kalten Bad. Ausgerichtet wird der Wettkampf jeweils vom Verlierer des Vorjahrs – eine Strafe, die deutlich angenehmer sein dürfte als der halbe Liter Lebertran, den jedes einzelne Mitglied des Verliererteams am Ende des Wettkampfs auch noch trinken muss.

www.stocherkahnrennen.com

gessenheit, hätten nicht ein paar traditionsbewusste (und vielleicht ein wenig spaßsüchtige) Bürger das Stockspringen zum Trendsport erhoben. Sowohl in den Niederlanden also auch in vielen ostfriesischen Dörfern gehört das Pultstockspringen heute zu den Highlights des jährlichen Ortsfestes.

www.ostfriesland.de

328 SURFEN, MÜNCHEN

Die perfekte Welle? Die gibt's in Deutschland doch gar nicht – oder etwa doch? 1000 km vom Atlantik und mehr als 20 Flugstunden von Hawaii entfernt, direkt neben der sechsspurigen Prinzregentenstraße, hat sich in Münchens Englischem Garten eine Sonderart des Surfsports aus dem reißenden Eisbach erhoben: das Flussreiten. Eine Steinstufe unter Wasser erzeugt hier eine Stromschnelle, die den Münchnern die angeblich beste Flusswelle der Welt beschert – die legendäre (nicht ganz ungefährliche) Eisbachwelle. Selbst internationale Surflegenden wie Jack Johnson und Garret McNamara sollen schon auf ihr geritten sein.

www.eisbachwelle.de

329 HEADIS (HEADER TABLE TENNIS)

Weil der Fußballplatz belegt war, kam René Wegner 2006 die Idee einer neuen Trendsportart. Statt ins Tor begann der Saarbrückener Sportstudent mit Freunden den Ball über eine Tischtennisplatte zu köpfen. Im Rahmen seines Studiums entwickelte Wegner die Idee zwischen Schreibtisch und Sporthalle weiter. Mittlerweile finden rund um das Tischtennisspiel mit Köpfchen alljährlich zehn bis zwölf Weltcupturniere sowie eine Europa- und Weltmeisterschaft statt. Gespielt wir allerdings nicht mehr mit dem Fußball, sondern mit einem eigens entwickelten Gummiball und in manchmal echt schrillen Outfits.

headis.com

330 HIGHLAND-GAMES STUTTGART, WEILIMDORF

Zugegeben, im netten Weilimdorf nahe Stuttgart erinnert nicht unbedingt viel an die schottischen Highlands (am ehesten noch das Wetter). Alles befindet sich in allerbester schwäbischer Ordnung, gepflegt und kultiviert. Keine Schafe, keine Moore, keine Wildnis. Aber einmal im Jahr wirft man sich hier in den Kilt und lässt den inneren William Wallace von der Leine. Dann fliegen die Steinbrocken, Baumstämme, Schmiedehämmer und Kanonenkugeln – ganz so als läge Loch Ness, und nicht der Neckar, vor der Haustür und als steuerte man auf das 12. Jh. zu und befände sich nicht im 21. Highland Games erfreuen sich in ganz Europa zunehmender Beliebtheit. Im Waldheim Lindental gibt es sie seit 2015.

www.mittelalterfest.net

JETZT WIRD'S GRUSELIG

MAL SIND ES FRISCHE BLUMEN, DIE TAG FÜR TAG GEHEIMNISVOLL AUF EINEM GRAB AUFTAUCHEN, MAL EINE UNHEIMLICHE WEISSE FRAU ODER EINFACH NUR VERFALLENDE GRAND HOTELS UND DIE ERINNERUNG AN INQUISITION UND HEXENVERFOLGUNG: AN DIESEN ORTEN WARTEN GÄNSEHAUT UND LEISE ANGSTATTACKEN.

Ein Bild wie aus den „Saw"-Horrorfilmen: verfallender OP-Saal in den Beelitz-Heilstätten.

331 BEELITZ-HEILSTÄTTEN, POTSDAM

Das Wichtigste vorweg: Die verfallenden Räume der ehemaligen Tuberkulose-Klinik können – und dürfen – nicht besucht werden. Zu gefährlich ist das Gelände, auf dem schon mehrere schwere Unfälle passiert sind, mit seinen nicht gesicherten Schächten und baufälligen Gebäuden. Selbst bei Führungen erlebt man die Gebäude nur von außen – spürt dabei aber auch den Hauch des Gespenstischen, den das frühere Vorzeigekrankenhaus ausstrahlt. Viel spannender als die sensationsheischenden Storys von Schreien und Schritten im Chirurgie-Gebäude ist denn auch die Geschichte der Lungenheilstätten. Entstanden sind sie als Hoffnungsprojekt: Hier sollte die um 1900 in den dicht besetzten Berliner Mietshäusern grassierende Tuberkulose bekämpft werden. Mit den Weltkriegen wurde es düsterer, als ein Lazarett und – nach 1945 – ein sowjetisches Militärhospital einzogen. Nach der Wende dann wurde der Komplex zur „Horror-Klinik". Doch damit ist es wohl bald vorbei: Der wunderschöne Baumwipfelpfad, der durch das verwunschene Gelände führt, ist ein erster Hinweis darauf, dass der Dornröschenschlaf der Beelitz-Heilstätten wohl bald beendet sein wird.

www.refugium-beelitz.de,
www.baumundzeit.de

So kunterbunt und fröhlich kann der Tod auch daherkommen: Exponate im Museum für Sepulkralkultur.

332 MUSEUM FÜR SEPULKRALKULTUR, KASSEL

Dem Tod entkommt niemand. Ein Allgemeinplatz, natürlich. Aber weil die moderne Gesellschaft die Gedanken ans Lebensende aus dem Alltag verbannt hat, sind die darum kreisenden Themen verpönt. Nicht so in dem Museum, das sich der Darstellung der reichen Tradition rund um den letzten Weg verschrieben hat. Für viele hat die Beschäftigung mit den Schwerpunkten der Dauerausstellung – Sterben, Tod, Bestattung, Friedhof und Grabmal – sicher viel Gespenstisches. Aber wer erfährt, wie natürlich frühere Generationen mit dem Unvermeidlichen umgegangen sind, wird am Ende befreiter nach Hause gehen.

www.sepulkralmuseum.de

333 MITTELALTERLICHES FOLTERMUSEUM, RÜDESHEIM

„Streckleiter, Knieschraube, Brustkralle, Häretikergabel, Eiserne Mundsperre, Schädelschrauben, Hand- und Fußeisen, Gedornte Halskette und -krause, Daumenschraube, Kopfpresse, Halsgeige, Schandmaske, Garotte, Befragungsstuhl, Judaswiege, Streckbank, Henkerschwert ...“ Es reicht? All dies kann man, laut Internetseite, im Foltermuseum in Rüdesheim begutachten. Und darüber staunen, mit welcher Kreativität Menschen sich doch damit befassen, wie sie andere Menschen quälen können. Lehrreich wird der Ausflug ins Gruselkabinett der Folter, weil die Werkzeuge eingebunden werden in ihren historischen Kontext. So erfährt man viel Erhellendes über Hexenwahn und -verfolgung, über die kirchliche Inquisition und die Rechtsprechung im Mittelalter.

www.foltermuseum.com

334 HARDTKAPELLE, WEILHEIM

Eigentlich ist sie einfach nur eine romantisch tief im Wald liegende, hübsche Kapelle mit 14 Kreuzwegstationen am Rand der schönen Landschaft des Naturschutzgebiets Hardt. Wäre da nicht diese uralte Geschichte – und ein Fußabdruck vor dem Altar, der angeblich vom Teufel höchstpersönlich stammt. Über dem Abdruck wurde eine Wallfahrtskapelle errichtet, aber die Sage wirkt bis heute nach: Hier soll es vor paranormalen Phänomenen nur so wimmeln, samt Weißer Frau und dunkler Gestalt mit rot leuchtenden Augen. Oder das Kirchlein ist eben doch einfach nur eine romantische Kapelle in der wunderschönen Landschaft des Pfaffenwinkels ...

www.pfaffen-winkel.de

335 DENTALMUSEUM ZSCHADRASS

Für manchen sind ein Zombie oder eine schwarzäugige Spukgestalt leichter zu ertragen als der Besuch beim Zahnarzt. All jenen sei der Besuch dieses Museums nicht empfohlen – allen anderen schon. Denn was hier über die Jahre auf ehrenamtlicher Basis an Exponaten zusammengetragen worden ist, dürfte die größte dentalhistorische Sammlung der Welt sein. Auf Besucher warten außergewöhnliche Zahnprothesen, komplette historische Zahnarztstühle und jede Menge Kunst- und Kulturgeschichtliches zum Thema. Besonders spannend ist der Überblick über Behandlungsmethoden im Lauf der Zeit. Denn dabei dämmert einem, dass früher der Besuch beim Zahnarzt wohl tatsächlich ein einziger Horrortrip war.

www.dentalmuseum.eu

336 GESPENSTERWALD NIENHAGEN

„Moment, war da nicht ... da hat sich doch etwas bewegt?“ „Ach was, alles Einbildung ... oder nicht?“ So könnte ein Dialog im Gespensterwald ablaufen, in ei-

Ob Goethe in seiner Tragödie „Faust" solch eine Hexe vor Augen hatte?

ner stillen Nacht, wenn der Nebel durch die Bäume zieht. Denn dann wirken die bizarr verformten Buchen und Eichen, als würden sie sich im Schattenspiel bewegen. Allerdings sind ruhige Nächte hier, direkt am Strand der Ostsee, eher selten: Es ist nämlich der ständig vom Meer her wehende Wind, der die 90- bis 170-jährigen Laubbäume zu verdrehten, verschlungenen Märchenwesen verformt hat. Wanderwege führen in den herrlich gelegenen Wald in der Nähe des Ostseebades Nienhagen.

www.ostseebad-nienhagen.de

337 BEINHAUS, OPPENHEIM

Es war eine pragamtische Entscheidung: Weil Seuchen. Kriege und Hungersnöte wüteten, wurde zwischen 1400 und 1750 der Platz auf dem Friedhof in Oppenheim knapp. Weil man als Katholik aber nur in einem unversehrten Körper auferstehen kann, wurden die Gebeine in einer Gruft unter der Friedhofskapelle der Katharinenkirche aufbewahrt. Die Knochen und Schädel von rund 20 000 Oppenheimern liegen nun säuberlich an den Wänden aufgestapelt und warten auf das Jüngste Gericht. Das größte Ossarium Deutschlands kann man bei Kirchenführungen besichtigen.

www.stadt-oppenheim.de/kirchenfuehrung-katharinenkirche

338 SCHLOSSHOTEL WALDLUST, FREUDENSTADT

Früher gingen im sagenumwobenen Grand Hotel Stars, Fürsten und Könige ein und aus. Heute sind es Fotografen, Filmcrews oder die Mitglieder des Vereins für Kulturdenkmäler, die Besucher durch die düster-verlassenen Gänge führen. Die Wissenschaftler des Instituts für Grenzgebiete der Psychologie und Psychohygiene in Freiburg bescheinigten dem Gemäuer, es biete „optimale Bedingungen für Wahrnehmungstäuschungen“. Mysteriöse Lichter und von allein fahrende Aufzüge könnten von der schadhaften Elektrik kommen – aber einige Ereignisse könnten durchaus paranormale Phänomene gewesen sein, so die Forscher. Kein Wunder, dass das Schlosshotel im Gruselschocker „Bela Kiss Prologue“ von 2013 eine Hauptrolle spielt.

denkmalfreunde.de

339 CAROLINE CHRISTINE WALTERS GRAB, FREIBURG

Gerade mal 17 wurde Caroline Christine Walter, dann raffte sie die Tuberkulose 1867 dahin. Begraben wurde sie auf dem Alten Friedhof in Herdern, einem Stadtteil von Freiburg. Berühmt wurde die ewig junge Schöne, weil sie einen scheinbar unsterblichen Verehrer hat: Seit 150 Jahren liegen jeden Tag frische Blumen auf ihrem Grab, und niemand weiß, von wem sie stammen. Die Theorie vom geisterhaften Galan passt herrlich zum verwunschenen Friedhof mit seinen uralten Grabdenkmälern, der 1683 eingerichtet und 1872 stillgelegt wurde. Bei Führungen kann man seine und die Geschichte der Menschen, die auf ihm begraben sind, erleben.

www.alter-friedhof-freiburg.de

340 HEXENTREPPE, HARZ

Dank Goethes „Faust“ ist der Hexentanzplatz auf dem Brocken, dem Blocksberg, weltberühmt. Weniger bekannt und deutlich einsamer liegt dagegen die Hexentreppe auf dem Wurmberg oberhalb von Braunlage. Hier schlängeln sich in 890 m Höhe nahe der Seilbahn die schwarzen Stufen fast 300 m den Hang hinauf, bevor sie auf einem Plateau enden. Dort sollen, so erzählen es die Sagen, die Hexen gerastet haben, bevor sie zur Walpurgisnacht auf den 1. Mai zum nahen Brocken weiterflogen. Tatsache ist, dass sich auf dem künstlich eingeebneten Gipfel ein vorchristlicher Kultplatz befunden hat. Und in hellen Vollmondnächten mag man durchaus glauben, dass hier gleich eine Horde Hexen von ihren Besen steigt.

www.wurmberg-seilbahn.de

DEUTSCHLAND, EIN WINTER-MÄRCHEN

WINTER, GO HOME! SCHMUDDELWETTER, STRASSENGLÄTTE, SCHEIBEN FREIKRATZEN - DAS BRAUCHT KEINER. EHER DIE SCHÖNEN SEITEN DER KALTEN JAHRESZEIT: DICK VERSCHNEITE WÄLDER, FEINE SKIPISTEN, EISSKULPTUREN UND EINE WARME TASSE TEE VORM KAMIN ...

Als ob Frau Holle ihre Kissen über dem Rathaus in Seiffen im Erzgebirge ausschütteln würde ...

341 SCHEIDEGG, ALLGÄU

Stahlblauer Himmel und weiß gepuderte Allgäuer Landschaft –wenn Frau Holle über Scheidegg im Westallgäu ihre Kissen ausgeschüttelt hat, geht's hier traumhaft zu. Ob man dann in der nahen Pfänderregion die Hänge hinabwedelt oder lieber auf Schneeschuhen durch die weiße Landschaft stapft, auf Langlaufskiern in kräftigen Schwüngen vorwärts skatet oder einfach nur an tief verschneiten Tannenbäumen vorbeiwandert, ist eine Frage der Qual der Wahl. Auch fürs Eisklettern, Snowboarden oder Rodeln bieten sich in der kalten Jahreszeit beste Bedingungen, und wer mal keinen Schnee mehr sehen kann, erfährt im Scheidegger Handwerkermuseum „Heimathaus", wie die Allgäuer um 1900 herum wohnten und was man damals so alles im Tante-Emma-Laden einkaufen konnte.

www.scheidegg.de

342 BROCKEN, HARZ

Schon Goethe hat sich 1777 die Ohren in der herrlichen Harzer Winterlandschaft rot gefroren, als er hier durch den Schnee stapfte. Auf seinen Spuren können heute Winterwanderfreunde auf dem „Goetheweg" vom Örtchen Torfhaus bis auf die über 1100 m hohe Brockengruppe durch verschneite Landschaften stiefeln. Aber nicht nur Wander- und Langläuferherzen schlagen höher, es weht auch ein Hauch Alaska durch die Harzer Berge – bei Hundeschlittentouren. Und dann wäre da noch der Glühwein auf den stimmungsvollen Weihnachtsmärkten in Quedlinburg oder Goslar, der die Ohren zum Glühen bringt.

www.harzinfo.de

343 ERZGEBIRGE, SACHSEN

Wenn dies nicht das Winterwunderland ist, wo liegt es dann? Tief verschneite Wälder und Berge breiten sich aus für den, der den 1215 m hohen, winterlichen Fichtelberg bestiegen hat. Überhaupt: Wer gerne wandert oder spazieren geht, während auf den Bäumen dicke Schneepakete liegen, der findet hier unzählige Touren. Und wer's gerne weihnachtlich-romantisch hat, der wird sich wünschen, dass der Advent nie zu Ende gehe – so heimelig und atmosphärisch sind die unzähligen Weihnachtsmärkte der Region. Nicht zu vergessen: Die Räucher- und Bergmänner, die Schwibbögen und Pyramiden sind herrliche Souvenirs aus dem Winterweihnachtswunderland.

www.erzgebirge-tourismus.de

Tiefgefrorene Schönheit: der Alpsee mit Schloss Hohenschwangau.

344 SCHWANGAU, BAYERN

Auf den Bergspitzen das letzte Aufglühen der Sonne, der Alpsee ein glatter Spiegel, darüber Schloss Hohenschwangau, das in der weiß überzuckerten Landschaft noch viel mehr wie ein Märchenschloss wirkt. Wenn der Schnee sich über Berge und Wälder legt, wird's ruhig im tiefen Süden Bayerns, wo Traditionen noch sehr lebendig sind. Jetzt gibt es alpenländisches Adventssingen, und Kerzen sind das bevorzugte Leuchtmittel. Zumindest für einen Teil der Menschen im Schwangau. Den anderen zieht's raus in die Natur, auf die herrlich gemütliche Skipiste am Tegelberg etwa oder auf eine der unzähligen Langlaufloipen rund um den Ort. Winterwandern, Schneeschuhlaufen, Kutschfahren – festfrieren ist im Schwangauer Winter keine Option. Und wenn man irgendwann genug hat von Schnee und Eis und Kälte, dann besucht man Schloss Neuschwanstein, das direkt gegenüber von Hohenschwangau einen Bergrücken veredelt. Spannend ist auch das Museum der bayerischen Könige im ehemaligen Grandhotel Alpenrose.

www.schwangau.de

DEUTSCHLAND, EIN WINTER-MÄRCHEN

Die Natur betätigt sich am Ostseestrand eiskalt als Bildhauer.

345 FISCHLAND-DARSS-ZINGST, OSTSEE

Eine Wanderung oder ein rasanter Galopp auf einem Pferderücken über den endlos scheinenden Strand – die 45 km lange Halbinsel an der Ostseeküste zwischen Rostock und Stralsund bietet traumhafte winterliche Natur und Ruhe. Die einstigen Inseln Fischland, Darß und Zingst sind im Winter ein Reiterparadies, mit herrlichen Ausritten am Meer oder übers Land. Wer nicht selber reitet, aber gerne mit Pferdestärke unterwegs ist, für den ist eine Kremserfahrt – eine Kutschfahrt im Zweispänner – durch den stimmungsvollen Nationalpark Vorpommersche Boddenlandschaft genau das Richtige.

www.fischland-darss-zingst.de

346 BREITACHKLAMM, ALLGÄU

Schnell die warmen Winterstiefel geschnürt und auf zur nahe der deutsch-österreichischen Grenze liegenden Breitachklamm im Allgäu. In eisiger Winterzeit verwandelt sie sich in eine bizarre Wunderwelt aus Schneelandschaft samt bläulich schimmernder Eiszapfen und gefrorenen Wasserkaskaden. Entlang geht's am Breitachfluss, links und rechts vom Steg ragen mit Tannen, Moosen und Farnen bewachsene Felswände fast senkrecht auf. Riesige Eiszapfen scheinen an ihnen zu kleben, und zwischen den Felsen ist die Breitach, die sich in der warmen Jahreszeit hier rauschend in die Tiefe stürzt, zur eiskalten Skulptur erstarrt. Unvergesslich wird das Erlebnis bei einer Fackelwanderung in der Dunkelheit, wenn die vereiste Szenerie in geheimnisvolles Licht getaucht ist. Ob Tag oder Nacht, der Weg, der im Sommer 1904 eingeweiht wurde, ist auch im Winter gut begehbar.

www.breitachklamm.com

347 CAROLINENSIEL-HARLESIEL, OSTFRIESLAND

Wer sagt, die Nordsee sei nur etwas für Sommerfrischler? Im Winter erleben Urlauber die raue Küste von einer ganz neuen Seite, etwa ganz im Norden von Niedersachsen. Da locken windumbrauste Strandwanderungen oder der Besuch des festlich beleuchteten maritimen Wintermarktes, wo heißer Glühwein kalte Hände wärmt. Der liegt gleich beim idyllischen Museumshafen mit den historischen Segelschiffen und dem schwimmenden Weihnachtsbaum und erstreckt sich entlang der Promenade bis zum Jachthafen Harlesiel. Wer sich verwöhnen lassen will, sollte dem Kurzentrum „Cliner Quelle" einen Besuch abstatten, und wer die Geschichte des 1730 gegründeten Fischerortes mit den drei Häfen erzählt haben möchte, schaut (in den Weihnachtsferien) im Deutschen Sielhafen Museum in Carolinensiel vorbei.

www.lichtermeer-carolinensiel.de

348 SCHWARZWALD, BADEN-WÜRTTEMBERG

Schau an, der Schwarzwald! Im Herbst 2016 konnten Carving-Fans und Snowboarder bereits auf dem Feldberg ihre Schwünge über bestens präparierte Pisten ziehen, als noch alle alpinen Skigebiete vermeldeten: null Neuschnee! Zugegeben, dass sich die weiße Pracht auf dem mit 1493 m höchsten Berg Deutschlands außerhalb der Alpen schon Anfang November so breit macht, ist selten. Aber umso schöner, schließlich heißt es dann auf mehr als 70 Bergen über 1000 m: Ski und Rodel gut! Schneeschuh- und Winterwanderer dagegen bevorzugen jene Ecken, wo der Schwarz- nach ausgiebigem Schneefall zum unberührten Weißwald wird: Zwischen dick verschneiten Fichten stapft man dann durch einen wahren Märchenwald.

www.schwarzwald-tourismus.info

349 LÜNEBURGER HEIDE, NIEDERSACHSEN

Na, wenn das kein Klischee ist: ein paar Stunden durch den Schnee stapfen (oder im Pferdeschlitten gefahren werden), dann in einem der kleinen Gasthöfe einkehren und sich vorm prasselnden Kamin mit einer dampfenden Tasse Tee aufwärmen. Klischee hin oder her, genau das macht die als Naturpark ausgewiesene, rund 1000 km² große Heidefläche zwischen Hamburg und Hannover im Winter so unglaublich attraktiv. Wenn der Schnee die Farben gelöscht hat, das Lila des Sommers nur noch ferne Vergangenheit ist, dann ist die Stille der willkommenste aller Soundtracks. Zieht dann noch der Nebel um die Birken und Wacholderbüschen, dann scheint das wie reinste Zauberei.

www.lueneburger-heide.de

350 WALLBERG, ROTTACH-EGERN

Immer abwärts, mit Vollgas und im stiebendem Schnee, gerüttelt und geschüttelt, eine halbe Stunde lang. Dann vom Schlitten steigen – und sofort wieder los, rauf auf den Wallberg, zum nächsten Ritt auf der mit rund 6,5 km womöglich längsten Naturrodelbahn Deutschlands. Der Flug über 825 Höhenmeter in die Tiefe hat nur einen Nachteil: Das Adrenalin pumpt so heftig, dass man gar keine Augen hat für das Panorama mit Tegernsee und Alpen. Die oberbayerische Rodelbahn, rund 50 km südlich von München, ist also nichts für Kleinkinder. Aber für Genießer, auch, weil das Panoramarestaurant mit einer großen Sonnenterrasse zum Päuschen lockt.

www.wallbergbahn.de

WUNDERTÜTEN FÜR NEUGIERIGE

EINE STADT, DIE ES NICHT GIBT, SPRUDELFONTÄNEN UND EIN MUSEUM NUR FÜR BORSTENVIECHER - ALLES GANZ SCHÖN SCHRÄG HIER!

351 JOSEPHSKREUZ BEI STOLBERG

Preisfrage: Was haben der Eiffelturm und das Josephskreuz, ein Aussichtsturm auf dem Großen Auerberg im Südharz, gemeinsam? Richtig: Beide sind Stahlfachwerkkonstruktionen. Einzelne Bestandteile wie der Rundbogen am Fuß des 38 m hohen Doppelkreuzes wurden sogar direkt vom großen Vorbild kopiert. Zusammengehalten wird die 125 t schwere Konstruktion von rund 100 000 Nieten. Wer die 200 Stufen der Wendeltreppe erklimmt, der genießt einen atemberaubenden Blick vom Brocken bis zum Großen Inselsberg.

www.stadt-stolberg.de/Das_Josephskreuz

352 BIELEFELD, NORDRHEIN-WESTFALEN

„Bielefeld? – Das gibt's doch gar nicht!" Diese launige Antwort eines Gastes auf einer Studentenparty zog weite Kreise. 1994 in einem Vorläufer des Internets lanciert, wuchs die humorige These binnen kurzem zur sogenannten Bielefeldverschwörung heran. Derzufolge existiert die Stadt überhaupt nicht. In Wahrheit ist sie das Produkt eines gigantischen Täuschungsmanövers – wahlweise des CIA, des Mossad oder von Außerirdischen. Fest steht: An so geheimnisvollen Orten wie der Dr. Oetker Welt, wo in schicken Treppenhäusern Riesenpuddinge auf arglose Besucher lauern, könnte – wie vermutet – tatsächlich der Eingang zum mythischen Atlantis liegen ...

www.bielefeld.de

353 ACHTERBAHN-RESTAURANT, HAMBURG

Essen, das auf Schienen von der Decke schwebt? Was klingt, wie der Fantasie eines verrückten Kochs entsprungen, wird in der Hamburger Speicherstadt Wirklichkeit. Auch sonst geht es im „Schwerelos"-Restaurant zu wie im Zukunftslabor. Bestellt wird per Touchscreen. Wenn die Speisen dann in verschlossenen Deckeltöpfen auf Mini-Schlitten die Küche verlassen haben, befördern 17 kleine Fahrstühle die Schlitten auf bis zu 5 m Höhe. Von dort fliegen sie, nur von der Schwerkraft angetrieben, wie kleine Ufos durch den Raum, um schließlich in einer aberwitzigen Spirale mit Schwung am eigenen Tisch zu landen. Ganz ohne menschliche Bedienungen kommt aber auch das futuristische Lokal nicht aus: Heißgetränke und Cocktails werden ganz traditionell von Kellnern serviert.

www.rollercoaster-hamburg.de

Ist mitten in der Dr. Oetker Welt in Bielefeld ein Ufo gelandet? Nein, der Riesenpudding ist ein – Achtung! – Puddingautomat.

354 KALTWASSER-GEYSIR, ANDERNACH

Und schon wieder ein Eintrag ins Guinness-Buch der Rekorde: höchster Kaltwasser-Geysir der Welt! Mit einer Auswurfshöhe von 50 bis 60 m spielt die Fontäne in Andernach damit in der gleichen Liga wie die (Heißwasser-)Geysire in Island oder im Yellowstone-Nationalpark in den USA. Auf der Namedyer Werth, einer idyllisch gelegenen Halbinsel im Rhein bei Koblenz, wird das Wasser dagegen durch natürliches Kohlendioxidgas angetrieben, ähnlich wie bei einer Sprudelflasche, die man schüttelt. Etwa acht Minuten dauert eine Eruption, dann heißt es wieder 100 Minuten warten. Bereits 1903 war man bei einer Probebohrung auf Kohlensäurevorkommen gestoßen. Doch erst seit 2006 ist das Naturphänomen dank einer Betoneinfassung zugänglich.

www.geysir-andernach.de

355 GUBEN, BRANDENBURG

Dass Städte – je nach politischer Großwetterlage – den Namen wechseln, ist so ungewöhnlich nicht. Bekannte Beispiele sind etwa St. Petersburg/Leningrad oder Chemnitz/Karl-Marx-Stadt. Fast schon in Vergessenheit geraten ist, dass die Stadt Guben von 1961 bis 1990 den Namen Wilhelm-Pieck-Stadt Guben trug. Pieck war erster und einziger Staatspräsident der DDR – und gebürtiger Gubener. 1876 im östlichen Teil der Stadt, dem heute zu Polen gehörenden Gubin, geboren, trat er als junger Mann der SPD bei. Nach dem Ende des Ersten Weltkriegs gehörte er zu den Gründungsmitgliedern der Kommunistischen Partei. Im Exil in Moskau überlebte er den Stalin'schen Terror und sorgte 1945 in Deutschland zusammen mit Otto Grotewohl für die Zwangsvereinigung von SPD und KPD zur SED. Ein deutsches Schicksal, das durchaus Erinnerung verdient – wenn auch offensichtlich nicht im Namen einer Stadt.

www.guben.de

356 AMERIKA, SACHSEN

Keine Frage, Amerika liegt im Westen. Und hat im Osten Deutschlands, genauer gesagt im Freistaat Sachsen, einen winzig kleinen Namensvetter. Dabei handelt es sich nicht einmal um eine richtige Ortschaft, sondern um eine Fabrikkolonie aus dem 19. Jh. an der Zwickauer Mulde. Weil die Arbeiter auf dem Weg zu ihrer Arbeitsstätte in einem Kahn „über den Teich" – sprich den Fluss – gezogen werden mussten, bürgerte sich im Volksmund der Ortsname „Amerika an der Mulde" ein. So jedenfalls geht die Sage. Amtlich wurde die Neuschöpfung dann 1876, als der dazugehörige Güterbahnhof als „Bahnstation Amerika" eingetragen wurde. Seit dem 1. Januar 1994 gehört Amerika – heute ein beschauliches Fleckchen Erde mit Biergarten mitten im Grünen – zur nahen Stadt Penig.

www.penig.de/ortsteile/amerika

357 WALHALLA, REGENSBURG

Majestätisch erhebt sich ein von marmornen Säulen gesäumter Tempel über dem Donautal bei Regensburg, ganz so, als wäre der Parthenon aus Athen hier ein zweites Mal errichtet worden. Der Name des monumentalen Prunkbaus klingt allerdings so gar nicht hellenisch: Walhalla – benannt nach der Kriegerhalle in der nordischen Mythologie. Verdiente Männer und Frauen „teutscher Zunge" sollten dort nach dem Willen des Bauherrn, des bayerischen Königs Ludwigs I., eine würdige Gedenkstätte erhalten. 1842 nach zwölfjähriger Bauzeit feierlich eröffnet, wurden in seinem Innenraum die Büsten von 96 „Walhallagenossen" von König Heinrich I. bis Goethe aufgestellt. Zweck der Inszenierung: Nach den Niederlagen gegen Napoleon sollte das deutsche Volk an die ruhmreiche Größe der Nation erinnert werden. Übrigens: Unter den fast 200 Büsten – seit 2010 auch Heinrich Heine, der zu Lebzeiten nie in die „marmorne Schädelstätte" wollte – sind gerade mal 12 Frauen.

www.schloesser.bayern.de/deutsch/schloss/objekte/walhalla.htm

358 SCHWEINEMUSEUM STUTTGART

Ich glaub', mein Schwein pfeift! Bei mehr als 50 000 Exponaten auf den drei Stockwerken des Stuttgarter Schweinmuseums, immerhin das weltweit größte seiner Art, ist das auch kein Wunder. Hier wird endlich alles gezeigt, was Sie schon immer wissen wollten: von der Entwicklung der unterschiedlichen Schweinerassen über ihre Aufzucht bis hin zu ihrer mythologischen Bedeutung, ja, sogar der Verehrung

Das schräge Haus und die kleinen Häuser: Miniaturen bekannter Gebäude aus der Ostseeregion säumen den Weg zur Hauptattraktion.

359 DIE WELT STEHT KOPF, USEDOM

Es soll ja ganz hilfreich sein, die Dinge gelegentlich aus einem anderen Blickwinkel zu betrachten. Wer dazu konkreten Anschauungsunterricht benötigt, der fahre nach Trassenheide auf der schönen Ostseeinsel Usedom. Dort steht seit 2008 ein Einfamilienhaus auf dem Kopf, komplett eingerichtet und begehbar! Alle Einrichtungsgegenstände – gewöhnliche Möbelstücke ebenso wie Küche, Bad und Toilette – sind darin verkehrt herum, also an der Decke, installiert. Aber damit nicht genug. Das Haus steht auch noch schief, mit einem Gefälle von sechs Prozent. So kommt es, dass einen beim Gang durch das Treppenhaus ins „Erdgeschoss" ein leichter Schwindel erfasst. Ein akuter Fall von Seekrankheit sozusagen, nur ohne Meer.

www.weltstehtkopf.de

der Sau als göttliches Wesen von der Antike bis heute. Zusammengetragen hat die beeindruckende Sammlung die Gastronomin Erika Wilhelmer. Folgerichtig ist dem Schweinemuseum eine Gaststätte mit Biergarten namens „Schlachthof" angeschlossen, wo man beim Genuss einer zünftigen Schweinshaxe alsbald von der Theorie zur Praxis überwechseln kann.

www.schweinemuseum.de

WUNDERTÜTEN FÜR NEUGIERIGE

360 ARNIS, SCHLESWIG-HOLSTEIN

Die kleinste Stadt Deutschlands? Schwere Frage. Nein, es ist nicht Ummerstadt, und auch nicht Schnackenburg oder Ziegenrück. Die belegen laut Wikipedia lediglich die Plätze drei bis fünf in der Rangliste der kleinsten Städte. Unangefochtene Nummer eins ist Arnis in Schleswig-Holstein, mit beinahe 300 Einwohnern fast nur halb so bevölkerungsreich wie das zweitplatzierte Neumark. Und dabei so ein richtiges Schmuckstück: Malerisch auf einer Halbinsel an der Schlei gelegen, verzaubert das Örtchen seine Besucher mit der von alten Linden gesäumten Langen Straße, wo sich die ältesten Häuser aneinanderreihen wie Perlen an einer Schnur (siehe Bild). Doch darf man den Angaben der Stadtoberen überhaupt trauen? Immerhin wies sich die Stadt 50 Jahre lang auch als „Bad Arnis" aus, ohne jemals offiziell als Kurbad anerkannt worden zu sein.

www.arnis.de

So sauber und aufgeräumt ist die Straße in Deutschlands kleinster Stadt Arnis.

WUNDER-TÜTEN FÜR NEUGIERIGE

URLAUBS-ORTE MIT PATINA

AUCH KÖNIGE, KAISER UND KÜNSTLER BRAUCHEN MAL URLAUB VOM REGIEREN, DICHTEN UND MALEN. ALSO REISTEN SIE SCHON FRÜH AN SCHÖNE ORTE IN DEUTSCHLAND. DIESE HABEN SICH BIS HEUTE DEN GLANZ DES HOHEN BESUCHS BEWAHRT.

361 BAD KISSINGEN, BAYERN

Die Zahl der Prominenten, die Deutschlands bekanntesten Kurort besuchten, ist groß. Das Jahr 1864 ging sogar als Jahr der „Kaiserkur" in die Geschichte ein, weil nicht nur Zar Alexander II. samt Gattin, drei Kindern und 88 Personen Gefolge im damals schon zum Rang eines „Weltbads" erhobenen Kissingen logierte. Auch der österreichische Kaiser Franz Joseph I. und seine Frau Elisabeth, genannt Sisi, entspannten sich im Fränkischen, während der bayerische König Ludwig II. sich später dazugesellte. Wie wohltuend das Heilwasser aus den Salzquellen war, wusste man allerdings schon seit Jahrhunderten. Und so besitzt Bad Kissingen ein prächtiges Ensemble historischer Kurbauten und Parkanlagen, die eine Aufnahme ins Unesco- Weltkulturerbe rechtfertigen sollen.

www.badkissingen.de

362 WEIMAR, THÜRINGEN

Dass Goethe und Schiller in Weimar Freundschaft schlossen, war nicht nur eine Win-win-Situation für die beiden literarischen Giganten. Es war vor allem auch ein Glücksfall für die Stadt, die damit früh auf der touristischen Landkarte auftauchte. Heute kann man der Tradition nicht nur im Goethe-Nationalmuseum, dem Schiller-Haus oder dem Nationaltheater nachspüren, sondern vor allem auch im Hotel Elephant. Die 1696 gegründete Herberge, in der schon Goethe seinen 80. Geburtstag feierte, ist heute ein Luxushotel – das den Geist der Vergangenheit atmet.

www.weimar.de, www.hotelelephant weimar.com

363 RHEINREISE VON MAINZ BIS KÖLN

Mehr Patina geht nicht! Kaum ein Literat, Künstler oder Dichter, ob

Das älteste Deutschlands und laut Marlene Dietrich „das schönste der Welt": das Casino Baden-Baden.

aus England oder Deutschland, der nicht ab Ende des 18. Jhs. durch das Tal reiste, das landschaftlich spektakulär das Rheinische Schiefergebirge durchschneidet. Sogar einen eigenen Namen bekam die Epoche, in der der mit Burgen, Schlössern und fantastischen Felsformationen gespickte Flussabschnitt zum Objekt künstlerischer Schwärmerei wurde: Rheinromantik. Kein Wunder, dass ausgerechnet hier der Reiseführer geboren wurde: Mit dem Bändchen „Die Rheinreise von Mainz bis Köln" legte Karl Baedeker den Grundstein nicht nur für eine Reihe weiterer Reisebücher, sondern gleich für ein ganzes Genre.

www.baedeker.com

364 BADEN-BADEN, BADEN-WÜRTTEMBERG

Ob „Roulettenburg" einzig für die Kurstadt im Schwarzwald steht, oder ob Fjodor Dostojewski auch die anderen deutschen Casino-Städte meinte, in denen sich das Schicksal seines „Spielers" erfüllt, sei dahingestellt. Tatsache ist, dass sich der Russe (neben den Casino-Besuchen) von Baden-Badens Heilquellen Linderung versprach – wie viele seiner Landsleute. Sie und jede Menge anderer berühmter Persönlichkeiten machten das Städtchen an der Oos zum mondänen „Weltbad". Wer die Lichtentaler Allee heute entlangspaziert, spürt dieses Flair im prachtvollen Kurviertel, den Thermalbädern, dem Festspielhaus und der Spielbank noch immer.

www.baden-baden.de

Villa reiht sich an Villa reiht sich an Villa: Bäderarchitektur auf Usedom.

365 USEDOM, MECKLENBURG-VORPOMMERN

Ahlbeck, Heringsdorf, Bansin: Wer die herrliche Strandpromenade entlangläuft, die die drei Kaiserbäder miteinender verbindet, flaniert eine gute Stunde lang durch eine Vergangenheit, die an der Ostsee mondäner nicht sein könnte. Weiße Villa an weißer Villa, eine luxuriöser als die andere, ausstaffiert mit Erkerchen und Türmchen, Balkonen mit schnörkeligen Balustraden, Säulen, Freitreppen und Stuck, ganz viel Stuck. Eine derartig vielfältige Pracht gibt es nirgendwo sonst auf der Welt: Die Bäderarchitektur spiegelt den Reichtum der Berliner High Society, die Anfang des 20. Jhs. hinaus wollte aus der Stadt. Die Weite des Meeres genießen, baden, urlauben, aber standesgemäß, bitteschön! Der Glanz der Kaiserzeit wirkt bis heute nach, vor allem, wenn das Urlaubsdomizil eine der Villen ist.

www.kaiserbaeder-auf-usedom.de

366 HOTEL ATLANTIC, HAMBURG

Weit leuchtet das markante grüne Dach des ehemaligen Grand Hotels, in dem ab 1909 die Passagiere der Hamburg-Amerika-Linien-schiffe übernachteten, über die Außenalster. Heute mag Udo Lindenberg der bekannteste (Dauer-) Bewohner sein, aber wer hat nicht schon alles hinter der schneeweißen Fasasade gewohnt: der japanische Kaiser Hirohito und der Autopionier John Ford; Haile Selassie, dem Kaiser von Äthiopien, wurden ebenso skurrile Wünsche erfüllt wie asiatischen Geschäftsleuten, die ein lebendes Dromedar in die Lobby orderten. Das Hotel hat sich vom Staub der Jahre befreit und erstrahlt über 100 Jahre nach der Eröffnung wieder im alten Glanz.

www.kempinski.com

367 GARMISCH-PARTENKIRCHEN, BAYERN

Zwei grundverschiedene Faktoren machten den verträumten Ort im Schatten der Zugspitze, der mit seinen Lüftl-Malerei-verzierten Häusern bayerischer nicht sein könnte, zum frühen Touristenziel: die christliche Leidensgeschichte und das Vergnügen auf zwei Brettern im Schnee. 1871 war's, als König Ludwig II. durch seinen Besuch der Passionsspiele im nahen Oberammergau einen blaublütigen (Sommer-)Run in die bayerischen Alpen auslöste. Und ab 1926 lockte eine Seilbahn am Kreuzeck die ersten Skifahrer.

www.gapa.de

368 TORFHAUS, NIEDERSACHSEN

Es ist der 10. Dezember 1777. Johann Wolfgang von Goethe ist 28 Jahre alt und möchte auf den Brocken wandern. Was heute zwar anstrengend, aber ungefährlich ist, war damals ein echtes Abenteuer mit ungewissem Ausgang. Der junge Dichter schafft den Gipfelsturm, auch dank eines Försters, den er als Führer anheuern kann. Heute ist der Goetheweg einer der beliebtesten Wanderwege im Harz. Wer dem Trubel enkommen will, erkundet auf Goethes Spuren das Hochmoor bei Torfhaus mit seiner herb-schönen, nordisch-kargen Landschaft.

www.torfhaus.info

369 NORDERNEY, NORDSEEKÜSTE

Frische Seeluft ist gesund: Diese Erkenntnis bescherte der zweitgrößten der Ostfriesischen Inseln bereits 1799 ihr erstes Kurhaus. Jetzt kamen Könige und Künstler, um Meer, Dünen und frische Luft zu genießen oder, wie Otto von Bismarck, den Frauen hinterherzuschauen und sich wie Theodor Fontane über die hohen Preise zu beschweren. Die sind geblieben, wie viele der prächtigen Gründerzeithäuser: Nostalgie mit Nordseeflair.

www.norderney.de

„In Ansehung der Kunstschätze ein deutsches Florenz geworden": Johann Gottfried Herder schwärmt von Dresden.

370 DRESDEN, SACHSEN

Nur wenige deutsche Städte haben so viel Kunst, Kultur und Historie anzubieten wie die Landeshauptstadt Sachsens. Elbflorenz wird sie genannt, nicht nur wegen des Flusses, der der ehemaligen Residenzstadt der sächsischen Herrscher ein unverwechselbares Gesicht verleiht. Sondern vor allem wegen der Kunstsammlungen von Weltrang wie die Gemäldegalerie Alte Meister oder das Grüne Gewölbe und der zahlreichen prachtvollen Gebäude des Dresdner Barock zwischen Residenzschloss, Frauenkirche und Zwinger. Wer aber wahrhaft nostalgische Atmosphäre atmen möchte, sollte auf einem der Raddampfer der Sächsischen Dampfschifffahrt die Elbe hinauf in die Sächsische Schweiz fahren – so, wie es auch schon die Touristen des 19. Jhs. taten, als sie begannen, die herrliche Flusslandschaft und ihre markanten Felsklippen zu erkunden.

www.dresden.de
www.saechsische-dampfschiffahrt.de/

DEUTSCHLAND UNTER WASSER

UNTER DER WASSEROBERFLÄCHE WARTEN FREMDE WELTEN AUF DIE ERKUNDUNG – OB MIT ODER OHNE TAUCHERAUSRÜSTUNG.

371 DLRG TAUCHTURM, BERLIN

Der Tauchturm der Deutschen Lebens-Rettungs-Gesellschaft in Berlin sieht ein bisschen aus wie ein aufgestelltes gelbes U-Boot, ist 8 m hoch – und wer ins warme Wasser steigt, kann 150 m tief tauchen. Wie das? Der Druck im Turm kann künstlich erhöht werden, sodass die entsprechende Tiefe simuliert wird. Der Vorteil: Hier können Taucher gefahrlos Situationen wie den wechselseitigen Gebrauch von nur einer Sauerstoffflasche oder das Abnehmen und Ausblasen der Maske simulieren. Sehenswert ist übrigens auch das Gebäude im Stadtteil Spandau: Der Architekt hatte Anfang der 1970er-Jahre den Auftrag, ein Schiff an Land zu bauen. Und genau so sieht das dreieckige Siegfried-John-Haus, das durch seine ungewöhnliche Form viel Platz bietet, auch aus.

berlin.dlrg.de

372 WALCHENSEE, BAYERN

Es ist eben wie im richtigen Leben: Man muss hinter die Dinge schauen, um sie ganz zu erfassen. Oder drunter, wie beim herrlich in die oberbayerische Landschaft gegossenen Walchensee. Denn unter der Oberfläche, die an den Badestellen so schön klar und unschuldig daherkommt, geht‘s in dunkle Tiefen, in denen Monsterfische lauern und Goldschätze vor sich hin dämmern sollen. Den Sog des Abgrunds spüren Taucher am ehesten an der berühmten „Galerie“, einer eindrucksvollen Steilwand, die bis auf die knapp 200 m Maximaltiefe des Sees abfällt. Wer erfahren genug ist, kann davon schwärmen, wie ein Vogel an dieser Wand in einem der tiefsten Alpseen Deutschlands zu schweben. Aber Achtung: Bei 40 m liegt die Grenze, drunter herrscht absolute Lebensgefahr!

www.tauchbasis-walchensee.de

373 GASOMETER DUISBURG

Dass dieses Tauchabenteuer zumindest im Winter nichts für Weicheier ist, beweist der Blick auf die Wassertemperatur. Gerade mal

374 OZEANEUM, STRALSUND

Schon mal entspannt, während ein 26 m langer Blauwal über einem vorbeizieht? Möglich ist das in der Schau „1:1 Riesen der Meere“ in Europas größter Ausstellung zum Thema Ozeane. Die Begegnung mit den lebensechten Modellen in Originalgröße steht am Ende einer faszinierenden Unterwasserreise durch einen Kosmos, der so nah und doch so fern liegt. In Aquarien erlebt man die Welt der Nord- und Ostsee und wirft – Highlight dieses Bereichs – einen Blick in den offenen Atlantik: 2,6 Mio. Liter Meerwasser fasst das 9 m tiefe Rundbecken, das man von zwei Ebenen aus bestaunt. Ganz nah kommt man den zehn Humboldt-Pinguinen auf der Dachterrrasse.

www.ozeanum.de

Das unendliche Blau des Meeres: besondere Einsichten im Ozeaneum.

7 °Celsius zeigt das Thermometer, denn die 21 Mio. Liter werden nur so warm, wie die Witterung es zulässt. Auch sonst bietet die ehemalige Gaslagerstätte mit 45 m Durchmesser und 13 m Tiefe jede Menge (kontrolliertes) Abenteuer. Die Macher haben nämlich Auto- und Flugzeugwracks versenkt, ein künstliches Riff angelegt, man kann durch Rohre tauchen und überhaupt jede Menge in der Tiefe entdecken. Nicht selten, dass es mit einem Tauchgang nicht getan ist ...

www.tauchrevier-gasometer.de

375 BLAUTOPF, BADEN-WÜRTTEMBERG

Streng genommen dürfte die Quelle der Blau nicht mehr in diesem Kapitel auftauchen. Früher war sie eine Legende bei Höhlentauchern: Wer in das finstere Reich hinter der magisch blau leuchtenden Karstquelle eindringen wollte, musste erst durch die „Düse" – einen nur 1,40 Meter schmalen Spalt am Grund der Quelle – und dann fast 1,3 km tauchen, bis er unter der Erde an Land steigen konnte. 2010 wurde ein Zugang geschaffen, der einen die Höhle trockenen Fußes erreichen lässt. Fürs Publikum ist die auf mittlerweile über 13 km erforschte Höhle dennoch nicht geöffnet. Denn Tauchen muss man an vielen Stellen der Höhle immer noch – wie man auf der Website der Arbeitsgemeinschaft Blautopf eindrucksvoll sehen kann!

www.blauhoehle.org

Schweben, lauschen und den Alltag in der Thermalsole aus der Fontanequelle in Neuruppin versinken lassen.

377 LIQUIDROM, BERLIN

Eine weite Kuppel, wenig Licht, herrlich warme Thermalsole, sphärische Unterwasserklänge. Und dann wird geschwebt. Und noch ein bisschen mehr geschwebt. Und entspannt. Die Gedanken wandern, der Raum mit seinen bogenförmigen Öffnungen wirkt wie ein gelandetes Ufo aus einer weit entfernten Galaxie. Eigentlich möchte man gar nicht mehr raus, aber länger als eine Stunde sollte das Schweben im 36-38 ° Celsius warmen Wasser nicht dauern. Und jetzt? Kann man sich massieren lassen. In eine der (kleinen) Saunas gehen. Oder sich aufs Wiederkommen freuen, vielleicht bei einer der Veranstaltungen. Wenn Nacht der Lichter ist, Electronic Night oder eine Unterwasserlesung.

www.liquidrom-berlin.de

376 DIVE4LIFE, SIEGBURG

Wo kann man sonst schon gefahrlos durch die Ruinen einer antiken versunkenen Stadt tauchen? Das Tauchcenter in der Nähe von Köln ist mit 3 Mio. Litern Wasser und einer Tiefe von 20 m das größte Indoor-Tauchbecken Europas. Nicht nur erfahrene Unterwasserfans haben hier ihren Spaß, auch Anfänger können dank der in unterschiedlicher Höhe montierten Plattformen erste Flossenschläge in der neuen, unbekannten Welt machen. Und das Komfortabelste: Das Wasser hat eine gemütlich-tropische Temperatur von 26 ° Celsius.

dive4life.de

378 HBO2 DRUCKKAMMER-ZENTRUM, FREIBURG

Abtauchen, ohne auch nur den kleinen Zeh ins Wasser zu hängen: In der Druckkammer geht es per Simulation in 50 m Tiefe. Auf diese Weise kann man gefahrlos erleben, welche Belastungen auf den Körper beim Abstieg ins Wasser zukommen. Und erfährt am eigenen Leib, wie wichtig es ist, sich beim Auftauchen genug Zeit zu lassen. Wenn keine Tauchseminare angeboten werden, dann wird die Druckkammer zur Hyperbaren Sauerstofftherapie eingesetzt: Durch das Einatmen von Sauerstoff unter erhöhtem Druck sollen die Auswirkungen chronischer Krankheiten und Wunden, Tinnitus und Migräne therapiert werden.

www.hbo2.de

379 TAUCHERKESSEL, LÖBEJÜN

Dort, wo früher Braunkohle ans Tageslicht geholt wurde, hat sich das (Grund-)Wasser breitgemacht, als die Pumpen abgestellt wurden. In den drei Steinbruchbecken in Sachsen-Anhalt hat sich keiner die Mühe gemacht, die Bergwerksutensilien vor dem eindringenden Nass zu retten – sehr zur Freude der Taucher. Die können jetzt nämlich zwischen Draisinen, Loren, Gleisanlagen und einen Pumpenhaus durchs Wasser schweben.

www.taucherkessel.com

380 WILDPARK-MV, GÜSTROW

Sonst sind Haie die Stars der Aquarienwelt. Nicht so in diesem Wildtierpark: Der Aquatunnel und eine 30 lange Aquarienwand bieten, ungewöhnlich genug, Einblicke in das Unterwasserleben eines Flusses. Und dort sind nun mal die Hechte die Jäger, und Karpfen, Stichlinge und Zander tummeln sich im leuchtenden Grün. Schön, dass hier tierische Begegnungen auch außerhalb des Wassers stattfinden: Wann kann man schon Wölfe, Braunbären, Frettchen, Luchse, Auerochsen und Wildkatzen an einem Fleck beobachten?

www.wildpark-mv.de

DIE SCHÖNSTEN SONNEN-UNTERGÄNGE

BALD 26 000 MAL SIEHT EIN 70-JÄHRIGER MENSCH DIE SONNE AUF- UND WIEDER UNTERGEHEN. AN DIE MEISTEN DIESER SPEKTAKEL, DIE DAS ZENTRALGESTIRN TAG FÜR TAG INSZENIERT, KANN MAN SICH NICHT ERINNERN. AN DIE IN DIESEM KAPITEL ALLERDINGS SCHON – VERSPROCHEN!

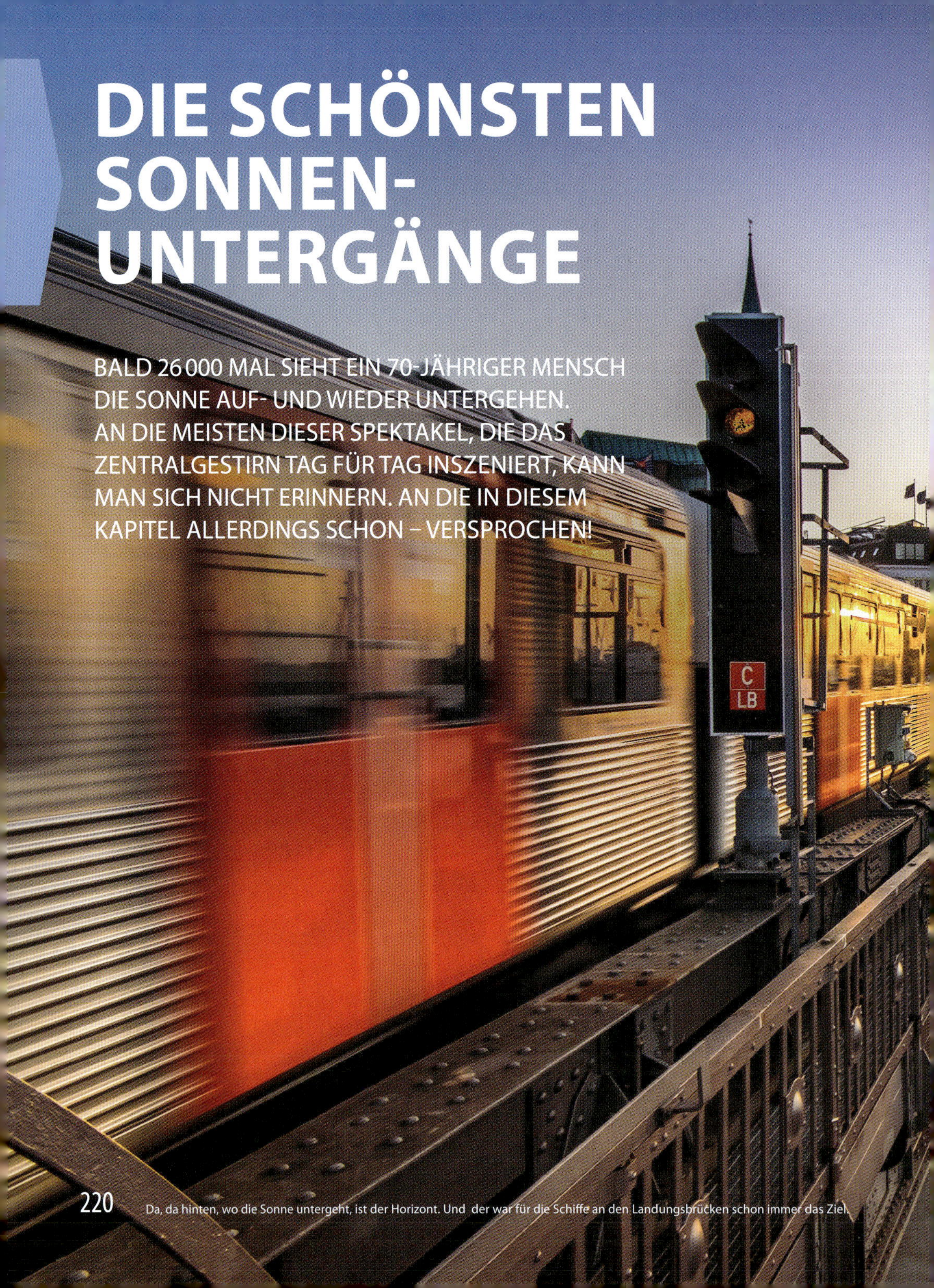

Da, da hinten, wo die Sonne untergeht, ist der Horizont. Und der war für die Schiffe an den Landungsbrücken schon immer das Ziel.

381 LANDUNGSBRÜCKEN, HAMBURG

Einmal die Nase in den Wind halten, den Duft der weiten Welt schnuppern und der Sonne beim Abtauchen zuschauen ... Das geht in Hamburg wunderbar an den Landungsbrücken von St. Pauli, der historischen Anlegestelle für Personenschiffe. Der Verkehrsknotenpunkt am Elbufer bietet eine tolle Sicht auf den gegenüberliegenden Hafen bis zur Elbphilharmonie und ist nicht nur zum Sonnenuntergang bei Hamburgern und Touristen ein beliebtes Ziel. Einst ging es von hier aus tatsächlich auf den großen Dampfern nach Übersee. Heute legen von den 688 m langen schwimmenden Pontons Schiffe bescheideneren Ausmaßes ab wie etwa Barkassen für die Hafenrundfahrt, Fähren und die Katamarane nach Helgoland. Das denkmalgeschützte Abfertigungsgebäude aus Tuffstein stammt aus dem Jahr 1907. Besonderheit: Einer der beiden Türme zeigt sinnigerweise an der Wasserseite nicht nur die Uhrzeit, sondern auch den Wasserstand an.

www.hamburg.de/landungsbruecken

382 ZUGSPITZE, BAYERN

Freie Sicht auf mehr als 400 Gipfel und einen Fernblick von bis zu 250 km verspricht die Zugspitze – vorausgesetzt, die Wetterverhältnisse sind optimal. Aber auch bei nicht ganz so perfekter Witterung ist der Panoramablick von Deutschlands höchstem Gipfel ziemlich überwältigend. Das gilt natürlich ebenso für die Sonnenuntergänge. Um sie erleben zu können, ist während der Sommerzeit allerdings ein bisschen Planung angesagt. Denn die letzten Bahnen fahren viel zu früh talwärts. Also heißt es, hier oben zu übernachten. Oder an einem der begehrten Fondue-Abende teilzunehmen, die allerdings nicht ganz billig sind. Noch ein Tipp: Auch der Sonnenaufgang auf dem Zugspitzgipfel ist wunderschön. Entsprechende Sonderfahrten finden jeweils sonntags im September und Oktober sowie im Januar und Februar statt.

www.zugspitze.de, www.zugspitze.at

Wer auf der Zugspitze übernachtet, kann die Sonne in die Nacht verabschieden und am nächsten Morgen wieder begrüßen.

383 HALDE HANIEL BEI OBERHAUSEN

Die Halden im Ruhrgebiet sind die sichtbaren Zeugnisse des Bergbaus, entstanden durch die Aufschüttung von Bergmaterial, Schlacke und Schutt. Einige von ihnen ragen mehr als 100 m aus der meist flachen Landschaft. Die höchste unter den „Big Five", die Halde Oberscholven bei Gelsenkirchen, erreicht sogar eine Höhe von 137 m, ist aber leider nur bei bestimmten Anlässen begehbar. Wohingegen man die Halde Haniel an der Stadtgrenze zwischen Oberhausen und Bottrop, mit 128 m die Nummer zwei, jederzeit besteigen kann. Zusammen mit der benachbarten Halde Schöttelheide bildet sie sogar eine regelrechte Hügelkette. Ihr Gipfelplateau mit 105 Totempfählen des Bildhauers Agustín Ibarrola ist ein herrlicher Platz, um das letzte Abendlicht zu genießen. Und in der Vulkanlandschaft der Halde wartet sogar noch eine Überraschung: die Bergarena – ein kleines Amphitheater.

www.halden.ruhr

384 AUSSICHTSPLATTFORM BIGGEBLICK

Attendorn liegt im Sauerland, unweit der A45 zwischen Olpe und Lüdenscheid. Nie gehört? Zugegeben, hier steppt nicht unbedingt der Bär. Aber landschaftlich hat die Hansestadt ein paar echte Perlen zu bieten. Da ist zum einen die Atta-Höhle, eine der schönsten Tropfsteinhöhlen Deutschlands. Und zum anderen der Biggesee mit dem Biggeblick, einer stählernen Aussichtsplattform, die von einem Tourismusmagazin in die Liste der 23 „krassesten Skywalks" der Welt aufgenommen wurde. In 90 m Höhe genießt man hier einen fantastischen Ausblick auf die Talsperre, die Gilberginsel und die Burgruine Waldenburg. In der Abenddämmerung und nachts entfaltet die runde Plattform dann noch einen zusätzlichen Reiz: Dank einer raffinierten Beleuchtung scheint der Ausguck wie ein Ufo über den Baumwipfeln zu schweben.

biggesee-listersee.com

385 BAUMKRONENPFAD BEELITZ

Ein faszinierendes Erlebnis wartet in einem riesigen Waldgebiet südwestlich von Potsdam. Inmitten der weitläufigen Parkanlagen der Beelitzer Lungenheilstätten flaniert man auf einem Baumkronenpfad in rund 20 m Höhe über den Wipfeln. Wirklich einmalig dabei: Der 320 m lange Weg führt über die Ruine eines mehrstöckigen ehemaligen Klinikgebäudes, dessen Dach selbst mit einem Wald bewachsen ist – Natur und Architektur in perfekter Symbiose. Das ganze Gelände ist von einer einzigartigen Aura umweht. Nicht ohne Grund bildeten die Heilstätten die Kulisse für international bekannte Filme wie „Der Pianist", „Operation Walküre" und „Street Dance". Gleich zu

Beginn des Pfades überragt ein 40 m hoher Turm das Areal, wie dafür geschaffen, um die Sonne über dem Blätterwald versinken zu sehen.

www.baumundzeit.de

386 WYK AUF FÖHR

„Friesische Karibik", unter diesem Slogan stimmen die Touristiker ein Loblied auf die Insel Föhr an. Sie ist aber auch eine besondere Schönheit, die zweitgrößte deutsche Nordseeinsel, mit kilometerlangen Sandstränden und schnuckeligen reetgedeckten Backsteinhäusern. Das gilt selbstverständlich auch für die Hafenstadt Wyk im Südosten von Föhr. Mit dem Sandwall verfügt sie über eine berühmte Seepromenade mit Blick auf die Halligen, die kleinen Marschinseln im nordfriesischen Wattenmeer. Die Promenade mit ihren Cafés ist auch ein prima Ort für Sonnenuntergänge: im Sommer in T-Shirt und Sandalen bei einem Karibik-Eisbecher, in der restlichen Zeit des Jahres dick eingemummelt in Windjacke und Schal bei einem steifen Grog.

www.foehr.de

387 RÜGEN & HIDDENSEE

„Wenn bei Capri die rote Sonne im Meer versinkt ..." Natürlich kannte Theodor Fontane den Schlager aus den 1950ern nicht. Aber der Schriftsteller fühlte sich im kleinen Örtchen Lohme auf Rügen, wo er für seinen Roman „Effi Briest" recherchierte, ans italienische Sorrent erinnert. Und die Sonnenuntergänge ähnelten, so notierte er, eben jenen vor der Küste von Capri. Auch heute noch bekommt man hier und auf den berühmten Kreidefelsen, die sich auf einer Länge von 15 km bis Sassnitz ziehen, italienische Gefühle, wenn die Sonne in die Ostsee ditscht. Beobachten kann man das übrigens auch von der kleinen Schwesterinsel Hiddensee aus, wo es viel gemächlicher zugeht. Hier stört kein Autolärm die goldene Abendstimmung – denn Individualverkehr gibt's nur per Kutsche und Fahrrad.

www.ruegen.de,
www.seebad-hiddensee.de

388 TEMPELHOFER FELD, BERLIN

Auf dem Tempelhofer Feld wurde Luftfahrtgeschichte geschrieben: Hier unternahmen Pioniere erste Flugversuche, hier landeten während der Berlin-Blockade 1948/49 die berühmten Rosinenbomber, die die Stadt mit allem Lebensnotwendigen versorgten. Doch seit 2008 ist mit der Fliegerei Schluss. Auf den ehemaligen Start- und Landebahnen ziehen nun Inlineskater lässig ihre Bahnen und Kiteboarder erproben ihre Geschicklichkeit im Kampf mit dem Wind. In die Luft gehen hier nur noch Drachen. Und auf den riesigen Grünflächen grillen die Berliner um die Wette oder widmen sich dem Urban Gardening. Bis zum Sonnenuntergang die Tore schließen.

www.thf-berlin.de

389 SCHAUINSLAND, SCHWARZWALD

Sein Name ist Programm: Der Hausberg von Freiburg im Breisgau ist ein klassischer Aussichtsberg, samt Kabinenseilbahn, Gastronomie und Aussichtsturm, von dem man bei guter Sicht einen herrlichen Blick über das Rheintal in die Vogesen bis in die Schweizer Alpen genießen kann. Viele Jahrhunderte aber galt das Interesse mehr dem, was im Berg schlummerte, nämlich Bodenschätze wie Silber, Blei und Zink. Seit der Bergbau eingestellt wurde, sind viele Stollen in Museumsbergwerke umgebaut worden. Nach einem solchen Besuch in der Erde wirkt der Sonnenuntergang doppelt so schön.

www.schauinslandbahn.de

390 KÖLNER DOM

Was tun, wenn man Köln im Abendlicht aus der Vogelperspektive sehen will? An einer Dachführung auf den Dom teilnehmen! Die dauert satte 1,5 Stunden und zumindest beim letzten Termin um 17.15 Uhr genießt man (im Winter) das Abendrot auf Augenhöhe mit den Wasserspei-

Ein Traum von einer Wiese: Das Tempelhofer Feld ist eine Oase für großstadtgeplagte Berliner.

ern. Wer noch eins draufsatteln will, kann bei der Kölner Philharmonie sogar eine Dachführung mit anschließendem Konzert buchen. Das findet dann aber nicht in luftiger Höhe, sondern ganz konventionell im Konzertsaal statt.

www.domfuehrungen-koeln.de/Dach

DIE SCHÖNSTEN SONNENUNTERGÄNGE

VERRÜCKT SCHLAFEN

NORMAL KANN JEDER. WER SICH MAL EINE BESONDERE BLEIBE GÖNNEN MÖCHTE, MUSS DAFÜR KEINE 5-STERNE-PREISE BEZAHLEN. VORAUSGESETZT, MAN IST BEREIT, IM WEINFASS ODER IM KOFFER ZU SCHLAFEN.

391 LEUCHTTURM GLOWE, RÜGEN

Der weiß-rote Turm, der aus der Ostseelandschaft auf Deutschlands größter Insel ragt, strahlt zwar kein Leuchtfeuer aus, dafür aber Ferienidylle pur. Mit seinen vier Etagen inklusive der gläsernen Turmkuppel mit 360°-Balkon scheint der Leuchtturm wie gemacht für die große, moderne Ferienwohnung, die er beherbergt. Ist er auch. Genau genommen ist er das Produkt einer Fernsehsendung, bei der die Zuschauer per Televoting darüber entscheiden konnten, wie Fassade, Dach, Fußböden, Bad, Küche, Treppenhaus und Terrasse gestaltet werden sollen. Man kann sich also beruhigt im Sessel zurücklegen, in der sicheren Annahme, dass kein anderes Feriendomizil Deutschlands demokratischer eingerichtet wurde als dieses.

www.ferien-im-leuchtturm.de

392 KOFFERHOTEL, SACHSEN

Nun gut, Ferien auf knapp dreieinhalb Quadratmetern sind vielleicht nicht jedermanns Sache. Aber diesen Anspruch erhebt Deutschlands kleinstes Hotel im mittelsächsischen Lunzenau auch gar nicht. Die beiden – und das ist nicht wertend gemeint! – „Schuppen" sind äußerlich einem Koffer nachempfunden und innen mit Stockbett und einer kleinen sanitären Nische ausgestattet, das war's dann auch schon. Trotzdem taucht das „Koffftel" des sächsischen Gastronomen und Hobby-Sammlers Matthias Lehmann heute auf diversen Listen mit Deutschlands Top-Sehenswürdigkeiten auf. Zumindest dürfte die Attraktion für jedes Budget erschwinglich sein: Gerade mal 15 Euro kostet die Übernachtung pro Person.

www.prellbock-bahnart.de/kofferhotel/kofferhotel01.htm

393 TREE INN, DÖRVERDEN

Im Wolfcenter Dörverden zwischen Bremen und Hannover schlafen Gäste unter Wölfen – oder besser gesagt: über Wölfen. Das luxuriös ausgestattete Baumhaus thront direkt über einem Gehege Europäischer Grauwölfe. Aus dem Whirlpool heraus geht der Blick in den umgebenden Wald, eine große Dachterrasse bietet einen guten Blick auf das Rudel fünf Meter tiefer. Aber keine Sorge: Die Raubtiere werden großzügig gefüttert – und die Gäste übrigens auch. Frühstück und Abendessen werden sogar ins Baumhaus gebracht. Das Abenteuer hat allerdings seinen Preis: 420 Euro muss ein Paar für die Übernachtung inklusive Parkeintritt und Frühstück berappen.

www.tree-inn.de

Die Wölfe haben gerade Ausgang: das Baumhaus im Wolfcenter Dörveden.

394 KLOSTERHOTEL MARIENHÖH, LANGWEILER, RHEINLAND PFALZ

Honeymoon im Kloster? Das familienfreundliche Lifestyle-Hotel verbindet das beruhigende, friedliche Ambiente des Marienhöh-Klosters mit allen Annehmlichkeiten eines modernen Luxushotels inklusive Sportprogramm, Tagungsräumen, Kinderbetreuung, Wellness-Bad und Feinschmeckerrestaurant. Enthaltsamkeit und Morgengebet sind höchstens noch optional – wobei die gehobene Küche und die bequemen Betten die Lust darauf nicht gerade fördern dürften. Zeit für Besinnung und Gespräche über Gott und die Welt dürften sich in der landschaftlichen Idylle des Naturparks Saar-Hunsrück aber fast von selbst ergeben.

www.klosterhotel-marienhoeh.de

395 GROSSER MICHEL, HAMBURGER HAFEN

Authentischer lässt es sich in Hamburg wohl kaum übernachten. Jahrzehntelang tuckerte die Fähre „Großer Michel" durch den Hamburger Hafen. Nach ihrer „Pensionierung" als solche wurde sie edel und aufwendig umgebaut, um erneut Passagiere aufzunehmen. Die brechen jetzt allerdings zur Eventfahrt auf. Oder übernachten in einer der fünf Einzel- und Doppelkabinen mit bequemem Bett, Dusche und WC. Besonders vom modernen Oberdeck mit Schiffsbistro bietet sich vom Liegeplatz am Sandtorhöft direkt neben der Elbphilharmonie ein herrlicher Blick auf den Hafen. Also noch schnell einen Absacker trinken und dann ab in die Koje.

www.grossermichel.de

Maritime Gemütlichkeit im Hamburger Hafen: Koje und Kajüte im Hotelschiff „Großer Michel".

VERRÜCKT SCHLAFEN

Ja, auch das ist möglich: das Kultauto Trabi samt mitgeführter Hoteletage im zweiten Stock.

396 WEINFASS-ZIMMER RÜDESHEIM, HESSEN

Der Wein gehört zum Rheingau wie der Korken in die Flasche. Was wäre also treffender, als in einer der bekanntesten Qualitätswein-Regionen Deutschlands in einem Weinfass zu übernachten? Ganz so rustikal wie bei Diogenes geht es allerdings nicht zu: Die Weinfasszimmer des Hotel Lindenwirt verfügen immerhin über zwei schmale Einzelbetten, ein kleines Wohnzimmer, Dusche und Toilette. Alles in allem, das kann man wohl so sagen, eine ziemlich runde Sache.

www.lindenwirt.com/weinfass-zimmer.html

397 BAUMHAUS-HOTEL KULTURINSEL EINSIEDEL, SACHSEN

Einmal in Wipfeln schlafen und neben trillernden Vögeln aufwachen. Im Baumhaushotel an der deutsch-polnischen Grenze, etwa 20 km nördlich von Görlitz, werden Kindheitsträume wahr. Neun individuelle, bewohnbare Baumhäuser stehen hier im Wald des dazugehörigen Freizeitparks in einer Höhe von bis zu 10 m. Die meisten sind eng und verwinkelt, oft verteilen sich die Schlafplätze über mehrere Etagen. Luxus? Darum geht's hier nicht, sondern um Abenteuerlust und den Spiel- und Entdeckergeist. Zum Programm zählen ein Kesselbad, die Wellness-Welt und eine Dinnershow.

www.kulturinsel.com/baumhaushotel-abenteuernaechte.html

398 RE:HOF RUTENBERG, NIEDERSACHSEN

Auszeit im Grünen: Auf diesem 2 ha großen ehemaligen Pfarrhof hat sich ein niederländisches Ehepaar seinen Lebenstraum erfüllt. Wo noch 2012 das halb verfallene Pfarrhaus aus einer Unkrautwildnis ragte, liegt heute ein nachhaltig angelegtes Ferienzentrum mit modernen Lofts auf dem alten Heuboden, verspielten Gästepavillons mit großen Glasfronten sowie einer Ferienwohnung im ehemaligen Pfarrhaus. Die Anlage grenzt direkt an die Wälder-und-Wasser-Welt des Naturparks Uckermärckische Seen. Die Frühstückszutaten holt man sich natürlich im hauseigenen Hofladen, der Bio-Produkte von regionalen Bauern verkauft.

www.rehof-rutenberg-ferienhaus-brandenburg.de

399 ERLEBNISBAHN RATZEBURG, SCHMILAU

Im Innern gedeihen Palmen oder meditieren goldene Buddha-Statuen, die Wände sind mit Szenen aus Hawaii, Afrika oder Indien bemalt. Jedes Abteil der ausgedienten Schlafwagenwaggons im schleswig-holsteinischen Schmilau ist individuell gestaltet. Abwechslungsreich geht es nicht nur bei der Übernachtung zu: Auf dem Tagesprogramm im Freizeit-Erlebnispark Ratzeburg stehen unter anderem die Fahrt mit der schweren Handhebeldraisine, eine Radtour auf dem Sechs-Personen-Rad oder eine Paddeltour in „Schwimmschuhen" – eine Mischung aus Kanu und Langlaufski.

www.erlebnisbahn-ratzeburg.de

400 BASE CAMP, BONN

Wer meint, Camping bedeutet Zelt, schwabelige Luftmatratze, Dosenravioli und Lagerfeuer, wird in dieser ehemaligen Bonner Lagerhalle eines Besseren belehrt. Perserteppich mit Ohrensessel im Vorzelt? Kein Problem. Hirschgeweih über der Campertür? Wird gemacht. Im selbst ernannten „coolsten Hostel der Welt" nächtigt man im individuell ausgestatteten Retro-Wohnwagen, im Liegewagenabteil, im 70er-Jahre-Make-Love-Not-War-VW-Bus, in der Gondel, im Rockband-Tourbus oder im Dachzelt eines Trabi. Der Indoor-Campingplatz ist übrigens nicht nur Backpackern vorbehalten. Selbst Motorrad-Gangs und Hochzeitsgesellschaften nisten sich hier ein.

www.basecamp-bonn.de

EIN GRÜNES WUNDER ERLEBEN

RAUS AUS DER STADT, REIN IN DIE NATUR: WER DIESE ORTE UNTER FREIEM HIMMEL BESUCHT, WIRD SEIN BLAUES – PARDON, SEIN GRÜNES – WUNDER ERLEBEN.

401 DIE DICKE MARIE, BERLIN

Sie hat 800 Jahre auf dem knorrigen Buckel, steht im Tegeler Forst und heißt wie eine Köchin: Die Dicke Marie ist der wohl älteste Baum Berlins. Ihren Namen hat sie, so heißt es, von Alexander und Wilhelm von Humboldt, die im nahen Schloss aufwuchsen. Offensichtlich war die Stieleiche schon damals ein mächtiger Baum, da er die Buben an ihre beleibte Köchin erinnerte. Heute jedenfalls ist die Dicke Marie 26 m hoch und hat – was noch viel beeindruckender ist – einen Stammumfang von sage und schreibe 6,65 m. Wer Sie besuchen möchte, verbindet dies mit einem Spaziergang am Ufer des Tegeler Sees und mit einer Dampferfahrt. Das Gartenrestaurant „Waldhütte“ bietet sich an, falls man sich nach der Begegnung mit dem mächtigen Baum erstmal setzen muss. Sein Alter übrigens ist nicht gesichert. Eine Bestimmung wäre nur möglich, wenn man den Riesen für eine Untersuchung anbohren würde – aber wer will das schon?

www.visitberlin.de/de/node/11095

402 ELBSANDSTEINGEBIRGE, SACHSEN

Was da westlich und östlich der Elbe aufragt, ist ein grünes Wunder im Wandel. Weil weite Teile des Elbsandsteingebirges zum Nationalpark Sächsische Schweiz gehören, verändert sich langsam aber sicher der Wald: Die natürlichen Eichen-Hainbuchen-Wälder können sich jetzt verlorenes Terrain zurückholen. Wer von einem der vielen Aussichtspunkte wie der berühmten Bastei schaut, staunt: bizarre Felsformationen, so weit das Auge reicht, Türme und Kamine, Wände und Terrassen, Burgen und Ruinen. Vor allem, wenn der Nebel durch die Schluchten

Die Natur holt sich das Menschenwerk zurück: der Landschaftspark Duisburg-Nord.

und über die Bäume hinwegzieht und Sandsteinnadeln, -türme und -zinnen watteweich verwischt, ist das Bild unvergesslich. Am stilvollsten besucht man die Sächsische Schweiz von Dresden aus per Schiff. Erkunden lässt sich das Gebiet der Tafelberge, Klippen, Höhlen und Flussauen dann am besten zu Fuß. Vielleicht hat man sogar Glück und sieht einen Luchs durchs wilde Grün schleichen.

www.nationalpark-saechsische-schweiz.de

403 LANDSCHAFTSPARK DUISBURG-NORD

Wer den 70 m hohen Hochofen 5 besteigt, mag kaum glauben, dass hier mal die Flammen loderten, flüssiger Stahl gegossen wurde, Metall auf Metall lärmte. Aus dem früheren Eisenhüttenwerk in Meiderich ist ein Paradies geworden, dessen üppiges Grün an die rostbraunen Überbleibsel der Industrieproduktion brandet. Heute sind die Funken, die in den alten Hallen sprühen, kreativer Natur, heiß ist nur die Currywurst, die im Hauptschalthaus serviert wird, und der alte Erzbunker und die Hochöfen sind zu Spielplätzen für Hochseilgarten und Klettersteige geworden. Bunt geht's am Wochenende zu, wenn die Anlagen fantastisch illuminiert werden.

www.landschaftspark.de

404 NEBELHORN, OBERSTDORF

Eigentlich kennt man das 2224 m hohe Nebelhorn vor allem dann, wenn es sich ganz in Weiß hüllt. Schließlich ist es nicht nur das höchstgelegene Skigebiet im Allgäu, es ist auch das mit der längsten Abfahrt Deutschlands (7,5 km). Der Besuch lohnt sich aber nicht nur, wenn der Schnee die Hänge und Gipfel mit seiner weißen Pracht bedeckt. Auch im Sommer, wenn die erstaunlich grünen Almen den grauen Felsen die harten Kanten nehmen, ist eine Fahrt mit der Nebelhornbahn in die Höhe ein ganz besonderes Erlebnis. Auch Wanderer sind hier eher auf der sanften Seite, dank mustergültig (manchmal sogar kinderwagen- und rollstuhltauglich) ausgebauter Wege. Ein Traum in Grün: der Seealpsee. Und warum der 400-Gipfel-Panorama-Blick so heißt, wie er heißt, kann man sich gut vorstellen.

www.das-hoechste.de/sommer/wandern/nebelhorn

405 SAARSCHLEIFE BEI METTLACH, SAARLAND

Ein bisschen sieht es aus, als hätte es sich die Saar im allerletzten Moment anders überlegt. Vom berühmten Aussichtspunkt Cloef aus ist der Blick auf den Fluss und die ihn umgebenden weiten Waldflächen ein Stillleben in Grün – welches Einblicke in die Erdgeschichte gewährt: Während sich das umgebende Land tektonisch hob, hielt sich die Eintiefung des Flussbetts gleichzeitig die Waage. So begann die Saar zu mäandern und legte eine mustergültige Schleife hin. Seit Sommer 2016 ist der Blick auf das Naturwunder noch eindrucksvoller, denn der 42 m hohe Aussichtsturm des neuen Baumwipfelpfads bietet noch spektakulärere Ausblicke. Vorher aber erleben Besucher Einblicke: in ein grünes Wunder, das eigentlich ganz alltäglich ist, nämlich das Leben in den Wipfeln unserer heimischen Wälder.

www.baumwipfelpfad-saarschleife.de

406 RÖTHBACHFALL, BERCHTESGADENER LAND, BAYERN

Erst geht's mit dem Elektroboot über den smaragdgrün leuchtenden Königssee, vorbei an steil

Und gleich kommt Rumpelstilzchen hinter einem der Bäume hervor: Märchenwald im Nationalpark Kellerwald-Edersee.

aufragenden Felswänden, an der malerischen Wallfahrtskirche St. Bartholomä und der weltberühmten Echowand. Die Fahrt über das 8 km lange Juwel im Nationalpark ist einzigartig in Deutschland: Kein anderer See wirkt wie ein Fjord in Norwegen. Am Ende der Bootsfahrt heißt es, die Wanderschuhe fester schnüren und noch einmal eine halbe Stunde bis zum Talschluss stapfen. Dort stürzt er dann über zwei Stufen und 470 m in die Tiefe, der Röthbachfall, der höchste Wasserfall Deutschlands. Trotz dieses Superlativs ist es rund um das Naturschauspiel erstaunlich ruhig geblieben, zu aufwendig ist die Anreise. Und nur ein kleines Stückchen weiter nördlich wartet die Nr. 2 der deutschen Wasserfälle: der 410 m hohe Landtalfall.

www.berchtesgadener-land.com

407 PULVERMAAR BEI DAUN, RHEINLAND-PFALZ

Von oben sieht das kreisrunde Pulvermaar tatsächlich aus wie ein großes, blaues Auge. Allerdings ändert der größte Maarsee der Vulkaneifel je nach Sonneneinstrahlung seine Farbe und kann dann auch leuchtend grün strahlen. Entstanden ist der See mit seinem rund 700 m Durchmesser und einer Tiefe von etwas mehr als 70 m vor 15 000 bis 30 000 Jahren, als der Untergund unter der Eifel noch heftig rumorte. Maare entstehen, wenn aufsteigendes Magma aus dem Erdinneren auf wasserführende Schichten trifft, was zu heftigen Explosionen führt. Das Gestein fällt zurück in den entstandenen Hohlraum; falls dieser sich im Lauf der Zeit mit Wasser füllt, entstehen die Maarseen, von denen es früher in der Eifel rund 70 gab. Viele sind verlandet, heute führen noch zehn Maare Wasser – und faszinieren als „Augen der Eifel" Badegäste, Wanderer und alle anderen, die sie erkunden möchten.

www.eifel.info, www.maarsee.de

408 SCHMALER LUZIN, FELDBERG

Es ist eine ganze Palette von Grüntönen, die die Welt um den Schmalen Luzin einfärbt. Türkisgrün schimmert das klare Wasser des Sees, dessen breiteste Stelle gerade mal 300 m beträgt und der seine Entstehung der letzten Eiszeit verdankt. Die ihn umgebenden Wälder steuern alle anderen Schattierungen bei. Manche der Bäume sind sehr betagt: Einige strecken in einem der ältesten Buchenwälder Europas schon seit mehr als 350 Jahren die Äste in den Himmel über der Mecklenburgischen Seenplatte. Auch die Fähre, die Wanderer über das klare Wasser des etwas mehr als 30 m tiefen Schmalen Luzins bringt, ist fast schon ein Relikt. Wer „Fährmann hol över!" über das Wasser ruft, wird von einer der letzten handbetriebenen Drahtseilfähren Europas befördert. Der perfekte Einstieg für ein ganz besonderes Naturabenteuer.

www.feldberger-seenlandschaft.de, www.luzinfaehre.de

409 NATIONALPARK KELLERWALD-EDERSEE, HESSEN

Die uralten Stämme der Buchen, verdreht gewachsen und voller Baumhöhlen, von Flechten und Moosen überzogen, ragen aus einem dicken Teppich aus Laub. Dämmrige Waldidylle mit Märchencharakter mitten in Hessen: Vermutlich standen die Buchen-Urwälder des Nationalparks Pate für die riesigen, immer etwas unheimlichen Fantasiewälder der Gebrüder Grimm, die Anfang des 19. Jhs. in der Nähe lebten und eifrig deutsche Sagen und Märchen sammelten. Heute gehören die Lauburwaldreste des Nationalparks Kellerwald-Edersee, des zweitkleinsten Deutschlands, wohl zu den letzten Westeuropas. Wer sie auf einem der 20 Wanderwege durchstreift, sieht, mit viel Glück, sogar Wildkatze und Luchs, neben Feuersalamander, Schwarzstorch oder Rothirsch.

www.nationalpark-kellerwald-edersee.de

410 GONDWANALAND, LEIPZIG

Eigentlich liegt Gondwanaland nicht nur auf der südlichen Erdhalbkugel, sondern auch in der Vergangenheit. Und zwar tief in der Vergangenheit: Vor rund 350 Mio. Jahren existierte der Großkontinent Gondwana bereits, bevor er sich vor 180 Mio. Jahren aufspaltete, in Indien, die Antarktis, Afrika, Australien und Südamerika. Im Leipziger Zoo ist der Urkontinent auferstanden, auf einer Fläche von mehr als zwei Fußballfeldern und in Form von 500 tropischen Pflanzen- und rund 140 Tierarten. Ein dunkler Vulkantunnel, bewohnt von „lebenden Fossilien" wie den Pfeilschwanzkrebsen, führt in eine 35 m hohe, helle Halle, die durchzogen ist von Fußwegen, einem Flusslauf samt Bootstour und einem 13 m hohen Baumwipfelpfad. Die tropische Illusion ist täuschend echt, Temperatur, Geräusche, Luftfeuchtigkeit – all dies erinnert an die Urwälder Asiens, Afrikas und Südamerikas. Faszinierend ist auch die Technik der riesigen Halle: Die rund 400 Folienkissen im Dach reagieren auf die Witterung. Wird es etwa zu heiß, entweicht die Luft und wird in einem Erdwärmespeicher für kältere Zeiten bewahrt.

www.zoo-leipzig.de/themenwelten/gondwanaland/

Als Jurassic Park noch in weiter Ferne war: üppiger Dschungel im Gondwanaland im Leipziger Zoo.

EIN GRÜNES WUNDER ERLEBEN

DEUTSCHLAND FEIERT

DOCH, DOCH, DIE DEUTSCHEN WISSEN SCHON, WIE MAN FEIERT. NICHT UMSONST IST DAS OKTOBERFEST WELTBERÜHMT. DOCH DAS IST NICHT DIE EINZIGE GELEGENHEIT, MAL SO RICHTIG AUF DEN PUTZ ZU HAUEN.

Wo die Lederhose noch Arbeitskleidung ist: Bauernburschen beim Viehscheid in Bad Hindelang.

411 OBERAMMERGAUER PASSIONSSPIELE

Alle zehn Jahre stellt die Gemeinde Oberammergau ihr schauspielerisches Talent zur Schau. Fast die Hälfte der 5200 Einwohner beteiligt sich dann an den weltweit bekanntesten Passionsspielen und löst damit ein fast 400 Jahre altes Versprechen ein: Im Jahr 1633 – zur Zeit des Dreißigjährigen Kriegs und der Pest – gelobten die Einwohner von Oberammergau, die Geschichte von Jesu' Leiden, Sterben und Auferstehen alle zehn Jahre nachzuspielen. Zwischen Mai und Oktober 2010 strömten mehr als 520 000 Menschen aus aller Welt in den oberbayerischen Ort zu einer der 110 Aufführungen. Der Termin für die nächsten Passionsspiele ist 2020.

www.passionsspiele-oberammergau.de

412 FURTHER DRACHENSTICH, OBERPFALZ

Wer Held sein will, braucht als Erstes einen Bösewicht, den er bezwingen kann. Und was ist schon böser als ein gemeiner, Feuer speiender Drache? In Furth wird dieser jedes Jahr in der dritten Augustwoche feierlich getötet. Doch keine Sorge, das scharfzahnige Ungeheuer hat die übermenschliche Fähigkeit, im nächsten Jahr zu neuem Leben zu erwachen (um dann erneut erstochen zu werden) – und das schon seit 500 Jahren. Die Further Festspiele gelten als das älteste Volksschauspiel Deutschlands. Sie symbolisieren den Kampf des Guten gegen das Böse, wobei neuzeitlichere Aufführungen in ihrer Interpretation etwas tiefsinniger sind. Den derzeitigen Drachen Tradinno ließen sich die Further übrigens 2,3 Mio. Euro kosten.

www.drachenstich.de

413 VIEHSCHEID, BAD HINDELANG

Am 11. September ist in Bad Hindelang im Allgäu die Kuh los: Rund 1000 wohlgenährte Wiederkäuer trampeln dann laut muhend und glockenbehängt ins Dorf, um hier feierlich ihren Besitzern überreicht zu werden. Der Viehscheid ist jener Tag, an dem die Vierbeiner von ihrer circa 100-tägigen „Sommerfrische" aus den Bergen zurückkehren. Dort haben sie an den üppigen Weiden genascht und sich an der frischen Luft ordentlich gestärkt. Ihre Rückkehr, für die die Tiere feierlich geschmückt werden, geht nicht nur mit lautem Glockengeläut, sondern auch mit einem Dorffest samt Bierzelt, Jahrmarkt und Fahrgeschäften einher.

www.badhindelang.de/gut-zu-wissen/veranstaltungen/viehscheid.html

Das Ende unzähliger Weihnachtsbäume: Sie gehören zum bevorzugten Rohstoff für die hoch lodernden Biike-Feuer.

414 BIIKENBRENNEN, NORDFRIESLAND

Am 21. Februar geht die Nordseeküste in Flammen auf. Rund 60 Küsten- und Inselorte laden dann zu Fackellauf, Freudenfeuer, Punsch und Grünkohlessen. Der Ursprung des uralten Brauchs ist nicht gänzlich geklärt: Sollten die Flammen heidnische Gottheiten gnädig stimmen oder den Winter vertreiben? Oder sollten sie den auslaufenden Walfängern Licht und Schutz spenden (und den dänischen Männern andeuten, dass die nordfriesischen Frauen nun wieder alleine waren ...)? Heute locken die Biike-Feuer Besucher von weit her und 2014 nahm die Unesco den Brauch ins Verzeichnis des immateriellen Kulturerbes auf. Besonders eindrucksvoll wirken die Biike-Feuer übrigens von See aus.

www.nordseetourismus.de/biikebrennen-nordsee

415 DUHNER WATTRENNEN, CUXHAVEN

Im Galopp durchs Watt! Der Cuxhavener Traditionswettbewerb zählt sicherlich zu den ungewöhnlichsten Pferderennen der Welt. Nicht Gras, sondern Meerwasser und Schlick spritzen durch die Luft, wenn die mehr als 150 Traber und Galopper alljährlich im Juli über die sandige Piste brettern. Das Duhner Wattrennen blickt auf eine über 100-jährige Tradition zurück und lockt mittlerweile etwa 30 000 Zuschauer an. Dazu gehört natürlich auch ein großes Rahmenprogramm für das feierfreudige Publikum.

www.duhner-wattrennen.de

416 COLOGNE PRIDE, KÖLN

Die Partys der Schwulen, Lesben, Drag Queens und anderer sexueller Minderheiten, die weltweit gefeiert werden, gehen auf eine Straßenschlacht in der New Yorker Christopher Street zurück. Aber was für einer: In einer lauen Juninacht des jahres 1969 setzte sich eine Gruppe Homo- und Transsexueller gegen polizeiliche Willkür zur Wehr. Das Schlüsselereignis im Kampf um Gleichbehandlung und Anerkennung wird seitdem auch in Deutschland mit jährlichen Straßenfesten und Umzügen zelebriert. Die größte Christopher-Street-Day-Party schmeißt die Schwulen- und Lesben-Community in Köln jedes Jahr am ersten Juli-Wochenende. Dann versinkt die Domstadt im regenbogenfarbenen Meer der partyfreudigen LGBT-Community.

www.colognepride.de

417 OKTOBERFEST, MÜNCHEN

Für manche ist es das älteste Kulturfest Deutschlands, für andere ein nerviges Massenbesäufnis. Das weltweit größte Fest rund um Bier und Maßkrug geht auf eine königliche Hochzeit im Jahr 1810 zurück; seit 1819 ist es fester Bestandteil des Münchner Eventkalenders. Mittlerweile lockt die „Wiesn“ rund 6 Mio. Besucher aus aller Welt, die in Dirndl oder Lederhosen – nicht selten *made in China* – zur Schlager-/Volksmusik schunkeln und tief ins Glas schauen. Die mangelnde Authentizität stört spätestens ab dem dritten Krug nur noch wenig: Das Fest generiert jährlich etwa 1 Mrd. Euro Umsatz. Na dann, Prost!

www.oktoberfest.de

418 KIELER WOCHE

Eine der größten Segelregatten der Welt lässt auch an Land niemanden auf dem Trockenen sitzen. Das ursprüngliche Segelsport-Event ist heute ein Volksfest, das vor allem auch musikalische Akzente setzt: Auf 16 Bühnen geben rund 300 internationale Gruppen, Bands und Künstler Konzerte. Die Kieler Woche findet traditionsgemäß in der letzten Juni-Woche statt und endet mit einem bombastischen Feuerwerk über der Kieler Förde.

www.kieler-woche.de

419 SCHÜTZENFEST HANNOVER

Die Gaudi rund um die Ermittlung des besten örtlichen Schützen hat sich in Hannover zu einem Stadtfest gemausert, mit mehr als 1 Mio. Besucher. Etliche Hektoliter Fest-Bier und unzählige Lüttje Lagen – ein Mix aus Schankbier und Kornbrand – werden auf der zehntägigen Veranstaltung gekippt. Neben den obligatorischen Schießwettbewerben gibt es Festumzüge, Fahr- und Schaugeschäfte und natürlich jede Menge Festzelte. So doll wie hier lassen die Schützen es übrigens nirgends sonst knallen: Das Hannoversche Schützenfest ist das größte der Welt.

www.hannover.de/Kultur-Freizeit/Freizeit-Sport/Feste-Saisonales/Schützenfest-Hannover

420 CANNSTATTER VOLKSFEST, STUTTGART

Das zweiwöchige Volksfest in der Zeit zwischen Ende September und Anfang Oktober ist weniger bekannt als sein Münchner Pendant. Aber auch hier fließt das Bier in Strömen und beschwipste Besucher praktizieren mit eingehakten Armen den wohl simpelsten Tanz der Welt. Vor den Bierzelten locken bunt flimmernde Fahrgeschäfte, Losstände und natürlich die obligatorischen Buden mit Lebkuchenherzen. Ursprünglicher Anlass des Cannstatter Volksfestes war ein Ereignis in Indonesien: Der Ausbruch des Tambora-Vulkans im Jahr 1815 sorgte selbst in Baden-Württemberg für Missernten und Hungersnöte. Das Volksfest sollte die lahmende Wirtschaft wieder in Schwung bringen.

cannstatter-volksfest.de

DAS IST AUSSICHTS-REICH!

NICHTS WEITET DIE SICHT AUF DIE DINGE MEHR, ALS DER BLICK AUS DER HÖHE. DIESE AUSSICHTSPUNKTE HABEN'S IN SICH, JEDER AUF SEINE GANZ EIGENE WEISE ...

421 MERKUR, BADEN-BADEN

54 Prozent, das ist ein Wort! Nur ganz wenige Standseilbahnen in Deutschland schaffen mehr Steigung als die Merkurbahn auf den Hausberg von Baden-Baden. Fünf Minuten dauert die etwa 1,2 km lange Fahrt kurz unter den 688 m hohen Gipfel. Gekrönt wird der von einem Aussichtsturm, von dessen Plattform der Blick über die Rheinebene und bis in die Vogesen reicht. Noch besser ist die Aussicht vom Gleitschirm aus. Zwei Startplätze gibt es hier, den Piloten begegnet man in der Bergbahn, wenn man nicht – sportlich, sportlich – zu Fuß oder per Rad den Gipfel erobert.

www.baden-baden.de

422 ENERGIEBERG, HAMBURG-GEORGSWERDER

Naturgemäß ist es nicht leicht, in Hamburg gute Aussichtspunkte zu finden. Für alle, die einen Blick vom Hafen bis zum Michel genießen wollen, ist der gerade einmal 40 m hohe Hügel in Wilhelmsburg das perfekte Ziel. Dabei war es bis Ende der 1980er-Jahre wenig ratsam, der damaligen Mülldeponie zu nahe zu kommen: Aus dem Hügel trat hochgiftiges Dioxin aus. Das 45 ha große Gebiet wurde daraufhin saniert, und seit 2013 ist der ehemalige Giftzwerg ein Aussichtsriese samt Windrad und Methangasgewinnung. Nachts trägt er einen weiß leuchtenden Ring, die Illumination des Horizontwegs, und die Multimedia-Show zu seiner Geschichte trägt einen Namen voller Respekt: „Der gebändigte Drache".

www.iba-hamburg.de

423 JENZIG, JENA

So, und jetzt mal eben die Lateinkenntnisse rausgekramt: „Ara, caput, draco, mons, pons, vulpecula turris, Weigeliana domus, septem miracula Jenae." Diesen Merksatz kannten einst wohl alle Jenaer Studenten, beschrieben sie doch jene Sehenswürdigkeiten der Thüringer Universitätsstadt, die man heute noch als die „Sieben Wunder von Jena" kennt. Fünf davon sind noch erhalten, und das lateinische „mons" steht für den Jenzig (386 m), den Hausberg der Stadt. Vier Burgen lagen einst auf dem weithin sichtbaren, kahlen Berg, die Kirchberger Schlösser. Erhalten geblieben sind nur ein paar Mauerreste – und der Fuchsturm. Der ebenfalls zu Jenas Wundern zählende Aussichtsturm („vulpecula turris") bietet noch heute herrliche Ausblicke.

www.entdecke-jena.de

Heidelberg! Der Blick auf das Schloss, den Neckar tief unten und die berühmte Alte Brücke ist unverwechselbar.

424 KÖNIGSTUHL, HEIDELBERG

Gut, sie führt nicht direkt in die Sterne, die Himmelsleiter beim Heidelberger Schloss. Aber doch ganz schön himmelwärts, denn immerhin 1200 Stufen sind auf dem Weg zum 567,8 m hohen Gipfel des Königstuhls zu überwinden. Man kann natürlich auch gemütlich aus der 7 km entfernten Stadt nach oben zuckeln. Dann ist man auf der längsten Bergbahnstrecke Deutschlands unterwegs (1,5 km), im ersten Teil mit einer der modernsten Standseilbahnen des Landes und nach dem Umsteigen mit einer der ältesten. Oben erwarten den Bergbahnfahrer, Wanderer oder Mountainbiker ein fantastischer Blick auf die Stadt und die Rheinebene, viele Wanderwege und eine Falknerei, kleine Besucher freuen sich auf das Märchenparadies. Und irgendwie führt die Himmelsleiter dann doch auch direkt ins All: Auf dem Königstuhl liegt auch die Landessternwarte.

www.heidelberg-marketing.de, www.bergbahn-heidelberg.de

425 BAUMKRONENPFAD, HAINICH

Diesen Ausblick vergisst man nicht so schnell: Tausende Laubbäume, große und kleine, knorrige und gertenschlanke, betagte und junge wiegen sich im Wind, wispern, flüstern und rauschen. Vor allem sind es Rotbuchen, aber auch Eschen, Linden, Ahorne, Ulmen. Der Hainich ist mit 160 km^2 das größte zusammenhängende Laubwaldgebiet der Bundesrepublik. Ihm nähert man sich am besten von oben, denn der Baumkronenpfad im Nationalpark Hainich bietet neben der weitläufigen Aussicht vor allem auch Blicke in eine faszinierend unbekannte Welt: das komplexe Ökosystem hoch über dem Waldboden.

www.nationalpark-hainich.de/erleben/baumkronenpfad.html

 Erst ist da, der Sand, dann kommt der Wind, später die Pflanzen – und irgendwann ist da eine Düne. Wie die Walter-Großmann Düne auf Norderney.

426 WALTER-GROSSMANN-DÜNE, NORDERNEY

Für den höchsten Punkt Ostfrieslands braucht man weder Höhenbergsteigerausrüstung noch Sauerstoff. Den gibt es im windgepeitschten Himmel über Norderney ohnehin zur Genüge, angereichert mit gesundem Meersalzaroma. Genau 24,4 m kommt man diesem Nordsee-Himmel näher, wenn man auf der Aussichtsplattform der Walter-Großmann-Düne steht – höher geht's nimmer in Ostfriesland. Bedenkt man, dass die Insel Norderney durchschnittlich gerade mal 3–5 m aus dem Meer ragt, ist die Höhe des Sandgebildes, das nach dem in Norden geborenen Geodäten Walter Großmann benannt wurde, im Verhältnis fast schon alpin.

www.norderney.de

DAS IST AUSSICHTSREICH!

Wohl einer der schönsten – und bekanntesten – Ausblicke Deutschlands: die Bastei in der Sächsischen Schweiz.

427 BASTEI, SÄCHSISCHE SCHWEIZ

Man kann es sich gar nicht mehr vorstellen, dass der berühmteste Aussichtspunkt des Elbsandsteingebirges früher nur mit einem Führer besucht werden konnte. Heute spazieren 1,5 Mio. Besucher über die markante Basteibrücke auf den am weitesten über das Elbtal hinausragenden Felsen und genießen die unglaubliche Aussicht über den Fluss, den Kurort Rathen mit seiner verträumten Felsenbühne, die zerklüfteten Türme und Spitzen, die entfernt liegenden Tafelberge. Dass Wilhelm Leberecht Götzinger, der als einer der ersten um 1800 die Sächsische Schweiz beschrieb, den Weg in seinem ersten Reiseführer von 1804 (noch) nicht verriet, kann man angesichts der fast überirdischen Schönheit dieser Landschaft sogar verstehen. Lang hielt das Geheimnis nicht: Schon um 1815 begannen die Touristen zu strömen.

www.saechsische-schweiz.de

428 NEROBERG, WIESBADEN

Ein Besuch des Wiesbadener Hausbergs sollte man sich nicht entgehen lassen. Auf der mit 245 m nicht gerade zu den Gipfelstürmern gehörenden Erhebung steht eines der schönsten Freibäder Deutschlands. Das Opelbad besticht nicht nur durch einen tollen Blick über die Stadt und die Rheinebene, sondern auch durch die klaren Formen seiner Bauhaus-Architektur von 1933/34. Die Nerotal-Anlagen mit ihren 6000 Pflanzenarten sind ein Paradies für Botaniker und das kleine Neroberg-Tempelchen ein Treffpunkt für Romantiker. Der Höhepunkt des Nerobergs aber steht an seinem Fuß oder – besser noch – bewegt sich an seiner Flanke nach oben: Die Nerobergbahn ist die letzte ihrer Art in Deutschland, eine Wasserlast- und Zahnstangenstandseilbahn von 1888. Zugrunde liegt ihr ein einfaches Prinzip: Während ein Wagen oben mit Wasser gefüllt wird und durch das Gewicht bergab gleitet, wird der Gegenwagen unten entleert, um erleichtert wieder seine Bergfahrt anzutreten. Genial einfach!

www.wiesbaden.de/leben-in-wiesbaden/freizeit/ausfluege

429 GROSSER FELDBERG, FRANKFURT AM MAIN

Achtung, nicht verwechseln: Der Feldberg ist der höchste Berg im Schwarzwald (1493 m), der Große Feldberg ist mit um die 880 m – auf die exakte Höhe konnte man sich bisher noch nicht einigen – der höchste Berg im Taunus. Er weckte schon bei Johann Wolfgang von Goethe Reiselust, der über die Besteigung schrieb, dass ihn „die weite Aussicht immer mehr in die Ferne lockte." Der Blick vom 40 m hohen Aussichtsturm (den es zu Goethes Zeiten noch nicht gab) auf Frankfurt, Main-Taunus und den Odenwald ist aber auch atemberaubend. Mit dem Bund der Feldbergläufer gründete sich hier 1868 übrigens der erste deutsche Wanderverein.

taunus.info, www.frankfurt.de

430 ALPSPIX, BAYERN

Natürlich ist die 30 t schwere Stahlkonstruktion an der Alpspitze auf über 2000 m Meereshöhe von allen offiziellen Seiten als sicher eingestuft worden. Trotzdem kostet es ganz schön Überwindung, die 13 m weit hinaus ins Nichts zu gehen und dann 1000 m über dem Höllental scheinbar in der Luft zu schweben – dank durchsichtiger Böden und gläsernem Abschlussgeländer. Wie ein überdimensionales X ragen die beiden Arme der Panoramaplattform nahe der Alpspitzbahn aus dem Berg. Sie eröffnen im wahrsten Sinne des Wortes einen Vogelperspektivenblick auf Zugspitze, Waxensteine, die eindrucksvolle Alpspitz-Nordwand und hinunter ins wildromantische Höllental.

www.alpspitze.org/alpspix.html

REISEN DURCH DIE ZEIT

JEDE MENGE SCHÖNHEITEN AUS DEN TIEFEN DER VERGANGENHEIT, DIE HEUTE NOCH SPANNENDE GESCHICHTEN ZU ERZÄHLEN HABEN.

431 LIMES

Kalt und zugig muss es den römischen Soldaten vorgekommen sein, die am Obergermanisch-Raetischen Limes Wache schoben. Der rund 550 km lange Grenzwall zwischen Rhein und Donau – Limes steht für „Grenzweg“ – sollte Teil der Abgrenzung des Römischen Reiches sein, das sich im 1. bis 6. Jh. n. Chr. von Europa bis Vorderasien und Afrika ausbreitete. Der Limes entwickelte sich im 2. Jh. zur veritablen Grenzanlage, mit Palisadenzäunen und Wachtürmen aus Stein. Geübte sehen heute noch die Gräben und Wälle in der Landschaft, spannender sind rekonstruierte Kastelle wie etwa in Welzheim in Baden-Württemberg. Sie besucht man auf dem gut 800 km langen Limesradweg.

www.limesstrasse.de

Sieht idyllisch aus, entsprang aber der Angst vor Raubtieren und Feinden: Pfahlbausiedlung Unteruhldingen bei Überlingen.

432 PFAHLBAUTEN, UNTERUHLDINGEN

Wohnen auf dem See, wie schön ... Die steinzeitlichen Bewohner der Pfahlbauten rund um den Bodensee hatten das Wasser immer knapp unter ihren Füßen, und zum Fischen hatten sie es auch nicht weit. Rund um den See und auch in der Schweiz, Österreich und anderen Alpen-Ländern gab es diese Pfahlbautensiedlungen, 111 von ihnen stehen auf der Liste des Unesco-Welterbes. Doch was heute idyllisch klingt, war vor rund 5500 Jahren sicher kein Zuckerschlecken, denn die Menschen mussten alles fürs Leben und Essen selbst herstellen, anpflanzen, ernten, jagen, fischen und verarbeiten. Einen Blick in ihre Hütten und Kochtöpfe dürfen Steinzeitfans im Pfahlbaumuseum in Unterhuhldingen am Bodensee wagen.

www.pfahlbauten.de

433 HAITHABU, SCHLESWIG-HOLSTEIN

„Haithabu ist eine sehr große Stadt am äußersten Ende des Weltmeeres", notierte der arabische Chronist Ibrahim ibn Ahmed At-Tartûschi um 965. Haithabu war einer der bedeutendsten Seehandelsplätze der Wikinger und eine der ersten Städte Nordeuropas. Bis zum 11. Jh. entwickelte sich der Ort zur mittelalterlichen Boomtown, in der sich etliche Fernhandelswege kreuzten. Heute können Besucher im Wikinger Museum Haithabu (Renovierung bis Frühjhar 2018) in die Welt der handelstüchtigen Nordmänner eintauchen.

www.schloss-gottorf.de/haithabu

434 HEUNEBURG, BADEN-WÜRTTEMBERG

Hoch oben über der Donau liegt sie, die Heuneburg, die bereits der griechische Schriftsteller Herodot im 5. Jh. v. Chr. erwähnte: Pyrene, die keltische Stadt an der Donau. Gegründet wurde sie im 6. Jh. v. Chr. als Fürstensitz der Hallstattkultur, der vorrömischen Eisenzeit. Auf dem Plateau über der Donau, rund 15 km östlich von Sigmaringen, liegt heute eine der wichtigsten archäologischen Stätten aus keltischer Zeit in Mitteleuropa. Seit 1950 graben hier Archäologen nach Resten einer einst blühenden keltischen Siedlung. Wer das Freilichtmuseum Heuneburg besucht, kann im „ältesten Ort Deutschlands" auf spannende Zeitreise gehen.

www.heuneburg-keltenstadt.de

435 NEANDERTHALMUSEUM BEI DÜSSELDORF

Die Knochen, die zwei Arbeiter 1856 im Neanderthal, nicht weit von Düsseldorf, im Steinbruch fanden, wurden erst mal weggeworfen. Erst, als auch eine Schädeldecke auftauchte, stieß der Naturforscher Johann Carl Fuhrlott dazu, der die fossilen Überreste einem Urmenschen aus dem Pleistozän zuschrieb. Erst später ließ sich ziemlich genau ermitteln, wann dieser Urmensch durch die Wälder gestreift war: vor rund 42 000 Jahren. Damit gehörte er zu den Neandertalern, die Europa vor rund 130 000 bis 30 000 Jahren besiedelten, dann allerdings von der Bildfläche verschwanden. Doch er ist wieder aufgetaucht, im Neanderthalmuseum in Mettmann hockt er wie eh und je in seiner Höhle. Wer Lust auf einen kleinen Spaziergang hat, kann von dort aus auch den damaligen Fundort besuchen.

www.neanderthal.de

So mag es gewesen sein, als der Neandertaler nach getaner Jagd am Feuer chillte.

436 XANTEN, NORDRHEIN-WESTFALEN

Xanten, die Stadt am unteren Niederrhein, hat schon gut 2000 Jahre auf dem Buckel. Die Legionäre des römischen Kaisers Augustus rammten die ersten Pfosten für ihr Legionslager Vetera um 12 v. Chr. in den Boden. Tausende von ihnen mussten versorgt werden, dafür legte die Armee Straßen und einen Hafen am Rhein an. Und wo viele Waren die Besitzer wechseln, sind Kaufleute, Händler und Handwerker nicht weit, die alle am Ufern des Flusses siedelten. Eine Stadt entstand, die Colonia Ulpia Traiana, die bis zum Ende des 3. Jhs. existierte. Dann siedelten die Franken außerhalb der römischen Ruinen und Xanten fing an zu wachsen. All dies lässt sich im RömerMuseum und im fantastischen Archäologischen Park mit seinen Rekonstruktionen antiker Gebäude im Maßstab 1:1 hautnah erleben.

www.xanten.de

437 BARBARA-THERMEN, TRIER

Think big! Das hatten die Römer wohl auch bei den Barbarathermen im Sinn, denn sie war damals die zweitgrößte Badeanlage des gesamten Römischen Reiches. Im 2. Jh. muss ihre monumentale Größe von knapp sechs Fußballfeldern die Menschen mehr als beeindruckt haben. Wellness und Entspannung auf höchstem Niveau waren im Angebot, samt beheiztem Badebecken, einem Schwimmbecken, Restaurants, Beautysalons und sogar Bibliotheken. Nicht nur groß, sondern auch schön muss es hier gewesen sein, denn Archäologen entdeckten bei ihren Untersuchungen viel Marmor. Auf einem Besuchersteg lässt sich die Anlage heute von oben bestaunen, fast vernimmt man leises Plätschern oder das Schlurfen antiker Badelatschen.

www.zentrum-der-antike.de

438 GEOPARK, SCHWÄBISCHE ALB

In der Steinzeit war auf der Schwäbischen Alb der Bär los, und nicht nur der! Hier waren auch die ersten Kreativen der Menschheit unterwegs. Vor fast 40 000 Jahren hinterließen sie etwa die Figur der üppigen „Venus", gefunden im Hohlen Fels im Achtal, oder den „Löwenmenschen" aus der Stadel-Höhle am Hohlenstein im Lonetal – Funde mit weltweiter Bedeutung. Die raue Hochebene war immer bevölkert, von Steinzeitjägern auf der Suche nach dem nächsten Mittagessen, Kelten, die sich im Speerwurf übten und ihre Toten in Hügelgräbern beerdigten oder Römern, die am Limes werkelten. Wer den GeoPark Schwäbische Alb besucht, hat vielfältige Möglichkeiten, die Fährte unserer Vorfahren aufzunehmen: auf Lehrpfaden und geführten Touren, in Höhlen und Museen, auf dem Rad oder per pedes.

www.geopark-alb.de

439 FREILICHT-MUSEUM GROSS RADEN, MECKLENBURG VORPOMMERN

Vor über 1000 Jahren errichtete der altslawische Stamm der Warnower auf einer Insel im Sternbergersee eine Siedlung samt Heiligtum, Burgwall und 30 bis 40 Hütten aus Holz oder Flechtwerk. Der Tempelort aus dem 9. und 10. Jh. wurde in den 1970er-Jahren vom Prähistoriker Ewald Schuldt entdeckt und ausgegraben – zutage kamen unter anderem Holzbohlenwege, eine Ölpresse, ein Schild sowie die hölzerne Umgrenzungswand des Tempelbereichs. Nicht nur die lässt sich heute wieder bestaunen im Archäologischen Freilichtmuseum von Groß Raden, das herrlich auf der inzwischen zur Halbinsel gewordenen Fundstelle liegt.

www.freilichtmuseum-gross-raden.de

440 HEILIGTUM DER ISIS UND MATER MAGNA, MAINZ

Der Bau einer Tiefgarage hat schon vielen Städten zu erstaunlichen Blicken in ihre Vergangenheit verholfen. Wo heute Blechkarossen parken, beteten vor knapp 2000 Jahren die Menschen in einem römischen Tempel, geweiht der altägyptischen Gottheit Isis und der römischen Magna Mater. Entdeckt wurden die Fundamente des Tempels im Jahr 2000, bei archäologischen Grabungen wurde auch noch ein keltisches Grab festgestellt. Auch der römische Tempelbezirk mit Läden und Tavernen sowie Handwerkerhäusern ließ Archäologenherzen Purzelbäume schlagen. Die archäologische Sensation kann besichtigt werden: Der Schauraum „Isis-Heiligtum" liegt gut gehütet und still unter dem Einkaufstempel der Römerpassage mitten in Mainz.

WO WEIHNACHTS-MÄNNER WUSELN

WEIHNACHTSMÄRKTE GIBT ES IN DEUTSCHLAND SO VIELE UND SO VIELFÄLTIGE WIE TRADITIONEN RUND UM DIE HEILIGE NACHT. DIESE ZEHN SIND NUR EIN KLEINER AUSSCHNITT. ES GIBT VIEL MEHR – AUF SCHLÖSSERN, IN ALTSTÄDTEN, AUF SCHIFFEN ODER UNTER DEN STERNEN.

Nur echt mit dem weiß-blauen bayerischen Muster: Alphornbläser im Kaiserhof der Residenz.

441 RAVENNA-SCHLUCHT, SCHWARZWALD

Der romantischste. Weitab von städtischem Gebrumm und Getöse stehen an den vier Adventssamstagen unter den hohen Bögen des Viadukts der Höllentalbahn im Hochschwarzwald die Stände und Buden des kleinen Hochschwarzwälder Weihnachtsmarkts. Besonders romantisch wird's hier natürlich, wenn die steilen Hänge der sagenumwobenen Schlucht verschneit sind. Aber dank farbenfroher Beleuchtung und vieler prasselnder Feuerstellen ist der Besuch auch in schneearmen Zeiten etwas Besonderes. Rund 40 Buden bieten regionales Kunsthandwerk, kulinarisch Adventliches und weihnachtliche Konzertklänge. Am besten besucht man die wildromantische, heile Weihnachtswelt von Hinterzarten oder Himmelreich (!) aus, von dort verkehren Shuttle-Busse. Wer mit dem eigenen Auto kommt, muss einen Parkplatz vorbuchen. Dann heißt's nur noch den obligatorischen Eintritt zahlen – und es darf einem in jeder Hinsicht warm ums Herz werden.

www.hochschwarzwald.de/Weihnachtsmarkt

442 RÖMERBERG, FRANKFURT/MAIN

Der größte. Jedenfalls in Hessen, aber auch sonst: Mit rund 200 Ständen und 3 Mio. Besuchern ist der Weihnachtsmarkt rund um den Römer, das Frankfurter Rathaus, einer der bedeutendsten in Deutschland. 33 m hoch war 2016 der mit 5600 Lampen erleuchtete Weihnachtsbaum auf dem Römerberg genannten Marktplatz, auch dies ganz schön stattlich. Und damit sich alles nicht nur um Glühwein, Quetschemännchen – putzige, aus getrockneten Pflaumen und Nüssen gebastelte Figuren –, Baumschmuck und anderes (Kunst-)Handwerk vor

443 RESIDENZ, MÜNCHEN

Der stimmungsvollste. Zumindest in der bayerischen Landesmetropole: Die Hütten sind urig, das Flair zauberhaft, das Kunsthandwerk traditionell und urbayerisch. Man könnte aber auch sagen: der kinderfreundlichste (zumindest in München). Denn zwischen all dem Lichtergefunkel erwartet die Kleinsten im Kaiserhof der Residenz ein Märchenwald mit sprechenden Figuren, der Nikolaus auf einem 200 Jahre alten Schlitten und jeden Dienstag und Freitag ein Kasperltheater. Natürlich ist die Residenz nicht der einzige Ort für einen Ausflug ins Weihnachtsland. Die Website *www.deutsche-weihnachtsmaerkte.de* listet allein für München bald 20 adventliche Märkte auf.

dasweihnachtsdorf.de

Ein Herz für alle, die nicht so wirklich auf traditionelle Weihnachtsmärkte stehen, hat Hamburgs Santa Pauli auf dem Spielbudenplatz.

444 ST. PAULI, HAMBURG

Der frivolste. Dass Engel strippen, ist eher ungewöhnlich. Nicht so auf der Reeperbahn, wo „Hamburgs geilster Weihnachtsmarkt" dem Ruf des berühmten Viertels mit Dragqueens auf der Bühne und Drinks wie „Bordsteinschwalbe" oder „Schneeflittchen" Rechnung trägt. Dabei ist nicht alles so verrucht, wie Zartbesaitete denken mögen: In der Glühweinapotheke kann man sich sein Heißgetränk mit hochwertigen Weiß- und Rotweinen aus der Pfalz selber kreieren und auf der Bühne stehen Rockbands und Singer-/Songwriter. Außerdem gibt's ja in der Hansestadt Dutzende weitere, ganz „normale" Weihnachtsmärkte ...

spielbudenplatz.eu, www.hamburg.de/weihnachtsmarkt

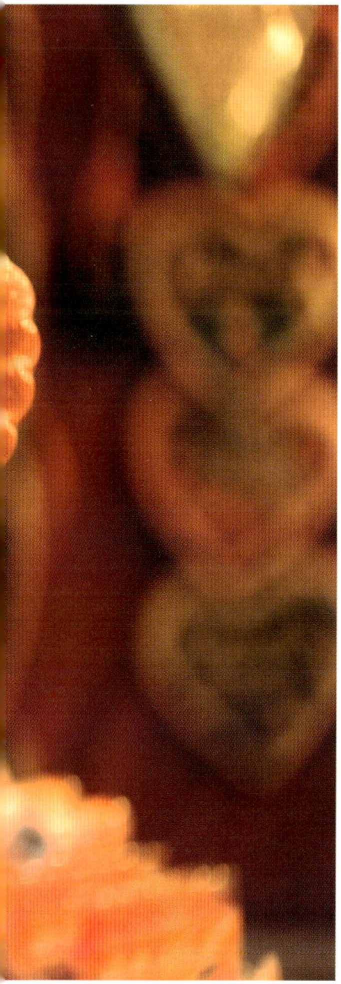

Fachwerkkulisse dreht, steht vor dem Römer eine oft bespielte Bühne. Besonders eindrucksvoll aber ist das „Große Stadtgeläute“: Am Samstag vor dem 1. Advent und an Heiligabend ab 17 Uhr läuten alle Glocken der Stadt – ein besonders schönes Erlebnis in der Stadt der Hochhäuser und Bankenzentralen.

www.weihnachtsmarkt-frankfurt.com

445 BAUTZEN, SACHSEN

Der älteste. Vermutlich (siehe Dresden). Der Bautzner Wenzelsmarkt geht auf König Wenzel IV. zurück, der 1384 seinen Oberlausitzer Untertanen gestattete, von September bis Dezember einen Fleischmarkt abzuhalten. Aus diesem entwickelte sich dann in relativ kurzer Zeit ein Weihnachtsmarkt. Heute tummeln sich rund 90 Stände in der Altstadtkulisse rund um den Kornmarkt am Reichenturm, auf der Reichenstraße und auf dem Hauptmarkt. Eröffnet wird der Budyske hodowne wiki, wie der Weihnachtsmarkt auf Obersorbisch heißt, noch immer von König Wenzel, einer der Höhepunkte ist der alljährliche Anschnitt des meterlangen Riesenstollens.

www.bautzen.de/weihnachten-in-bautzen.asp

446 DRESDEN, SACHSEN

Der älteste. Womöglich (siehe Bautzen). 1434 wird der Dresdner Striezelmarkt zum ersten Mal in einer Urkunde erwähnt. Deshalb hat das Rekord-Institut für Deutschland vorgeschlagen, Dresden als „Deutschlands ältesten beurkundeten Weihnachtsmarkt“ zu bezeichnen, und Bautzen als „Deutschlands ältesten in einer Chronik genannten Weihnachtsmarkt“. Wie auch immer, der berühmte Striezelmarkt – übrigens nur einer aus einer ganzen Reihe von Weihnachtsmärkten in der Stadt – lockt mit einem vielfältigen Programm, einer riesigen erzgebirgischen Stufenpyramide und einem rund 3 t schweren gigantischen Stollen.

www.dresden.de

447 NÜRNBERG, BAYERN

Der berühmteste. Unter den rot-weiß-gestreiften Dächern treffen sich Touristen aus aller Welt, aber den Gästen aus Japan ist der bewusst traditionell gehaltene Christkindlesmarkt besonders ans Herz gewachsen. Mucksmäuschenstill ist es auf dem Nürnberger Hauptmarkt, wenn die Lichter erlöschen und das Christkind – das alle zwei Jahre neu gewählt wird – am Freitag vor dem ersten Advent mit dem Prolog auf der Empore der Frauenkirche das „Städtlein aus Holz und Tuch“ (und die Adventszeit) feierlich eröffnet. Bis zum 24. Dezember kann man nun die typischen Nürnberger Rostbratwürste genießen, die echten Lebkuchen, das Früchtebrot, den Glühwein und jede Menge regionales Kunsthandwerk einkaufen.

www.christkindlesmarkt.de

WO WEIHNACHTSMÄNNER WUSELN

Und wenn über dem riesigen Baum in der Annaberger Altstadt der Vollmond steht, wird der Traum vom Weihnachtswunderland wahr.

448 ANNABERG-BUCHHOLZ, ERZGEBIRGE

Der weihnachtlichste. Schließlich ist das Erzgebirge Deutschlands Weihnachtswunderland, das auch im Sommer keine Pause macht. Irgendwann müssen sie ja hergestellt werden, all die Schwibbögen, Pryamiden, Nussknacker und Räuchermännchen, die so sehr für die Zeit um die Heilige Nacht stehen. Kein Wunder also, dass auf dem Weihnachtsmarkt im Herzen der Altstadt, überragt von der St. Annenkirche, zur Eröffnung die Figuren der großen Marktpyramide zum Leben erwachen. Mit großen Augen verfolgen die Kinder den Einzug des Weihnachtsmanns und seiner Wichtelhelfer, die große Bergparade mit rund 1000 Trachtenträgern erinnert an die Bergbautradition des Erzgebirges.

www.annaberg-buchholz.de/weihnachtsmarkt

449 TRABEN-TRARBACH, RHEINLAND-PFALZ

Der unterirdischste. Und vielleicht der wärmste. Denn der Wein-Nachts-Markt in dem Städtchen an der Mosel findet in vier der unzähligen Weinkeller statt, die sich über ein Netz von insgesamt 22 km erstrecken. Außer, dass einem nicht die Kälte unter die Jacke kriecht, unterscheidet sich Deutschlands einziger unterirdischer Weihnachtsmarkt kaum von seinen oberirdischen Kollegen. Es gibt (kunsthandwerkliche) Geschenkideen und ein spannendes Rahmenprogramm, nur die weihnachtliche Kulinarik ist besonderer: Der Glühwein kommt tatsächlich vom Winzer und die weihnachtlichen Leckereien spiegeln das Genussvolle der Region.

www.mosel-wein-nachts-markt.de

450 BOTANISCHER GARTEN, BERLIN

Der leuchtende. Der Christmas Garden hat mit Tradition wenig am Hut, ist aber dafür umso faszinierender. Millionen von Lichtpunkten und eine Vielzahl strahlender Installationen verwandeln den Botanischen Garten in Lichterfelde (!) in eine magische Welt aus Glanz und Geheimnis. Wer sich ausreichend Zeit nimmt für die vielfarbige Lichterwelt ist auf dem 1,5 km langen Rundweg zwischen Sternenwald und Eisrosenteich zwei träumerische Stunden unterwegs.

christmas-garden.de

AUF TRAUM-STRASSEN

ROADTRIPS, SO NENNEN DIE AMERIKANER IHRE SEHNSUCHTSFAHRTEN ÜBER HIGHWAYS UND BYWAYS. DAS KÖNNEN WIR AUCH: CABRIO MIETEN, LOSFAHREN. UND AUF EINER DER VERLOCKEND SCHÖNEN STRECKEN WARTET SICHER AUCH EIN MYTHOS WIE DIE ROUTE 66.

Nimm das, Neuseeland! Spektakuläre Aussichten auf der Deutschen Alpenstraße

451 DEUTSCHE ALPENSTRASSE

Ob mit dem Auto oder im Motorradsattel – diese Route bietet Kurven und Bergpanoramen in Hülle und Fülle: Auf 450 km schlängelt sich Deutschlands älteste Ferienstraße von Lindau am Bodensee bis nach Schönau am Königssee nahe der Grenze zu Österreich. Mal bewegt man sich in den sanften Hügeln des Alpenvorlandes mit seinen tiefblau schimmernden Seen, dann wieder geht es mitten hinein in die grandiose Bergwelt der bayerischen Alpen. So führt der Weg zum Beispiel in Garmisch-Partenkirchen an der Zugspitze vorbei und durch die wildromantischen Täler des Berchtesgadener Landes. Aber auch kulturelle Höhepunkte wie die Königsschlösser Neuschwanstein, Herrenchiemsee und Schloss Linderhof liegen an der Strecke. Gestärkt von einer g'scheiten Brotzeit mit Fleischpflanzerln und Obatztem geht's dann auch schon weiter auf die nächste Etappe.

www.deutsche-alpenstrasse.de

452 DEUTSCHE HOPFENSTRASSE

Nicht nur die deutsche Bierkultur wäre ohne das Hallertau in echten Nöten. Denn aus diesem schönen Landstrich nördlich von München stammt rund ein Drittel des weltweiten Hopfenbedarfs. Mitten durch das „Holledau" führt die Bundesstraße 301 vom oberbayerischen Freising bis nach Abensberg – seit 2006 offiziell die Deutsche Hopfenstraße. Die 49 km lange Route säumen endlose Hopfengärten. Hier reift an bis zu 7 m hohen Stangen das „grüne Gold" heran, bevor es in alteingesessenen Hopfenbauernhöfen weiterverarbeitet wird. Deren Besitzer erklären bei einer Erlebnisführung gerne den Weg des Hopfens von der Rebe ins Bier. Meist mit einer anschließenden Bierprobe aufs Exempel! Das Auto kann man getrost stehen lassen. Und die leicht hügelige Landschaft mit ihren vielen Sehenswürdigkeiten genussvoll mit dem Fahrrad erkunden.

www.hopfenland-hallertau.de

453 SÄCHSISCH-BÖHMISCHE SILBERSTRASSE

Der Name verrät es bereits: Das Erzgebirge ist reich an wertvollen Mineralien. Schon seit dem Mittelalter wurde hier vor allem Silber abgebaut. Davon profitierte ganz Sachsen: Die Kunstschätze Dresdens, wo die Silberstraße heute endet, gehen zu einem Gutteil auf die Erlöse aus dem Bergbau zurück. Beginnend in Zwickau führt die Route auf den einstigen Erztransportwegen an mehr als 30 Besucherbergwerken, Hammerwerken und Schmelzhütten vorbei. Die Erzgebirgler behaupten sogar, dass man unter Tage noch heute die Bergleute in den Gängen flüstern hört. Das liegt gar nicht mal so fern. Denn seit die Rohstoffpreise auf dem Weltmarkt wieder steigen, wurden hier nach jahrzehntelangem Stillstand tatsächlich wieder neue Abbaugenehmigungen erteilt. Heute gilt die Jagd allerdings nicht dem Silber, sondern seltenen Metallen wie Indium, Molybdän, Fluss- und Schwerspat.

www.silberstrasse.de

454 DEUTSCHE VULKANSTRASSE

Leuchtend blaue Maarseen, erkaltete Lava oder sprudelnde Thermalquellen: Die Vulkanstraße führt auf 280 km mitten hinein in die Erdgeschichte. Und in eine der faszinierendsten Regionen Deutschlands: Auch hierzulande grummelt‘s, brodelt‘s, köchelt‘s unter der Erdoberfläche – oder hat es zumindest mal. 39 Sehenswürdigkeiten zeigen die unterschiedlichen Facetten der Vulkanlandschaften der Eifel. Am Geopark Laacher See, wo man herrlich wandern, baden oder die Abtei Maria Laach besichtigen kann, geht‘s los. Es folgen Museen wie das Römerbergwerk Meurin oder das Vulkanmuseum Mendig mit den angeschlossenen Lavakellern. Oder geologische Aufschlüsse, Orte, an denen der Untergrund freiliegt, und die wie Fenster sind in die Kinderstube der Eifel. Die liegt denn auch gleich mal ein paar Jahrmillionen zurück. Trotzdem kann man sich bei diesen uralten

Naturphänomenen einen leichten schauder nicht verkneifen. denn, wie gesagt, in der Eifel brodelt‘s auch heute noch ...

www.deutsche-vulkanstrasse.com

455 NORDISCHE UNESCO-WELTERBE-ROUTE

Wer die Nordische Welterbe-Route wählt, sollte viel Zeit einplanen. Denn auf der 557 km langen Strecke, die vom ostfriesischen Wattenmeer quer durch Norddeutschland bis auf die Ostseeinsel Rügen reicht, warten die Sehenswürdigkeiten

Na, wenn da nicht gleich eine Märchenprinzessin aus einer der Türen tritt: Schloss Bückeburg an der Märchenstraße.

456 DEUTSCHE MÄRCHENSTRASSE

Einmal das Dornröschen-Schloss kennenlernen? Oder bei Frau Holle vorbeischauen? Dann nichts wie los, die Deutsche Märchenstraße führt vom Geburtsort der Brüder Grimm im hessischen Hanau auf verschlungenen Pfaden durch die dunklen und tiefen Wälder Nordhessens bis zu den Stadtmusikanten nach Bremen. Unterwegs hält man am Rotkäppchenhaus in Alsfeld, im Schneewittchenmuseum in Bad Wildungen und – wie versprochen – beim Dornröschen-Schloss Sababurg mitten im sagenumwobenen Reinhardswald. Natürlich darf auch die Rattenfängerstadt Hameln nicht fehlen. Ganz nebenbei tauchen auf der Reise noch so märchenhafte Orte wie die Wasserspiele im Bergpark Wilhelmshöhe in Kassel und die Dom- und Kaiserstadt Fritzlar auf. Da die Schauplätze der meisten Märchen nur sehr vage beschrieben sind, wirken die Beziehungen mancher Orte zu den Märchenstoffen teils ebenfalls recht fantastisch. Aber egal, der Glaube versetzt ja bekanntlich Berge!

www.deutsche-maerchenstrasse.com

Und drüben leuchtet die Burg Rheinstein: die Rotweingemeinde Assmannshausen am Mittelrhein.

457 ROUTE DER RHEINROMANTIK

„Warum ist es am Rhein so schön? Weil die Mädel so lustig. Und die Burschen so durstig ...“ – seit die Romantiker im frühen 19. Jh. das Rheintal mit seinen Burgen und Schlössern entdeckt haben, lockt der Mittelrhein zwischen Rüdesheim und Remagen. Und das zu Recht: Vom Mäuseturm auf einer winzigen Insel bei Bingen über den Loreleyfelsen bis zur Burgruine Drachenfels bei Königswinter reiht sich hier eine Sehenswürdigkeit an die andere. Am schönsten zu genießen bei einer Schiffsfahrt.

www.ferienstrassen.info/route-der-rheinromantik

eines kompletten Jahresurlaubs. Nur eine paar der Highlights: Hansestädte wie Bremen mit der berühmten Rolandsstatue, Hamburg und sein Welthafen, Lübeck mit seiner mittelalterlichen Altstadt, das spätgotische Wismar und die imposanten Backsteinkirchen von Stralsund. Als sei dies noch nicht genug, führt die Strecke auch noch durch einzigartige Naturlandschaften wie die Boddenlandschaft Vorpommerns oder – zum krönenden Schluss – in den Nationalpark Jasmund auf Rügen mit der spektakulären Kreide-Kliffküste.

www.ferienstrassen.info/unesco-welterberouten

458 INDUSTRIEROUTE IM RUHRGEBIET

Das Ruhrgebiet war lange das wirtschaftliche Herz Deutschlands. Schon Mitte des 18. Jhs. wurden zum Beispiel in Oberhausen die ersten Eisenhütten gegründet. Heute haben die Hochöfen, Gasometer und Zechen größtenteils ausgedient. Doch vielerorts wurde den Industriedenkmälern neues Leben eingehaucht – als attraktive Veranstaltungsorte oder spannende Museen, die man auf 30 Themenrouten erleben kann. Die Zeche Zollverein hat es sogar auf die Unesco-Welterbeliste geschafft. Zur Industrieroute gehören auch 17 Aussichtspunkte, darunter viele Halden, und 13 der schönsten Siedlungen aus unterschiedlichen Epochen.

www.route-industriekultur.ruhr

459 PANORAMA-STRASSE SCHWARZWALD

Der perfekte Tagesausflug im Südwesten Deutschlands? Die Schwarzwald-Panoramastraße! Ob die 50- oder 70-km-Streckenvariante, es warten die schönsten Seiten des Hochschwarzwalds. Dazu gehören natürlich spektakuläre Aussichtspunkte wie der Kandel, der sich bei Waldkirch über die Rheinebene erhebt und Ausblicke bis in die Vogesen und die Schweizer Alpen bietet. Vom Kandel aus führt die Tour ins Klosterdorf St. Peter, wo man entweder ins romantische Glottertal – berühmt als Drehort der Schwarzwaldklinik – abbiegt oder weiter über Titisee-Neustadt bis zum Feldberg gondelt. Der mit 1493 m höchste Mittelgebirgsgipfel Deutschlands ist ideales Terrain für ausgedehnte Wanderungen. Auf dem Rückweg lohnt dann ein Abstecher durchs wildromantische Höllental.

www.schwarzwald-panoramastrasse.de

460 DEUTSCHE FÄHRSTRASSE

Auf wie viele Arten lassen sich wohl Gewässer überqueren? Die Deutsche Fährstraße zwischen Bremervörde und Kiel bietet immerhin 50 an: gewöhnliche wie Fähren und Furten, Brücken und Tunnel – und außergewöhnliche wie die Schwebefähren in Rendsburg und in Osten, die beiden Letzten ihrer Art in Deutschland. Bei diesen technischen Meisterwerken hängt die Fährgondel an Seilen oder Stahlträgern an einer Brücke oder einem Gerüst. Wobei manchmal auch ganz einfache Lösungen wie die handbetriebene Prahmfähre über die Oste in Gräpel beeindrucken können. Die 250 km lange Strecke folgt auf drei Routen dem Fluss Oste, der Unterelbe, dem Nord-Ostsee-Kanal und der Kieler Förde. Und dann ist da noch die Wahl des Fortbewegungsmittels: zu Lande mit Auto oder Rad oder aber – besonders reizvoll – zu Wasser auf Sport- oder gemütlichen Wohnbooten.

www.deutsche-faehrstrasse.de

GENUSS-
VOLL LEBEN
ZWISCHEN REBEN

ES TUT SICH JEDE MENGE IN DEN DEUTSCHEN WEINBAUGEBIETEN. AM KAISERSTUHL, IM RHEINGAU, AN DEN HÄNGEN UM STUTTGART, SOGAR AUF SYLT WERDEN HER-VORRAGENDE WEINE GEKELTERT. UND SACHSEN ENTDECKT DIE BESENWIRTSCHAFT WIEDER NEU.

An den Hängen des Württembergs bei Stuttgart wächst u. a. der Wein, den die Schwaben am liebsten „schlotzen": der Trollinger.

461 DEUTSCHE WEINSTRASSE, PFALZ

Mit einer Fläche von fast 24 000 ha ist die Pfalz das zweitgrößte Weinbaugebiet Deutschlands – ein endloser Ozean aus Weinreben, die von etwa 3600 Winzerbetrieben bearbeitet werden. Viele von ihnen sind über die Deutsche Weinstraße miteinander verbunden. Ein Viertel aller deutschen Weine wird hier produziert, vom Riesling und Gewürztraminer bis hin zum Dornfelder und Spätburgunder. Dabei kann die Pfalz auch noch mit einigen Superlativen auftrumpfen: Neben dem dicksten Weinfass und dem größten Weinfest der Welt (beide in Bad Dürkheim) lagert in einem Speyrer Museum der angeblich älteste Wein der Welt: Mehr als 1650 Jahre soll die Glaspulle mit der gelblichen Flüssigkeit alt sein.

www.deutsche-weinstrasse.de

462 KAISERSTUHL, BADEN-WÜRTTEMBERG

Kaum ein anderes deutsches Weingebiet produziert so viele international ausgezeichnete Spitzenweine wie der Kaiserstuhl. Schon früh experimentierten die Winzer in Deutschlands sonnenreichster und wärmster Rebenregion mit dem Wein. Mitte des 19. Jhs. waren 190 Traubensorten bekannt. Müller-Thurgau, Riesling, Silvaner, Blauer Spätburgunder, Grauburgunder und Gewürztraminer haben sich seither als regionale Spitzenreiter hervorgetan, aber die Freude am Experimentieren besteht weiter. In jüngsten Jahren lässt man's auch mal gern knallen: Die Kaiserstühler Winzersekte sollen auch dem Vergleich mit französischem Champagner standhalten.

www.kaiserstuhl.eu/kaiserstuehler-wein

463 WÜRTTEMBERG

Kenner trinken angeblich Württemberger. Vorausgesetzt natürlich, die Württemberger kamen diesen Kennern nicht zuvor. Denn kein anderes Bundesland hat einen so hohen Pro-Kopf-Verbrauch an Wein wie Baden-Württemberg. Ist der Tropfen im Ländle also besonders edel? An den Muschelkalk-Hängen des Neckars zwischen Tübingen und Bad Mergentheim gedeihen die ausdrucksstarken Rotweinreben besonders gut. Auch die warmen, sonnigen Oktobertage, falls sie denn eintreten, sollen zur ertragreichen Ernte und zur hohen Qualität beitragen. Zu den Verkaufsschlagern der württembergischen Weine zählen Trollinger, Lemberger und Schwarzriesling.

www.weinheimat-wuerttemberg.de

So romantisch können Orte sein, an denen hart gearbeitet wird: Weinberg im Gebiet Saale-Unstrut.

464 SAALE-UNSTRUT, SACHSEN-ANHALT, THÜRINGEN & BRANDENBURG

Ein guter Tropfen gehört seit eh und je zu jeder zivilisierten Mahlzeit. Aber nicht immer war er ein Privileg der Reichen. Im Hochmittelalter, als Brunnenwasser rar und Fluss- oder Seewasser ungenießbar war, galt der Wein als Ernährungsgrundlage der Bevölkerung. Kein Wunder also, dass der Weinbau zu dieser Zeit florierte wie hier in der Saale-Unstrut-Region. Deutschlands nördlichstes Qualitätsweinbaugebiet liegt über drei Bundesländer verteilt und bringt vor allem trockene Weine hervor, darunter Müller-Thurgau, Weißburgunder, Grüner Silvaner und Riesling.

www.saale-unstrut-tourismus.de

465 RHEINGAU, HESSEN

Der Rheingau ist für den Wein wie die Schweiz für den Käse. Mit an Sicherheit grenzender Wahrscheinlichkeit waren die Schieferhänge am Rheinufer nicht die ersten Lagen dieser Art, auf denen Weinreben gepflanzt wurden. Aber die Sorgfalt und Professionalität, die hier von den Winzern an den Tag gelegt wurde, suchten lange Zeit ihresgleichen. Bahnbrechende Erfindungen und Entdeckungen wie die Edelfäule und die Spätlese haben im Hessischen ihren Ursprung. Mehr als 85 Prozent der Rebfläche werden für Weißweinsorten genutzt – bevorzugt für Riesling – es punkten aber auch einige köstliche Spätburgunder.

www.rheingau.de

466 BADISCHE BERGSTRASSE, BADEN-WÜRTTEMBERG

„Hier fängt Deutschland an Italien zu werden", soll der Habsburger Kaiser Josef II. ausgerufen haben, als er einst in seiner Kutsche die Bergstraße entlang Richtung Süden fuhr. Die saftig grünen Hügel, die mächtigen Burgen, prachtvollen Schlösser und üppigen Gärten zwischen Darmstadt und Heidelberg bieten an sich schon genügend Grund, an der Bergstraße einen Stopp zu machen. Aber wer sich mit dem Ruf der „deutschen Riviera" schmückt, darf seine Besucher natürlich nicht auf dem Trockenen sitzen lassen. Von der Sonne satte Weintrauben hängen in geordneten Reben an den Hängen unterhalb der Schlösser und Burgruinen und bringen von Kennern hochgeschätzte Riesling- und Silvaner-Weißweine hervor.

www.badische-weinstrasse.de

467 SYLT, SCHLESWIG-HOLSTEIN

Wein aus Sylt? Den gibt es, wenn auch – in weinhistorischen Dimensionen – erst relativ kurz. Seit 2009 gilt die Sylter Ortschaft Keitum als Deutschlands nördlichstes Weindorf. Gerade einmal 3000 m² umfasst die Rebfläche, auf der Solaris und Rivaner gedeihen, und die Ernte wird nicht in Hektolitern, sondern in Flaschen gemessen: Nur rund 1200 im Jahr werden aus den hier gepflanzten Reben gewonnen. Aber wie bei allem, was von Deutschlands bekanntester Promi-Insel kommt – ob Sylter Meersalz oder Sylter Austern – ist der Name Programm. Wer in den Genuss des raren Nordseetropfens kommen will, muss für eine Flasche immerhin 80 Euro berappen. Der Sylter Landwein gehört übrigens zum traditionsreichen Weingut Balthasar Ress, das seit knapp 150 Jahren Qualitätsweine aus dem Rheingau produziert.

www.balthasar-ress.de

468 AHR, RHEINLAND-PFALZ

Die Steilhänge an der kurvenreichen Ahr machen den Weinbau hier zu keiner leichten Sache. Doch die Mühe zahlt sich aus: Seit zwanzig Jahren schon produzieren die Winzer hier erstklassige Rotweine, die weit über Deutschlands Grenzen hinaus einen sehr guten Ruf genießen. Ein Besuch des idyllischen Weinbaugebiets lässt sich übrigens hervorragend mit einer Wanderung verbinden: Der Rotweinwanderweg führt über 35 km durch das Ahrtal und bietet dabei unzählige Möglichkeiten zur Einkehr und Weinverkostung.

www.ahrtal.de

469 MOSEL, RHEINLAND-PFALZ & SAARLAND

Wie Solarpanele auf schrägen Hausdächern saugen die Weinreben an den ultrasteilen Moselhängen das Sonnenlicht auf. Das größte Steillagenweinbaugebiet der Welt mit einer Hangneigung von bis zu 68 Prozent verlangt den Winzern so manch alpinistisches Geschick ab. Moderne Zahnradbahnen helfen heute bei der harten Arbeit, treiben aber auch die Produktionskosten in die Höhe. Trotz der erschwerten Bedingungen blickt der Weinbau hier auf eine über 2000-jährige Geschichte zurück. Damals pflanzten römische Siedler die ersten Weinstöcke an den Flusshängen an und legten damit den Grundstein für eine einzigartige Kulturlandschaft.

www.weinland-mosel.de

470 SACHSEN

Die Besen- oder Straußwirtschaft folgt einem einfachen Prinzip: Hängen ein Reisigbesen, ein Strauß oder ein Kreuz draußen, ist die Wirtschaft geöffnet – es gibt hauseigenen Wein und eine kleine Auswahl an regionalen Speisen. Entlang der sächsischen Weinstraße zwischen Pirna und Diesbar-Seußlitz waren bis vor Kurzem die Besenwirtschaften noch selten. Aber in den letzten Jahren ist die Tradition, die man aus Süd(west)deutschland, Österreich und der Schweiz kennt, auch hier angekommen. Und es ist nicht schwer zu erahnen, warum. In Zeiten der Massenproduktion und Importware bietet ein gutes Glas Wein vom nur ein paar Meter entfernten Rebstock eine willkommene Authentizität. Das kleine, idyllische Weinbaugebiet um Pillnitz, Radebeul und Meißen lockt jährlich Hunderttausende, die neben leichten Rotweinen bevorzugt auch den einzigartigen Elbtal-Sekt genießen.

www.saechsische-weinstrasse.net

IKONEN DER ARCHITEKTUR

WAHRZEICHEN KÖNNEN HOHE, SCHLANKE TÜRME SEIN ODER AUCH EINE KONGRESSHALLE, DIE „WIE DAS LEUCHTFEUER DER FREIHEIT STRAHLT". DIESE BAUWERKE SIND NICHT NUR FÜR ARCHITEKTUR-FANS EIN MUSS.

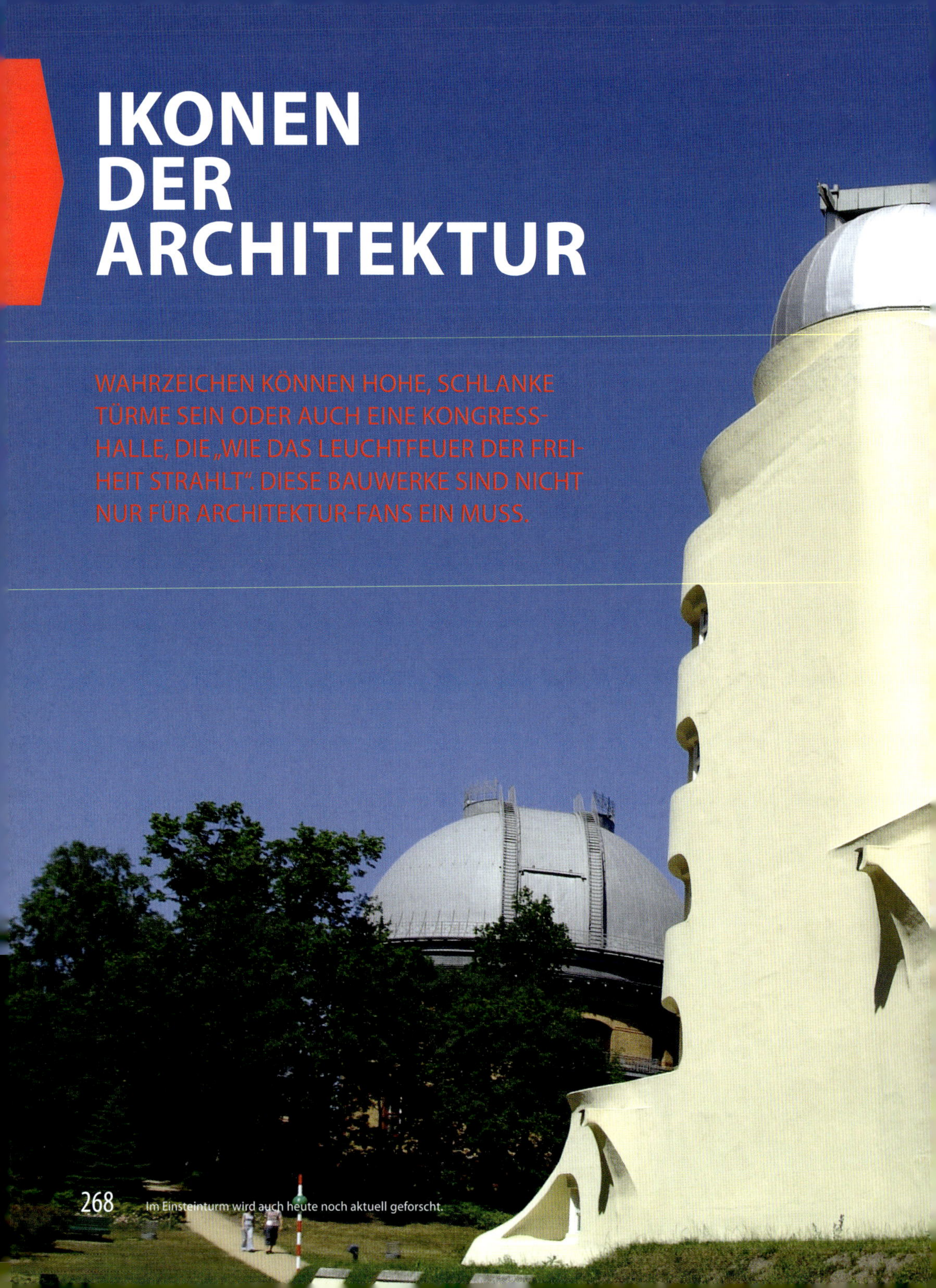

Im Einsteinturm wird auch heute noch aktuell geforscht.

471 EINSTEINTURM, POTSDAM

Albert Einstein tüftelte bis 1915 an seiner Relativitätstheorie und ermunterte dann Kollegen, diese Theorie in Experimenten zu überprüfen. Das Observatorium dazu sollte auf dem Telegrafenberg in Potsdam erbaut werden. Der beauftragte Architekt Erich Mendelsohn sah die Chance, mit den damals modernen Materialien Stahl und Stahlbeton nach neuen architektonischen Ausdrucksformen zu suchen. Seine Einschätzung der Baustoffe war ein Blick in die Zukunft. Er erwartete, dass sie „zu einer Architektur führen, die völlig verschieden ist von allem, was wir zuvor kannten". So kam es, denn entstanden ist 1924 eines der originellsten und wichtigsten Bauwerke des 20. Jhs., ein herausragendes Beispiel expressionistischer Architektur. Hausherr des Einsteinturms ist heute das Leibniz-Institut für Astrophysik Potsdam, Führungen finden einmal im Monat statt.

www.urania-potsdam.de

Das Kornhaus, entworfen vom Bauhaus-Architekten Carl Flieger, ist eine Ausflugsgaststätte am Dessauer Elbebogen.

472 FEUERWACHE VITRA, WEIL AM RHEIN

Die Baufirmen stießen Verwünschungen aus, als sie versuchten, die halsbrecherisch-minimalistischen Details der Architektin Zaha Hadid umzusetzen. Als „unbaubar" galt ihr Entwurf für die Feuerwache der Firma Vitra in Weil am Rhein, wie so viele andere Entwürfe der Irakerin mit britischem Pass. Das Vitra Werk wagte es dennoch und wurde 1993 mit einem futuristischen Gebäude belohnt, das „erstarrte Bewegung" ausdrücken soll. So beschrieb die Architektin ihr explosives und richtungsweisendes Werk selbst – wie „Anspannung unter Alarmbereitschaft". Alle Linien laufen in der Mitte der zeitlosen Gebäudeskulptur zusammen, die bei Führungen über das Vitra-Werksgelände bestaunt werden kann. Für Zaha Hadid war dieser Bau der Beginn einer sagenhaften Karriere, die jäh mit ihrem Tod im März 2016 endete.

www.vitra.com

473 CHILE-HAUS, HAMBURG

Alleine die 2800 Fenster des Chilehauses in der Nähe der Hamburger Hafencity sind zum Staunen! Doch das 1924 fertiggestellte Kontorhaus, errichtet von Baumeister Fritz Höger, hat noch mehr zu bieten. Als eines der ersten Hamburger Hochhäuser mit zehn Stockwerken prägt seine markante Form das Stadtbild: Wie ein gigantisches Passagierschiff mit spitz zulaufendem Bug schiebt sich das Handelshaus in die Hamburger Altstadt – und wurde so zu einer Ikone des Backstein-Expressionismus der 1920er-Jahre. Das Chilehaus war auch Stein gewordene Hoffnung, denn es stand für den Aufschwung nach dem Ersten Weltkrieg. Seit 2015 steht das Gebäude, in dem sich Büros, Restaurants und Läden befinden, samt dem Kontorhausviertel und der Speicherstadt auf der Unesco-Welterbeliste.

www.chilehaus.de

474 FERNSEHTURM, STUTTGART

Die Stuttgarter waren nicht amüsiert – 1953 wurde im Vereinigten Königreich Elisabeth II. gekrönt und was war auf den schwäbischen

475 BAUHAUS DESSAU

Eine Wand ganz aus Glas – das war der Aufreger beim 1926 fertiggestellten und im Internationalen Stil errichteten Gebäudekomplex der Kunst-, Design- und Architekturschule Dessau von Walter Gropius. So viel Transparenz, Schnörkellosigkeit und Leichtigkeit war neu und überwand alles bis dahin Bekannte. Alle drei Stockwerke des Werkstattflügels sind mit der Glasvorhangfassade verkleidet, die die damals revolutionäre Stahlskelettkonstruktion sichtbar macht. Der Komplex bietet eine funktionale Trennung der unterschiedlichen Schulbereiche in einzelne, miteinander verbundene Baukörper. Heute nutzt die Stiftung Bauhaus Dessau große Teile des Komplexes, Besucher sind willkommen.

www.bauhaus-dessau.de

Mattscheiben zu erkennen? Geflimmer! Jetzt war klar, ein anständiger Funkmast musste her. Aber der renommierte Bauingenieur Fritz Leonhardt hatte eine bessere Idee: warum nicht einen Betonturm inklusive Aussichtsplattform, Gaststätte und Sendertechnik bauen? Ein kühner Einfall, denn so etwas hatte die Welt noch nicht gesehen. Nur 20 Monate dauerten die Bauarbeiten, im Februar 1956 konnte die Einweihung des ersten Fernsehturms der Welt in Stahlbetonbauweise gefeiert werden. Mit seinen schlanken 217 m gilt er nicht nur als architektonisches Meisterwerk, sondern wurde auch zum Wahrzeichen Stuttgarts. Und nicht nur das, der Pionier war der Prototyp für viele weitere Türme, die plötzlich rund um den Globus wie Pilze aus dem Boden schossen.

www.fernsehturm-stuttgart.de

476 BERLINER PHILHARMONIE

Als Hans Scharoun Mitte der 1950er-Jahre die Berliner Philharmonie entwarf, die 1963 eingeweiht wurde, gab es noch keine Hochleistungsrechner, die komplexe geometrische Formen in Sekundenschnelle berechnen und in 3D visualisieren konnten. Aber der Architekt wollte den Musikern trotzdem einen einzigartigen Raum geben; es sollte sozusagen „gebaute Musik" entstehen. Zudem sollte die Trennung von Musikern und Zuhörern aufgelöst werden und die gespielten Töne sprichwörtlich im Mittelpunkt stehen. Scharoun schuf also einen Konzertsaal als faszinierende Raumskulptur, die weltweit beispielgebend war. Und es gelang ihm auch, die Klangqualität des Raums spektakulär zu gestalten. Nicht nur Herbert von Karajan, von 1956 bis kurz vor seinem Tod 1989 Chefdirigent der Berliner Philharmoniker, wusste zu schätzen, dass in Scharouns Bauwerk Musik und Architektur auf wunderbare Weise verschmelzen.

www.berliner-philharmoniker.de

Macht das Münchner Olympiastadion unverwechselbar: die Dachkonstruktion von Günter Behnisch.

477 OLYMPIASTADION MÜNCHEN

Bei den Olympischen Spielen 1972 in München wollte sich Deutschland als aufgeschlossenes, modernes Land präsentieren. Den Wettbewerb für die Sportarenen gewann die Architektengruppe unter Günter Behnisch, der ein architektonisches Zeichen für eine „demokratische Sportstätte" setzen wollte. Diese Botschaft verkörperte am eindrucksvollsten das kühne und transparente Zeltdach des Olympiastadions, ein Meisterwerk der Illusion von Leichtigkeit. Für dessen Umsetzung wurde der Architekt Frei Otto – ein Virtuose des leichten Flächentragwerks – ins Team geholt. Noch heute beeindruckt die spektakuläre Leichtigkeit der Dachkonstruktion, die die beteiligten Architekten weltberühmt machte.

www.olympiapark.de

478 KONGRESSHALLE, BERLIN

Als ein „Leuchtfeuer der Freiheit, das seine Strahlen nach Osten sendet" sah der US-Architekt Hugh Stubbins sein Konzept der 1956/57 erbauten Kongresshalle. Das war durchaus wörtlich gemeint, denn die „Schwangere Auster", wie die Berliner das Auditorium unter dem ausladenden Muschelschalen-Dach schnell nannten, war nachts so hell erleuchtet und derart prominent auf einem künstlichen Hügel platziert, dass sie im nahen sowjetischen Sektor niemand übersehen konnte. Aber auch architektonisch war der kühn-schwungvollen Dachkonstruktion mit futuristischem Touch Aufmerksamkeit sicher. Auch, weil sie statisch als problematisch eingestuft wurde und 1980 dann prompt teilweise kollabierte. Mehrmals saniert, ist sie heute als „Haus der Kulturen der Welt" Ausstellungsort und Forum zugleich.

www.berlin.de

479 MESSETURM, FRANKFURT AM MAIN

Er war zwar nicht Frankfurts erster Wolkenkratzer – das war das 1931 erbaute Gewerkschaftshaus – aber der 257 m hohe Messeturm schrieb trotzdem Geschichte. Der US-Architekt Helmut Jahn lehnte den Turm stilistisch an die amerikanische Art-déco-Hochhausarchitektur an, die er zeitgenössisch interpretierte. Schnell hieß der 63 Stockwerke hohe Wolkenkratzer mit seiner charakteristischen Pyramidenspitze „Bleistift" bei den Frankfurtern. Er verlieh der Skyline der Bankenstadt einen Hauch von Amerika und war 1991 bei seiner Fertigstellung das höchste Gebäude Europas. Es dauerte immerhin sechs Jahre, bis das Wahrzeichen Frankfurts diesen Titel an den Commerzbank Tower nur ein paar Straßen weiter abgeben musste.

www.messeturm.com

480 HAUS AM HORN, WEIMAR

In der deutschen Dichter- und Denkerstadt Weimar geschah 1919 Beunruhigendes: Eine Kunstschule namens Bauhaus wurde von dem Architekten Walter Gropius gegründet – und von da an wirkte die Avantgarde in der geruhsamen Stadt. Künstlerische Wegbereiter wie Wassily Kandinsky, Paul Klee, Oskar Schlemmer oder Lyonel Feininger kamen nach Weimar, um hier Design, bildende Kunst und Architektur nach neuartigen Lehrmethoden zu unterrichten, inklusive Kreativitätstraining und Diskussionsrunden. In dieser Zeit entstand das Musterhaus von Georg Muche, das zur ersten Bauhaus-Ausstellung 1923 errichtet wurde. Es sollte die erste und einzige architektonische Manifestation der revolutionären Kunstschule in der Goethe-Stadt bleiben. Denn nur drei Jahre später zog die Schule nach Dessau; in Weimar wurde es politisch zu ungemütlich. Heute kann das Haus am Hang im Sommer besichtigt werden.

www.weimar.de

LEBEN WIE IM ROMAN

HERR LEHMANN SCHLURFT DURCH KREUZBERG, IN LÜBECK SCHEITERN DIE BUDDENBROOKS UND GÖTZ VON BERLICHINGEN FLUCHT VOR EINER ROMANTISCHEN KULISSE: WO LITERATUR IN DER REALITÄT ANKOMMT.

481 BUDDENBROOKS, LÜBECK

Ein Besuch in Lübeck, ohne bei den Buddenbrooks reinzuschauen? Undenkbar! Im Haus mit dem Rokokogiebel und der kunstvoll verzierten Fassade in der Mengstraße 4, das Thomas Manns Großeltern gehörte, ließ der Schriftsteller seinen Roman „Buddenbrooks“ spielen, für den er 1929 den Nobelpreis bekam. Mann beschreibt darin den schleichenden Niedergang einer wohlhabenden Lübecker Kaufmannsfamilie. Neben einem Museum ist heute das Heinrich- und Thomas-Mann Zentrum im Buddenbrookhaus untergebracht. Aber nicht nur dessen Räume, sondern ganz Lübeck spielen im Roman eine tragende Rolle.

www.buddenbrookhaus.de

482 GÖTZ VON BERLICHINGEN, JAGSTHAUSEN

Galant war er wohl nicht, der um 1480 geborene Götz von Berlichingen, weder im richtigen Leben noch als literarische Figur in Goethes „Götz von Berlichingen“. Den Satz, mit dem ihn der Dichter so berühmt gemacht hat, schleuderte er wohl in etwas abgeschwächter Form dem Amtmann Max Stumpf entgegen: „Er solle mich doch hinten lecken.“ Die Stammburg des ritterlichen Haudegens mit der „Eisernen Hand“ – seine eigene war ihm durch einen Kanonenschuss abhandengekommen – war die Burg Jagsthausen im Nordosten Baden-Württembergs. Bei den alljährlichen Burgfestspielen verwischen sich dort vor mittelalterlicher Kulisse die Grenzen zwischen Weltliteratur und wahrem Leben unterm sommerlichen Abendhimmel.

www.jagsthausen.de

483 BERLIN ALEXANDERPLATZ

Der naive Franz Biberkopf fällt den gesellschaftlichen Untiefen des Berliner Alexanderplatzes zum Opfer, den Ganoven, den Etablissements. Dabei wollte er nach dem Zuchthaus doch einfach nur als ehrliche Haut leben und seine Zeitungen verkaufen. Als der Mediziner und Schriftsteller Alfred Döblin den Roman „Berlin Alexanderplatz“ in den späten Zwanzigerjahren schrieb, pulsierten der Alexanderplatz und die Gegend drumherum noch, im Guten wie im Schlechten. Als das Buch dann 1929 erschien, ließ die Weltwirtschaftskrise den Höhenflug der Goldenen Zwanziger allerdings gerade abstürzen. Der Großstadtroman erzählt vom prallen Leben und Scheitern rund um den Platz, auf dem sich heute vor allem Touristen, Partygänger und Shopping-Aficionados tummeln.

www.berlin.de

Typisch Kreuzberg: Der Burgermeister-Imbiss am Schlesischen Tor war früher eine öffentliche Toilette.

484 HERR LEHMANN, KREUZBERG & NEUKÖLLN

In Herrn Lehmanns knapp dreißigjähriger Existenz ist nicht wirklich viel los, aber das ist schon in Ordnung so, wenn sich damit der Ernst des Lebens vor der Kreuzberger Tür halten lässt. So geht das Dasein seinen harmonisch-ereignislosen Lauf, bis im Herbst 1989 der Kollaps der DDR die Mauer auch in Berlin-Kreuzberg zum Bröseln bringt und das gemächliche Leben des Slackers anstrengender wird. Sven Regener, Schriftsteller und „Element of Crime"-Musiker, hat mit seinem 2001 erschienenen Romandebüt „Herr Lehmann" Charaktere geschaffen, in denen sich viele irgendwie wiederfanden. Das blieb nicht ohne Folgen: Auf den Spuren der 1980er-Taugenichtse rund um die kleine Kneipe „Einfall" lässt sich heute bei Führungen das Kreuzberger Lebensgefühl kurz vor der Wende wiedererleben.

www.berlin.de/ba-friedrichshain-kreuzberg

485 DER TURM, DRESDEN

Wie hat es sich in der DDR gelebt? Uwe Tellkamps Roman „Der Turm" erzählt die Geschichte zweier Familien des Bildungsbürgertums, die hoch über der Elbe in Dresdens idyllischem Villenviertel Weißer Hirsch wohnen, wo die DDR-Realität nicht ganz so augenscheinlich gegenwärtig war. Auf knapp 1000 Seiten lässt Tellkamp den real existierenden Sozialismus wieder auferstehen, mit all seinen Facetten samt dem um sich greifenden Misstrauen, der zunehmenden Vergrauung und der bedrohlichen Stasi im Hintergrund. Der einstige Kurort Weißer Hirsch im Osten Dresdens hat sich nach der Wende wieder herausgeputzt, das Weiß vieler Villen leuchtet weithin und vom Konzertplatz weht Musik herüber.

www.weißer-hirsch.de

486 DIE VOLLIDIOTEN, FRANKFURT A. M.

Komisch geht's zu im Frankfurter Nordend, wo sich ein Schweizer Gastarbeiter in Frl. Czernatzke verliebt. Das war dann auch fast schon die Rahmenhandlung von Eckhard Henscheids Roman „Die Vollidioten". Der erschien 1973 und löste neidlose Bewunderung bei Dichterkollegen wie Robert Gernhardt oder Herbert Rosendorfer aus, die das Buch den „komischsten deutschen Roman seit 1945" nannten. Ausgebaut zur Trilogie, besticht „Die Vollidioten" durch aberwitzige Banalität: Während im Hintergrund die wilde Zeit der APO, der Feministinnen, Demos und des politischen Sturm und Drangs wabert, geht's vordergründig ums triviale Leben rund um die Nordend-Kneipe „Mentz".

www.frankfurt.de

487 KOMMISSAR KLUFTINGER, ALLGÄU

Eigentlich ist es bereits ein ganzes Universum, das die Autoren Volker Klüpfel und Michael Kobr geschaffen haben. Da schlurft der Allgäuer Kommissar Kluftinger nicht nur durch etliche Bücher auf der Suche nach Motiv und Täter, inzwischen jagt er auch auf der Theaterbühne und auf der Mattscheibe das Böse. Wobei „jagt" vielleicht nicht ganz der richtige Ausdruck ist: Seltsam, dass es in der Allgäu-Idylle überhaupt zu Mord und Todschlag kommt. Am Essen kann es nicht liegen, es gibt sogar original Kluftinger Kässpatzen, die den Magen angenehm füllen. Die Aufklärungsquote des gemütlich-knurrigen Kommissars kann sich jedenfalls sehen lassen: 100 Prozent!

www.allgaeu.de

488 KÜRZERE TAGE, STUTTGART

Auch das Leben im beschaulichen Stuttgart kann anstrengend sein. Denn es gilt, die beste aller Mütter zu sein, oder zumindest besser als Leonie, die perfekte Alleskönnerin. Anna Katharina Hahn porträtiert in ihrem hochgelobten, 2009 erschienenen Erstling „Kürzere Tage" das Leben zweier Frauen in der schwäbischen Metropole, das sich inszeniert und aufgehübscht als Vorzeigemutti besser anfühlt als die schnöde Wirklichkeit. Nicht mal der Name Jutta darf bleiben, Judith klingt aufregender. Im Buch gibt es indes einen Gegenentwurf, der sich wohltuend von dieser Hysterie abhebt. Bei all dem bleibt Stuttgart ganz gelassen und ist, was es immer war – eine schöne Stadt, die so schnell nichts aus der Ruhe bringt.

www.stuttgart.de

489 DAS KUNSTSEIDENE MÄDCHEN, BERLIN

Ein Dasein wie im Film, so erträumt sich die achtzehnjährige Doris ihr Leben. Das ist allerdings in den Jahren der Weltwirtschaftskrise um 1931/32 nicht einfach, weder in der rheinischen Provinz noch im depressiven Berlin, wo sie später ihr Glück versucht. Irmgard Keuns Roman erschien 1932 und beschreibt, wie schwer es für ein mittelloses Mädchen ohne Ausbildung aber voller Träume und dem Wunsch nach „Glanz" war, einen Platz im Leben zu finden. Die Werke der Schriftstellerin, die

Wenn der Nebel über den Friedhof wabert, sind auch im verträumten Allgäu Verbrechen vorstellbar..

einer gut situierten Berliner Familie entstammte, wurden 1933/34 von den Nazis verboten, einige Jahre später ging sie ins Exil in die Niederlande.

www.berlin.de

490 DAS VERBORGENE WORT, DONDORF

Die kleine Hildegard leidet. Die Hochbegabte brennt für Sprache, Bücher, Wissen; ihre proletarischen Eltern haben dafür allerdings nicht das Geringste übrig, im Gegenteil, das alles scheint hochgradig verdächtig. Nur mit dem klugen Großvater geht sie oft den Weg von Dondorf hinunter zum Rhein und wirft Wutsteine in die Fluten – das hilft. In Ulla Hahns Roman „Das verborgene Wort", der autobiografische Züge trägt, tobt Hildes Kampf gegen die Regeln der Arbeiterklasse, gegen den Dialekt und die Enge. Dondorf steht dabei für Monheim bei Köln, wo Ulla Hahn in den 1950er-Jahren aufwuchs. Doch die verhasste Heimat bekommt eine Chance, wenn auch erst im dritten Band der Trilogie: In „Spiel der Zeit" nähert sich Hilde ihren Eltern und dem Heimatdorf wieder an.

www.rhein-sieg-kreis.de

WO DIE WILDEN TIERE WOHNEN

AUSGESTORBEN, AUSGEROTTET, VERTRIEBEN: IM AUFGERÄUMTEN DEUTSCHLAND HABEN WILDE TIERE EINEN SCHWEREN STAND. ABER SIE KEHREN ZURÜCK – UND LASSEN SICH AUCH WIEDER BEOBACHTEN.

 Pinselohren, Raubtierblick: Der Luchs soll zurückkommen in die heimischen Wälder.

491 LUCHSE, BAYERISCHER WALD

Ein gezielter Schuss, und – zack! – das Ende der im Bayerischen Wald lebenden Luchse war 1846 besiegelt. Danach sind zwar einzelne Raubkatzen gesichtet worden, eine ganze Luchsgemeinde konnte sich aber nicht wieder ansiedeln – auch, weil die Einzelgänger mit den charakteristischen Pinselohren bei Jägern und Bauern nie besonders beliebt waren. Doch seit 2008 will ein Projekt wieder „eine vitale Luchspopulation" in Bayern ansiedeln. Auch im Bayerischen Wald, der mit dem tschechischen Nationalpark Sumava zusammen einen idealen Lebensraum mit ausgedehnten Wäldern bietet. Inzwischen wird die Zahl der in Deutschland lebenden Tiere auf 30 bis 50 geschätzt, allerdings machen ihnen Wilderer und der Autoverkehr das Leben schwer. Die Chancen, einem Luchs zu begegnen, sind nicht nur deswegen recht gering. Der scheue Jäger ist meist in der Dämmerung oder nachts unterwegs.

www.luchsprojekt.de

492 SEEHUNDE, LANGEOOG

Von Seehunden genießen lernen – wer sie einmal bei der Mittagsruhe beobachten konnte, weiß, wie echte Entspannung aussieht. Aber wo lassen sich die Schwimmkünstler, die zu den Hundsrobben gehören, am besten beobachten? Auf Langeoog etwa, mit ein bisschen Glück von einer Aussichtsplattform am Ostende der ostfriesischen Insel, wo sich Seehunde gerne in der Sonne aalen. Wer seefest ist, hat bessere Chancen: Bei einer rund zweistündigen Schifffahrt zu den Seehundsbänken im Baltrumer Watt kommt man den knopfäugigen Schnurrbartträgern noch näher, speziell in den Sommermonaten.

www.langeoog.de

493 WÖLFE, TRUPPENÜBUNGSPLATZ MUNSTER

Hier wird geschossen und für den kriegerischen Ernstfall geübt. Aber seit 2012 heult auf dem niedersächsischen Truppenübungsplatz Munster in der Lüneburger Heide auch ein frei lebendes Wolfsrudel in den Abendhimmel. In Deutschland wurde der Wolf Anfang des 20. Jhs. ausgerottet, aber seit 2000 kehrt das Raubtier mit dem mythischen Ruf auf leisen Sohlen aus Richtung Osten wieder zurück, um sich seinen alten Lebensraum zurückzuerobern. Zuerst ließ sich Canis Lupus in der Lausitz nieder, wo heute mehrere Rudel leben, nun

Im Sommer ziehen Seehunde ihre Kleinen groß – der perfekte Zeitpunkt, um sie an Land zu beobachten.

auch auf dem Munsteraner Truppenübungsplatz, wo er mit üppig Wald und freien Flächen viel Platz zum Leben hat. Allerdings ist die Familie von Meister Isegrim nicht alleine in Niedersachsen: Insgesamt wird hier die Wolfspopulation auf rund 80 Tiere geschätzt. Der Truppenübungsplatz Munster kann auf einer geführten Tour erkundet werden, allerdings ohne Wolfsichtungsgarantie.

www.munster.de

494 DÜLMENER WILDPFERDE

Wildpferde mitten in Deutschland? In der Stadt Dülmen beim Merfelder Bruch, einem ca. 350 ha großen Naturschutzgebiet in Nordrhein-Westfalen, erstaunt das niemanden. Denn in der eingezäunten Wildpferdebahn leben rund 400 Dülmener Wildpferde frei und ungebunden, menschliche Kontrolle gibt es so gut wie nicht. Eigentlich handelt es sich beim „Dülmener" um eine Ponyrasse, und ein reines Wildpferd ist es auch nicht, dies liest der Pferdeexperte an der Hängemähne ab – aber das Urwildpferd ist noch gut zu erkennen, unter anderem an der mausgrauen Färbung vieler Tiere. Die Dülmener Wildlinge zählen zu den ältesten deutschen Pferderassen, deren Vertreter hart im Nehmen und sehr anspruchslos, allerdings auch extrem gefährdet sind. Ihr Revier im Merfelder Bruch mit seinen Weiden, Heideflächen, Moor und Wald bietet jedenfalls ideale Bedingungen fürs Überleben.

www.duelmen.de

495 KRANICHE, MECKLENBURG-VORPOMMERN

Zweimal im Jahr, im Frühjahr und im Herbst, werden die flachen Küstengewässer Mecklenburg-Vorpommerns zur Kulisse eines eindrucksvollen Naturschauspiels. Dann rasten hier viele der rund 300 000 Kraniche, die jedes Jahr zwischen Skandinavien oder Polen und dem sonnigen Süden hin- und herpendeln. Dabei ist die Bock-Rügen-Kirr-Region im Nationalpark Vorpommersche Boddenlandschaft ein besonderer Lieblingsplatz für den Zwischenstopp. Hier werden im Herbst bis zu 100 000 der majestätischen Vögel erwartet. Nicht nur, wenn sie sich mit ihren bis zu 2,40 m Spannweite in die Lüfte erheben, schlägt das Ornithologen-Herz höher, auch ihre imponierenden Balztänze faszinieren. Schon in der griechischen Mythologie galt der Kranich als „Vogel des Glücks". Wer den schönen Zugvogel mit fachkundigem Kommentar beobachten will, kann mit dem Naturschutzbund Deutschland e.V. (NABU) auf Pirsch gehen.

www.nabu.de

496 WIEDEHOPF, KAISERSTUHL

Schwarz-weiße Federhaube und rostbraunes Federkleid – so schmückt sich der Wiedehopf. Fast schon exotisch sieht er aus, wenn er seine Federhaube aufstellt. Aber die beste Nachricht: Er ist wieder da! Am Kaiserstuhl, dem kleinen Mittelgebirge oberhalb der Rheinebene unweit von Freiburg gelegen, war er vor gut 25 Jahren schon fast ausgestorben, weil ihm seine Brutplätze, am liebsten Baumhöhlen in alten Bäumen, zunehmend abhanden kamen. Doch im Rahmen eines Artenschutzprogramms halfen Vogelschützer mit Brutkästen aus, und so konnte die Population in Südbaden auf immerhin rund 100 Brutpaare erhöht werden. Eine beeindruckende Zahl, der Bestand ist damit jedoch noch nicht gesichert. Wer Familie Wiedehopf beobachten will, schließt sich am besten einer Tour an; wer ihn schützen will, meldet sich beim Naturschutzbund (NABU).

www.nabu-suedbaden.de

497 BIBER, BIOSPHÄRENRESERVAT MITTELELBE

Wie putzig! Das müssen sich Biber wohl öfter anhören, diesen Ausruf des Entzückens, wenn sie ins Blickfeld huschen. Aber sie sind nun mal einfach possierlich: schönes dichtes Fell, emsiger Blick und immer beschäftigt. Besonders oft kann man begeisterte menschliche Beobachter an der Elbe treffen, etwa im Biosphärenreservat Mittelelbe, das sich südöstlich von Dessau erstreckt. Denn hier findet der pelzige Baumeister ideale Bedingungen für seine rastlosen Bauaktivitäten an Biberburgen und Dämmen: eine weite, vielseitige Flusslandschaft mit Gehölz und Pflanzen in Ufernähe und jede Menge Schlamm. Ein ausgewachsener Biber kann bis zu 35 kg wiegen und eine Körperlänge von rund 1,40 m erreichen – er ist somit das größte Nagetier Europas. Es ist ein Glück, ihn heute wieder beim Dammbauen beobachten zu können, denn im 19. Jh. wäre er fast ausgestorben.

www.mittelelbe.com

498 WILDKATZENDORF HÜTCHERODA

Wildkatzen sehen zwar fast so aus wie Stubentiger, genetisch unterscheiden sie sich aber. Die Waldbewohner meiden die Nähe der Menschen, zu sehen bekommt man sie somit äußerst selten. Das ist im Wildkatzendorf im thüringischen Hütcheroda, unmittelbar beim Nationalpark Heinich, anders: Hier haben die vier scheuen Raubkatzen in einzelnen naturnah gestalteten Gehegen genug Rückzugsraum, um ihr wildes Leben zu leben. Auf der Wildkatzenlichtung treten die vier Kater aus dem Dickicht ins Licht, hier können sich Zwei- und Vierbeiner ausgiebig gegenseitig beobachten. Informationen über die wilden Katzen sind auch in Fülle in der Wildkatzenscheune auf dem 800 m² großen Komplex zu bekommen. Die Natur erkundet und genießt man am besten auf den zwei unterschiedlich langen Wildkatzenpfaden.

www.wildkatzendorf.com

499 WISENTE, ROTHAARGEBIRGE

Früher ließen die zotteligen Kolosse die Erde erbeben, wenn sie übers Land trabten, heute lebt nur noch eine kleine Herde Wisente im Rothaargebirge. Aber dafür sind es die ersten nach Jahrhunderten in Deutschland, die sich nach der Ausrottung wieder annähernd frei in der Natur bewegen können. Seit dem Frühjahr 2013 ist für die Wisente, wie die europäische Version des Bisons heißt, die große Freiheit ausgebrochen. Nach ihrer Auswilderung streifen sie nun im sauerländischen Rothaargebirge durch die bewirtschafteten Wälder, was in Europa einzigartig ist. Ziel ist es, das Wisent wieder dauerhaft auf deutschem Waldboden anzusiedeln. Ob das gelingen wird, kann man im Naturerlebniszentrum Wisent-Welt in Wittgenstein erfahren, hier dreht sich alles um die stattlichen Vegetarier. Aber manchen Naturfreund ereilt auch das Glück, wenn er einfach beim Wandern eines der Tiere zu sehen bekommt.

www.wisent-welt.de

500 FISCHOTTER, HANKENSBÜTTEL

Wer den seltenen und bedrohten Fischotter und seine nächsten Verwandten wie Dachs, Iltis, Hermelin

Und gleich kommt Winnetou um die Ecke: ein Hauch winterlicher Wilder Westen mit Wisent.

oder Steinmarder einmal beim Jagen, Fressen und Planschen aus nächster Nähe betrachten will, der sollte sich zum Otter-Zentrum nach Hankensbüttel in Niedersachsen aufmachen. In einem großen Gehege leben die flinken und scheuen Nager (fast) wie in der freien Natur und wagen sich zur Freude der Besucher nicht nur bei Schaufütterungen aus der Deckung. Nur ohne die Gefahr, vom Straßenverkehr überrollt zu werden, wie es ihren frei lebenden Artgenossen oft passiert. Wie sich die Welt aus der Perspektive eines Fischotters anfühlt, können Neugierige auf dem rund 3 km langen Otterpfad, der das Otter-Zentrum mit Hankesbüttel verbindet, erfahren. Dort lässt sich beispielsweise auskundschaften, wie gemütlich es sich in einem Fischotterversteck anfühlt.

www.otterzentrum.de.

REGISTER

BILDNACHWEIS

Titel li., S. 270/271: DuMont Bildarchiv/Hirth; Titel M.li., S. 12/13: DuMont Bildarchiv/Kirchner; Titel M. re., S. 6 M., 192/193: fotolia/Georgiew; Titel re., S. 54/55: DuMont Bildarchiv/Lubenow; S. 2/3: laif/Secci/Archenova; S. 9: Mauritius Images/cisfo; S. 10/11: DuMont Bildarchiv/Freyer; S. 15: Mauritius Images/Mirau; S. 16: DuMont Bildarchiv/Knoll; S. 18/19: DuMont Bildarchiv/Schmid; S. 21: DuMont Bildarchiv/Härtrich; S. 4 li., 22: picture alliance/Fischer; S. 24/25: DuMont Bildarchiv/Kirchner; S. 26/27: Schapowalow/Schmid; S. 28/29: Look/Werner; S. 30/31: laif/Jaeger; S. 32/33: DuMont Bildarchiv/Scheibner; S. 34: Mauritius Images/Beuthan; S. 36/37: Mauritius Images/Travel Collection/Bossemeyer; S. 39: picture alliance/Schöll; S. 40: DuMont Bildarchiv/Kirchner; S. 42/43: picture alliance/Hildenbrand; S. 44: laif/Hilger; S. 46/47: Loni Liebermann/Liebermann; S. 49: laif/Knechtel; S. 50: laif/Giribas/SZ Photo; S. 52/53: Mauritius Images/Gilsdorf; S. 56/57: fotolia/fotoluk1983; S. 4 re., 59: fotolia/mw-luftbild.de; S. 60/61: Mauritius Images/Böck; S. 62/63: fotolia/Frisch; S. 5 li, 64: picture alliance/Hoensch; S. 66/67: laif/Zahn; S. 69: picture alliance/Armer; S. 70: fotolia/Jahnke; S. 72/73: DuMont Bildarchiv/Johaentges; S. 74/75: Mauritius Images/Bolter; S. 76: fotolia/Lee; S. 78/79: picture alliance/Stache; S. 81: laif/Kirchner; S. 82/83: DuMont Bildarchiv/Lubenow; S. 84/85: DuMont Bildarchiv/Scheibner; S. 87: laif/Hirth; S. 88: laif/Back; S. 90/91: laif/Rigaud; S. 92/93: laif/Grabka; S. 94: fotolia/Gissemann; S. 96/97: laif/Steinhilber; S. 99: picture alliance/Kalker; S. 100/101: Visum/Pflaum; S. 5 M., 102/103: DuMont Bildarchiv/Schmid; S. 104/105: picture alliance/Settnik; S. 106/107: Look/Travel Collection; S. 108/109: fotolia/andessa; S. 110/111: fotolia/b.s.m.; S. 112: Mauritius Images/United Archives; S. 5 re., 114/115: DuMont Bildarchiv/Babovic; S. 116: Look/H. & D. Zielske; S. 118/119: DuMont Bildarchiv/Scheibner; S. 120/121: DuMont Bildarchiv/Kirchgessner; S. 122: laif/Pein; S. 124/125: DuMont Bildarchiv/Campo; S. 127: laif/Brunner; S. 128/129: laif/Klammer; S. 131: fotolia/Lehnhoff; S. 132/133: DuMont Bildarchiv/Freyer; S. 134: picture alliance/Schackow; S. 136/137: laif/Jehnichen; S. 138/139: laif/Haenel; S. 140: laif/Zahn; S. 142/143: fotolia/Novikov; S. 6 li., 144/145: DuMont Bildarchiv/Schmid; S. 146: Mauritius Images/imagebroker/Falkenstein; S. 148/149: picture alliance/Hirschberger; S. 150: DuMont Bildarchiv/Meinhardt; S. 152/153: picture alliance/Gambarini; S. 155: DuMont Bildarchiv/Kirchner; S. 156/157: DuMont Bildarchiv/Knoll; S. 158/159: laif/Gläscher; S. 160/161: laif/Gerber; S. 162: DuMont Bildarchiv/Leue; S. 164/165: DuMont Bildarchiv/Widmann; S. 167: laif/Theis; S. 169: laif/Hoffmann; S. 170/171: laif/Brunner; S. 172/173: DuMont Bildarchiv/Babovic; S. 174: laif/Schwarz; S. 177: laif/Rabsch; S. 178: fotolia/Focus Finder; S. 180/181: fotolia/Winkler; S. 182/183: laif/Giribas/SZ Photo; S. 184: DuMont Bildarchiv/Babovic; S. 186/187: DuMont Bildarchiv/Babovic; S. 188/189: laif/Kirchner; S. 190: picture alliance/Kahnert; S. 194/195: laif/Meyer; S. 196: fotolia/Herby64; S. 198/199: huber images/Schmid; S. 200/201: fotolia/Fisfra; S. 202: fotolia/Haiderose; S. 205: DuMont Bildarchiv/Bäck; S. 207: picture alliance/Büttner; S. 208/209: fotolia/Hanseat; S. 6 re., 210/211: laif/Mazodier/Le Figaro Magazine; S. 212: DuMont Bildarchiv/Jung; S. 214/215: DuMont Bildarchiv/Wrba; S. 217: DuMont Bildarchiv/Scheibner; S. 218/219: laif/Eckel/SZ Photo; S. 220/221: fotolia/Powell83; S. 222/223: Mauritius Images/Gilsdorf; S. 225: laif/Adenis; S. 226/227: picture alliance/aspersen; S. 228/229: Michel Großer; S. 230: BaseCamp Bonn UG; S. 232/233: Look/Sackermann; S. 234: Schapowalow/Delpho; S. 236/237: laif/Hirth; S. 238/239: DuMont Bildarchiv/Kreder; S. 240: Look/Grundner; S. 242/243: fotolia/Eyetronic; S. 244/245: picture alliance/Bernhart; S. 246: Mauritius Images/Warburton-Lee/Falzone; S. 248/249: DuMont Bildarchiv/Scheibner; S. 250: laif/Steinhilber; S. 252/253: Visum/Zwick; S. 254/255: fotolia/Fabiweb; S. 256/257: fotolia/StockPixstore; S. 7 li., 258/259: DuMont Bildarchiv/Eisele; S. 206/261: DuMont Bildarchiv/Knoll; S. 262: DuMont Bildarchiv/Knoll; S. 264/265: DuMont Bildarchiv/Schmid; S. 7 re., 266: laif/Hirth; S. 268/269: DuMont Bildarchiv/Kirchner; S. 272: laif/Gerber; S. 275: Mauritius Images/Elger; S. 277: laif/Gerber; S. 278/279: fotolia/chphotography.de; S. 280: fotolia/Colista; S. 283: laif/Barth

S. 116 mit freundlicher Genehmigung Klassik Stiftung Weimar, Bestand Fotothek.

IMPRESSUM

500 EINMALIGE ERLEBNISSE
DEUTSCHLAND

Verlag

MAIRDUMONT GmbH & Co. KG
Marco-Polo-Straße 1, 73760 Ostfildern
www.mairdumont.com
www.lonelyplanet.de

Projektbetreuung Andrea Wurth, Jens Bey
Redaktion Jens Bey
Cover-Gestaltung Südgrafik, Stuttgart

Printed in the EU.

ISBN 978-3-8297-2663-4

1. Auflage 2017

Autoren

Corinna Melville
Ingrid Schumacher
Jens Bey
Mit Unterstützung von Alexander Kurz